我国终身教育体系及其推进策略研究

贺宏志　著

首都师范大学出版社
CAPITAL NORMAL UNIVERSITY PRESS

图书在版编目(CIP)数据

我国终身教育体系及其推进策略研究 / 贺宏志著. —北京：首都师范大学出版社，2012.12(2014.03 重印)
ISBN 978-7-5656-1152-0

Ⅰ.①我⋯ Ⅱ.①贺⋯ Ⅲ.①终生教育－研究－中国 Ⅳ.①G729.2

中国版本图书馆 CIP 数据核字(2012)第 294485 号

WOGUO ZHONGSHEN JIAOYU TIXI JIQI TUIJIN CELÜE YANJIU
我国终身教育体系及其推进策略研究
贺宏志　著

责任编辑　张慧芳

首都师范大学出版社出版发行
地　址　北京西三环北路 105 号
邮　编　100048
电　话　68418523(总编室)　68982468(发行部)
网　址　www.cnupn.com.cn
北京集惠印刷有限责任公司印刷
全国新华书店发行
版　次　2013 年 6 月第 1 版
印　次　2014 年 3 月第 2 次印刷
开　本　890mm×1240mm　1/16
印　张　14
字　数　250 千
定　价　28.00 元

前　言

　　我自 1987 年大学毕业到 2000 年，先后在教师进修学校、成人教育研究所和政府机关的成人教育、职业教育管理部门任职。其间，发表了若干篇有关成人教育、职业教育、社区教育的论文，协助主持和参与了三项有关成人教育、职业教育、社区教育的研究项目，主持或协助编著了几部包括《建立终身教育体系》、《当代社区教育的比较研究》在内的有关成人教育、职业教育、社区教育、终身教育的著作。这些经历也就构成了或选择"终身教育"作为博士学位论文选题的实践背景和现实机缘。从 2003 年完成学位论文答辩至今已寒暑九易，接受师友鼓励出版这部论文，对于曾经岁月的思考与探索，作为一种记录和纪念；对于当下，但愿还能起一点抛砖引玉的作用，毕竟文中的一些分析与观点只是笔者的一家之言或曰一孔之见。

　　现实从历史走来，并引导未来。教育传承文明，学习产生智慧，教育和学习缔造幸福与发展。终身教育体系的建立与完善，凝集着个人的理想、社会的理想和教育自身的理想，标志着未来人类灿烂的教育文明。我们期待并致力于建设一个"人人皆为学习之人"、"时时皆为学习之机"、"处处皆为学习之所"的学习社会，要让世界上所有的人类个体都能享受到合适的教育，所有的孩子因学习而获得前程和福利，"失学"作为人类不幸的记忆而不复重演。为此，让我们虔诚地设计美好的蓝图，付诸行动并做出理性的制度安排来加以确保。我们呼唤这一新时代的早日来临。

　　永远铭记研究生求学时期三位导师顾明远教授、安文铸教授、陈孝彬教授指导教诲之恩！衷心感谢学友孟繁华博士、刘复兴博士、刘亚荣博士、田汉族博士的深厚情谊！祝福所有的师友、亲人吉祥安康！

二〇一三年五月

目　录

第一章 导 论

一、问题的提出与研究的意义

终身教育作为一种理论或观念形态正在成为人类的共同视域，作为一种实践形态正在世界范围内蓬勃兴起。在我国，终身教育作为理论和观念，更多的是一种外来知识，其本土研究侧重于引进概念和进行"为什么"方面的宏观论述，学理性明显不足，对实践的指导性十分有限；终身教育作为一种实践，许多人往往将其简单理解为学校教育之外的企业教育、社区教育和继续教育或这些教育的简单相加，缺乏统整性，终身教育的主体模糊不清，更高层面的组织创新和制度安排被忽视了，终身教育的推进甚至陷入某些庸俗的商业运作之中，而这一切又与终身教育理论研究的贫困和理论宣传的肤浅有关。理论深化和实践创新无疑是摆在我们面前的重要任务。本文试图在梳理评介已有的终身教育理论与实践的基础上，对终身教育的本质和体系进行深入的探讨，并对终身教育稳步推进中的两个重要的实践问题——组织与管理问题进行学理性探讨，以期对我国终身教育理论的提升和实践的展开有所裨益。整个论文建立在以下四个前提性认识的基础上：

(一)终身教育已成为全球日益重要的教育思潮

1965 年 12 月，"促进成人教育国际委员会"在巴黎召开第三次会议，当时的联合国教科文组织(UNESCO)成人教育部门负责人、法国成人教育家保尔·朗格朗(Paul Lengrand)，向会议提交了一份题为"Education Permanente"的提案。在这份报告的基础上，1970 年，朗格朗出版了《终身教育引论》(An Introduction to Lifelong Education)，该书对终身教育的背景、意义、目的、原则、内容、方法等进行了系统论述，使"终身教育"升华为清晰的科学概念，形成系统的教育理论。1965 年作为标志性的年份标志着终身教育思想的确立。

1972 年，UNESCO 国际教育发展委员会发表报告《学会生存——教育世界的今天和明天》，从历史和现实两个角度对终身教育进行了全面的论证和阐述，使终身教育思想进一步系统化和理论化。报告出版后，在 UNESCO 及其成员国中引起强烈反响，两年内被译成 33 国文字，共有 39 种不同版本，成为当时该组织的"最畅销书"。① 为推动终身教育的发展，70 年代初西方提出回归教育理论，集中反映在 1973 年联合国经济合作发展组织教育研究中心的报告《回归教育——为终身教育的战略》中。1987 年，UNESCO 的《从现在到 2000 年教育内容发展的全球展望》把终身教育的思想、原则与教育内容、课程设计、课程改革、教育评价等联系起来，对终身教育的讨论和认识又加深了一步。1996 年，国际 21 世纪教育委员会向 UNESCO 提交并发表《教育——财富蕴藏其中》的报告，强调"终身教育是打开 21 世纪光明之门的钥匙"，"应重新思考和扩大'终身教育'这一观点的内涵"，② 提出"把终身教育放在社会的中心位置上"，③ 并阐述了"教育社会"、"学习社会"的理想。

在 UNESCO 等国际组织的大力推动下，终身教育思想迅速地成为 20 世纪后半期以来在世界范围内广泛传播的一股影响全球教育发展的社会思潮。从西方到东方，从联合国到世界各国，席卷全球，不仅引起教育工作者的共鸣，而且逐渐被国家决策者所接受，广泛而深刻地影响到世界教育的改革与发展，成为制定教育政策和教育规划、重建教育体系的主导思想和指导原则，成为教育发展战略的重点和社会发展战略的重要部分。许多学者、教育史研究者用"影响最大"、"传播最广"、"最有生命力"、"成熟而富有魅力"来评价终身教育思想，认为 20 世纪最重要的教育著作首推《终身教育引论》(1970 年)和《学会生存——教育世界的今天和明天》(1972 年)。正如查尔斯·赫梅尔(Charles Hummel)所说，"终身教育概念的提出可以与哥白尼式的革命相媲美，它是教育史上最引人注目的事件……终身教育孕育着真正的教育复兴"。④

终身教育思想的产生和发展是时代的产物，社会政治、经济、科技、文化的发展催生了终身教育思想，现代社会的需要和现有的发展水平是终身教育思想产生的客观条件与基础；教育不断改革与创新，为终身教育思想的发展提供了肥沃

---

① 联合国教科文组织：《学会生存——教育世界的今天和明天》，教育科学出版社，1996 年版第 1 页。

② 联合国教科文组织：《教育——财富蕴藏其中》，教育科学出版社，1996 年版第 3 页。

③ 联合国教科文组织：《教育——财富蕴藏其中》，教育科学出版社，1996 年版第 8 页。

④ [瑞士]查尔斯·赫梅尔著：《今日的教育为了明日的世界》，转引自 S. 拉塞克和 G. 维迪努著：《从现在到 2000 年教育内容发展的全球展望》，教育科学出版社，1996 年版第 142 页。

的土壤；现代人的学习需求的增长和自我完善的需要，是终身教育思想发展的主观条件和内在动力。

（二）现代社会的变革迫切要求终身教育由思想形态发展为实践形态

发轫于 20 世纪 60 年代的终身教育思潮，自 70 年代开始就在一些发达国家付诸实施，经过 40 年来的发展，其理念已经在全世界深入人心。但不可否认的是，终身教育在许多国家仍然是一种乌托邦式的理想，至今还没有哪个国家承认已经完全实现了终身教育。然而，各国对终身教育的研究和实践并没有因为其困难重重而停止，反而因现代社会的挑战而显得更加现实和紧迫。《教育——财富蕴藏其中》对终身教育的实现过程表达得十分确切："终身教育不是一种遥远的理想，而是在以一系列强化这种教育需要的变革为标志的复杂教育环境中日趋形成的一种现实"。[①]

20 世纪末期以来，伴随着全球知识经济的发展和信息时代的来临，终身教育仅仅停留在思想和观念层面上已不能适应社会变革的要求。社会的发展要求终身教育由思想层面转变为实践形态。而知识经济的发展和信息时代的来临也为终身教育的实践提供了坚实的社会、文化和技术基础。社会变革不仅使终身教育思想成为世界主要国家教育改革的实践原则和指导思想，而且使终身教育实践成为世界许多国家普遍的教育发展形态。美国、日本、英国、法国、德国等发达国家都制定了有关终身教育的政策法规，初步形成了适应本国国情的终身教育体系，一些发展中国家（如韩国）也急起直追。

随着我国政治、经济、社会的快速发展，终身教育也逐渐成为全社会的认识与行动。《中华人民共和国教育法》第十一条明确规定："国家适应社会主义市场经济发展和社会进步的需要，推进教育改革，促进各级各类教育协调发展，建立和完善终身教育体系"。1999 年国务院批转的教育部《面向 21 世纪教育振兴行动计划》要求开展社区教育实验工作，努力提高全民素质，到 2010 年基本建立起终身学习体系。2002 年，中国共产党第十六次全国代表大会通过决议，把"构建终身教育体系"、"形成全民学习、终身学习的学习型社会，促进人的全面发展"列为全面建设小康社会的重要目标。许多城市如上海、南京、北京、常州等，掀起了兴建学习型城市、学习型社区、学习型机关、学习型企业、学习型家庭的热潮。

终身教育之所以不再是一种浪漫的理想，而是一种紧迫的社会实践，缘于各

---

① 联合国教科文组织：《教育——财富蕴藏其中》，教育科学出版社，1996 年版第 90 页。

国教育所面临的一些共同的挑战。朗格朗认为终身教育的形成是现代人面临的多种挑战共同作用的结果，其中主要有：①变革的加速；②人口的增长；③科学技术的发展；④政治的挑战；⑤信息；⑥闲暇；⑦生活模式和相互联系的危机；⑧身体；⑨意识形态的危机。① 这些因素使教育的范围、目的、内容、方法等不断扩展或变化，终身教育是适应社会整体性变革的产物。美国学者库姆斯在《对现代教育的挑战》中指出，终身教育产生的原因有三：一是出于确保每个人的职业转换的需要，使失业者的就业成为可能；二是有助于获得在各个领域保持高度的生产率所必需的新的知识和技术，使以往曾受过良好训练的人不会落后于科学技术的进步；三是有助于丰富日益增多的闲暇时间的文化生活，以充实和改善个人的生活。

终身教育是对人类社会全面变革的主动回应。"终身教育首先是作为适应急剧变化的社会的政策而登场的"。② 世界的急剧变化，无论对个人、家庭，还是对社区、国家，都产生了深远的影响。尽管人们还未发现解决这些难题的灵丹妙药，但有一点是非常突出的：希望通过教育和学习解决问题，已成为全世界的共识。然而，过去以学校教育为中心，配合以社会教育和家庭教育的体系是难以解决人们所面临的各种难题的。使人们主动地适应急剧变化的社会，并创造性地参与这一变化过程的有效措施，就是建立强有力的终身教育体系。

1. 现代经济的发展对终身教育的影响

①现代经济体制是市场经济体制，计划经济体制下形成的教育体制无法适应市场经济的要求。在计划经济体制下，教育的所有资源都由政府计划配置，办学规模、系科专业的设置、招生与分配等都由政府控制。在市场经济体制下，多种经济成份并存，市场、企业对人才有着不同的需要，政府的失灵导致教育发展总是滞后于市场，这必然要求打破现行教育体系的局限。事实上，各种非正式教育、非正规教育的兴起，企业、社会团体、私人办学热情的高涨，都是对发展市场经济的主动回应，而这些正是终身教育的有机组成部分。

②现代经济的发展注重质量，可持续发展是现代经济发展的普遍呼声，其决定性因素是劳动力的素质和科技含量。重视劳动者素质的提高，扩充企业的人力资本存量是现代企业生存和发展的基础、可持续发展的动力。为此，有远见的企业都加大了员工培训的力度，各种形式的教育培训应需而生。这就打破了将人的一生截然分割为学习和工作两个阶段的传统观念与做法，使生产劳动与教育的联

---

① ［法］保尔·朗格朗著，滕星等译：《终身教育导论》，华夏出版社，1988 年版第 21～32 页。

② ［日］持田荣一等著，龚同等译：《终身教育大全》，中国妇女出版社，1987 年版第 91 页。

系越来越密切。

③现代经济的结构呈现出多样化和不断变革的趋势，导致就业市场的扩大和职业的变化，从而结束了把人终身固定在某一个职业或岗位上的时代。这就要求学校培养出具有综合素质、适应能力和创新能力的人才，要求正在工作的劳动者不断学习，以适应企业生产转向和技术革新的需要。终身教育正是把学习者综合素质的提高和学习能力、适应能力、创新能力的培养作为主要目标。

④现代经济的成果为终身教育的发展提供了物质基础。经济的快速发展为政府增加教育投入、多渠道筹集教育经费提供了财力保障。随着人们物质生活水平的提高，丰富的精神生活需求随之增加，这也给教育提出了新任务——科学的有效的人文精神教育。

⑤现代经济的效率大大提高，生产力的解放为劳动者节省了大量的时间，也就为终身教育提供了时间保障。

⑥全球经济一体化的发展使国与国之间的竞争性和相互依存度日益增强。这就迫切要求各国通过终身教育不断赋予其公民相关的新知与技能，提高其参与全球经济的竞争力；同时要求人们具备开阔的视野，掌握多种语言和其他工具，以便理解多元的文化，使不同国度、不同民族和不同地区的人们能更好地相处和共同生活。

2. 现代科学技术的迅猛发展直接推动了终身教育的发展

科学技术的飞速发展，带来知识革命，知识的总量急剧增长，知识不断更新，对传统的一次性教育提出了挑战，终身教育成为必要与可能。知识革命的特征可用以下几个维度来描述：第一，过去的 20 年中，全世界的科技论文发表数量翻了一番，大约每 5 年学术期刊的出版数就会翻倍，学术领域的分支也越来越多，经济领域的科技含量也随之迅速扩大。第二，无论是工业化国家还是发展中国家，专利申请的数量稳步上升。例如，1996 年巴西、印度、美国申请专利的数量比 1986 年分别增加了 42%、66%、71%。第三，1981 年至 1994 年，人均发表科技论文数位于前 15 名的国家中没有一个是发展中国家。第四，在很大程度上，知识革命的驱动力是计算机和互联网的应用。1996 年，工业化国家人均拥有计算机的数量是中等收入国家的 20 倍（每 1000 人中，工业化国家拥有 224 台计算机，而中等收入国家只有 12 台），使用互联网的用户是中等收入国家的100 多倍（每 10 000 人中，工业化国家有 203 人使用互联网，而中等收入国家只有 2 人)。① 计算机、通讯、信息技术发展的日新月异，不仅大大提高了研究人员、企业家创造新知识、新产品以及提供新型服务的能力，深刻地影响了人们的生活，也使教育观念、教育管理模式、教育方式、学习方式等发生了深刻的变革。现代科学技术的发展深化了人们对世界、自我以及二者之间关系的认识，为终身教育提供了技术基础，扩展了教育时空，扩大了教育机会，提高了教育效益。

①信息高速公路扩展了教育的空间和时间。在以现代信息技术为基础设施的教学环境中，网上大学、跨国的虚拟大学、远距离教育、广播电视教育成为真正没有围墙的教育机构，成为人们接受教育、获得知识的重要场所。

②基于现代信息技术的教育彻底改变了人类的学习方式。学生除了通过面授的方式获取知识外，还可以在任何地点通过计算机和互联网接受世界各国的优秀专家和教师的指导，可以浏览世界各地的电子图书馆中的学习资源，可以与分布在不同地方的其他学习者和教师在虚拟教室中进行对话，真正的自主学习成为现实。

③信息技术的发展提供了丰富的教育资源，改变了传统的知识观、教学观，培养学生学习的能力成为现代教育新的历史使命。

④现代科学技术的综合性对教学目的与内容产生了质的影响。新的科技革命具有高度的综合性和学科之间相互渗透的特点，多学科的综合研究成为发展的主要趋势，这就要求现代教育打破学科壁垒，加强文理渗透，开设综合课程，培养复合型人才。同时，科学技术的运用是一把双刃剑，它既可以为人类谋福利，也可以危害人类。因此，在进行科学知识教育的同时，必须进行科学精神、科学态度、科学伦理、科学价值的教育，这与终身教育的基本宗旨是一致的。

3. 现代社会政治民主化的推进，提高了教育民主、平等、公正的程度，人的受教育权得到充分的尊重和保障，这使终身教育具备了制度的基础

政治是任何人都无法回避的社会事实，任何社会成员和社会组织都以一定方式与政治发生关系，教育也不例外。随着时代的发展，人们的民主意识高涨，法制也更加健全，政治的民主化程度越来越高。政治文明和人权保障是现代政治的突出特点，政治被视为实现人类的自由、平等和社会正义的活动。受教育权之所

---

① 世界银行、联合国教科文组织高等教育与社会特别工作组编著：《发展中国家的高等教育：危机与出路》(Higher Education in Developing Countries：Peril and Promise)，教育科学出版社，2001 年版第 27 页。

以受到人们的普遍关注，是因为教育通过提高人们的知识水平，从而提高人们的主体意识和民主意识，使人们获得参与政治的能力，获得生活的主动权。

"终身教育是福利国家阶段的教育设想。国民的教育机会是由国家向国民提供福利服务而得到保障""这种国家观的转变，是在以基本人权的宪法论的构成原理为中心的自由基本权的基础上，通过国家的积极的行政活动而应该保障的、作为宪法上的权利来规定的社会权、生存权等基本权利为背景的"。[①] 正因如此，UNESCO 和世界许多国家都将受教育权作为人权的核心内容。自联合国大会 1948 年 12 月 10 日通过并发布《世界人权宣言》以来，争取受教育权利的呼声越来越高。[②] 联合国系统相继颁布了一系列反对教育歧视、保护受教育权的文件。1990 年，《世界全民教育宣言》将"满足基本学习需要"作为主题，强调"每一个人——无论他是儿童、青年还是成人——都应能获益于旨在满足其基本学习需要的受教育机会"。[③]《世界教育报告 2000》的主题是"教育的权利：走向全民终身教育"。[④] 越来越多的人清醒地认识到：教育是每个人不可剥夺的基本权利，教育有助于确保一个更安全、更健康、更繁荣和环境保护得更好的世界，有助于社会、经济和文化的全面进步，有助于国际理解与合作。教育是个人和社会进步的关键，尽管不是唯一条件。因此，世界各国政府都非常重视教育的作用，视其为综合国力的重要成份和国家竞争力的关键。世界各主权国家把实施全民教育，推进教育机会均等作为教育改革的重要目标。[⑤]

4. 现代社会的人口数量急剧增加及其引发的一系列问题，导致对终身教育的需求越来越大

1950 年，世界人口约 25 亿，1975 年 40 亿，1990 年 52.6 亿，2000 年已超过 60 亿。随着人口的增加，受教育对象急剧扩大，原有的教育体系无法满足这种日益增长的教育需求。人口与终身教育的关系，不仅是人口的数量增加要求教

---

① [日]持田荣一等著，龚同等译：《终身教育大全》，中国妇女出版社，1987 年版第 120 页。

② 《世界人权宣言》第二十六条规定：(一)人人都有受教育的权利，教育应当免费，至少在初级和基本阶段应如此。初级教育应属义务性质，技术和职业教育应普遍设立。高等教育应根据成绩而对一切人平等开放。(二)教育的目的在于充分发展人的个性并加强对人权和基本自由的尊重。教育应促进各国、各民族或各宗教集团的了解、宽容和友谊，并促进联合国维护和平的各项活动。(三)父母对其子女所应受的教育种类，有选择的权利。

③ 吴德刚：《中国全民教育问题研究——兼论教育机会平等问题》，教育科学出版社，1998 年版第 371 页。

④ 联合国教科文组织：《世界教育报告 2000》，中国对外翻译出版公司，2001 年版。

⑤ [瑞士]查尔斯·赫梅尔著，王静、赵穗生译：《今日的教育为了明日的世界》，中国对外翻译出版公司，1983 年版第 14 页。

育的数量随之增加的线形关系，而且体现了随着人口增加所带来的人类生存危机与终身教育能够持久有效地避免或消除这种危机的本质关系。众所周知，由于人口急剧增加，人与自然的矛盾日益尖锐，对自然的掠夺性开采与占有，已使人类可利用的资源越来越少，水土流失、物种灭绝、全球变暖、气候反常、生态失衡所产生的生存危机已经危害到当代人，如此下去，对子孙后代的影响更是无法设想。由于人口增加而引发的资源危机，发达国家对不发达国家的原材料、人才和市场的掠夺使得国家之间的差距越来越大。财富分配不均所造成的政治危机和社会矛盾日益增多。社会对人的生存压力使得人们的心理问题也越来越多，生存质量受到严峻的挑战。终身教育致力于人与自然、社会和谐统一的教育，致力于人类社会可持续发展的教育，致力于个体生活质量提高和自我发展与完善的教育。终身教育有助于缓解、化解上述的矛盾和冲突、紧张与不安。人类意识到终身教育对其自身生存和发展的价值，越来越多的国家和地区将终身教育列为社会发展的重要目标。

5. 个体发展的多样化与更高层次需求的增长，使终身教育具有了内在的动力和广泛的需求

工业文明的高度发展使人类的物质生活越来越丰富，工作时间的缩短和人类寿命的延长使闲暇时间大量增加。社会的日益民主和不断开放，受教育年限的普遍延长和教育机会的不断扩充，人们进一步追求心灵的丰富和生存的意义，追求生活方式的个性化，对自身的发展有了更高的期望。国家如何为其公民在人生的各个阶段提供充分的教育与学习机会，帮助个人增强规划人生和实现自我的能力，这是终身教育的重大任务。

(三)我国建构终身教育体系具有客观必要性和现实紧迫性

1. 我国经济社会的快速发展迫切要求发展终身教育

"今后五到十年，是我国经济和社会发展的重要时期，是进行经济结构战略性调整的重要时期，也是完善社会主义市场经济体制和扩大对外开放的重要时期"。[①] 科学技术的迅猛发展，经济结构的战略性调整，社会主义市场经济体制的完善和对外开放的扩大，城市化进程的加快，西部大开发战略的实施和加入世贸组织，这一切对劳动者素质和人才结构的要求必将发生重大变化，无疑将提出新的需求(见表1)。

---

① 《中共中央关于制定国民经济和社会发展第十个五年计划的建议》,《人民日报》,2000 年 10 月 19 日。

目前，高新技术产业的发展和传统产业的改造要求不断提高职工的素质；行业转移、职业流动的加快要求对下岗人员再就业进行及时培训；从农业释放出的数千万劳动力必须经过培训才能成为合格的工人；国际劳务市场的进一步开拓对劳动力的培训也提出了新的要求。这一切都在呼唤完善的终身教育体系（包括职业培训体系）。因此，建立和完善终身教育体系，形成不同类型及层次教育相互衔接、贯通的教育体制和更为开放、灵活的学校制度，构造完善的社会化教育网络，满足人民群众多层次、多样化的教育和学习需求，是我国社会经济持续高速发展的客观需要。

表1 八个典型行业对教育的需求情况调查

——农业、建筑、内贸基本属于劳动密集型行业，劳动力总量规模很大，但以初中、小学学历甚至无学历的人员为主体，专科以上学历人员的比例很低，农业为 0.33%、建筑业为 5.51%。这些行业都面临着对数量庞大的从业人员进行文化补习教育和基本职业技术培训的任务。根据 1998 年的统计，在我国四亿多农业劳动力中，文盲和半文盲仍占 8.64%，初中及以下文化程度者占 88.94%；到 1997 年底，我国建筑业从业人员已经超过 3000 万人，其中农村建筑队人员占 1/3，相当大一部分农民工是放下锄头就盖楼房。

——电力、冶金行业介于技术密集型与劳动密集型行业之间，人力结构体现了以中级人才为主体的特点；铁路运输业原属劳动密集型行业，近年来在向技术密集型过渡，专门人才比重较大幅度地提升。这些行业专科以上学历的比例在 10%—20% 之间，但初中及以下学历和无学历层次的人员也占了相当的比例，1995 年电力系统初中及以下文化程度人员占 31.8%，1997 年铁路系统中该类人员比例更是多达 41.8%。行业的发展急切需要对这些人员进行中等职业技术教育。

——电子信息行业属于新崛起的高新技术产业，中等层次的人才占据行业人力结构的重心，高层次人才比例有所增加，但 1998 年我国电子行业专科以上文化者仅为 14.6%，远低于发达国家平均 30% 的水平。金融行业属于资金和技术密集型产业，中层人才也占据行业人力结构的重心，专科以上学历者的比例已经接近 30%。在 21 世纪，这些行业的共同特点将是信息化、网络化、数字化和全球化，这就决定了其人才结构必须具有复合型、高素质、高学历、知识更新快、适应性强等特点。这些行业一方面需要提高新增从业人员的学历层次，以招收专科以上毕业生为主，另一方面也要增加现有从业人员继续教育的时间和频率。

资料来源：2002 年 7 月 22 日中国网

2. 我国受教育需求不断增长与教育供给不足的矛盾非常突出，终身教育的实施是解决这一矛盾的根本措施

我国教育的基本国情是：世界上人口最多的发展中国家办世界上规模最大的教育。2000 年，我国总人口为 13 亿（其中大陆人口为 12.66 亿），预计到 2010 年和 2030 年，将分别控制在 14 亿和 16 亿。人口基数大，人们的教育需求又不断增长，单一的学校教育无法满足。

从扫盲来看，到 2000 年，我国基本扫除了青壮年文盲，但还有 5% 左右的任务没有完成，如果按每年 5% 的普及率计算，到 2010 年，还有相当数量的青壮年文盲。更何况，我国目前扫除文盲的指标是低层次的，还没有上升到提高人们生活质量的层次。

从普及九年义务教育来看，我国目前还只完成 85% 的目标。按照规划，2005 年，初中阶段的毛入学率达到 90% 以上，2010 年，普及九年义务教育的人口覆盖率将达到 90%，每年初中的学龄人口在 5000 万以上。因此，基础教育(包括正规的和非正规的)的任务还很繁重。

从高中阶段的教育来看，"十五"后期，我国 15—17 岁高中学龄人口将出现高峰。2004 年，达到高峰值 7700 万人左右，2010 年也在 5000 万人左右，如果按照 60% 的毛入学率来计算，每年至少有 2000 万左右的高中学龄人口需要有计划地以职业教育和成人教育来弥补。

从高等教育来看，今后 10 年，我国 18—22 岁高等教育阶段人口呈逐年上升的趋势。2000—2005 年间，从 8800 万人增至 1.1 亿人，2006—2010 年间出现高峰，平均每年都在 1.1 亿以上。如果按 15% 的高等教育毛入学率计算，每年在学人数也只能达到 1600 万人左右，每年还有上千万人想接受高等教育而不能。[①]

由于社会的安定，经济的发展，医疗卫生条件的改善，人民生活水平的提高，人口的出生率逐步下降，平均寿命大大延长，老年人口在总人口中所占比重越来越大。1990 年第四次全国人口普查时，60 岁以上的老年人口已达 9700 万，占总人口数的 8.5%，中国人口已在向老龄方向发展，目前北京、上海、天津、江苏、浙江等省市已率先进入了老龄化社会。重视"老有所学"的需求，开展老年教育已成为迫切需要解决的问题。

不难看出，我国正规教育的压力很大，单靠传统学校的途径是根本不可能实现终身教育的理想的。因此，必须扩大各种非正规教育、非正式教育，大力倡导自学，动员和整合各种力量，积极发展社区教育，才有可能从根本上解决教育供给短缺的问题。

3. 加入 WTO 后，我国社会面临新的挑战，发展终身教育是主动应对外来压力的有力措施

WTO 是以规则为基础的国际组织，其原则、规则和各项协定是一个基于市

---

① 以上数据，根据《2001 年中国教育绿皮书——中国教育政策年度分析报告》整理。

场经济的完整的多边贸易法律体系，这个体系规范着世界贸易的运行和发展。2001 年 12 月 11 日，我国正式成为世界贸易组织的成员。加入 WTO 有利于我国更好地利用国内外两种资源和两种市场，促进我国国际竞争力的提高；同时，将对我国社会政治、经济、文化、教育等各方面的发展产生重大影响。

入世后，我国中央和地方政府主要承担三大职责：第一，我国政府必须保证 WTO 规则在全国统一实施；第二，我国政府必须保证管理经济的行为公开、透明；第三，我国政府必须保证公民、法人和其他组织对其实施的管理经济的行为有向法院提起司法审查的权利。这三大职责及相关的承诺，要求必须转变政府职能，改革行政体制和管理方法，推进依法行政，建设法治政府和学习型政府。学习型政府是实现政府职能转化、管理观念转化的有效途径。

入世后，我国的企业面临国际市场的竞争，它们的生存和发展越来越依靠企业的团队精神、组织的创新能力和产品的竞争能力。而这一切，只有通过建立学习型企业，不断提高企业职工的知识和思维水平、合作精神与创新能力，才能主动应对。因此，终身教育、终身学习的理念是现代企业战略的重要理念。

入世后，我国做出的教育服务承诺使我国教育面临许多新的情况，如教育主权问题、教育市场问题、教育的对外交流与合作问题。如果不加快实施终身教育，可能造成我国的优质教育资源大量外流，教育市场的不少份额将被外国教育机构所占领，教育的地区差异、校际差异将越来越大，我国的教育竞争力就会下降，势必影响我国现代化建设的整体进程。

总之，终身教育是一项全局性、战略性和基础性工程。我们必须从经济建设、社会整体发展、全面建设小康社会的高度来分析，适时制定发展终身教育的正确对策，变挑战为动力，以取得发展的主动权。

(四)组织与政策保障是我国终身教育实践发展的核心条件

终身教育从理论形态发展为实践形态，既是一个按照人类社会发展规律进化的过程，也是人类自身按照自己的理想和设计进行社会发展体系建构的过程。无论是终身教育体系的自然进化，还是终身教育体系的自觉建构，生成和建立终身教育组织保障体系和政策保障体系是终身教育实践发展的核心条件。

从终身教育体系内部的运行来说，生成和建立终身教育活动赖以进行的基本组织机构是一个前提条件。在人类社会教育发展的历史上，不同的教育发展阶段，教育活动的进行依赖不同的活动机制或组织机构。在原始教育时代，没有专门的教育机构，教育活动是与社会生活融合在一起的。专门的学校产生以后，教育活动是依靠学校这种特殊的社会组织来展开的。按照终身教育的思想，终身教育必将打破传统的学校组织在时间和空间上的局限性。一方面，教育走向社会化，学校及其教育活动体现出强烈的开放性，与其他社会组织的联系日益密切；另一方面，社会也走向教育化，各种不同的社会组织越来越带有强烈的教育特征。在终身教育的时代，各种不同的社会组织都具备一种共同的功能，即教育和学习功能，这种教育和学习功能普遍存在的社会组织就是学习型组织。只有在社会的各个领域普遍生成学习型组织，一个社会才能成为真正意义上的学习社会或终身教育的社会。学习型组织是保证终身学习活动顺利进行的组织保障。因而，是否具备普遍存在的学习型组织，是判断终身教育实践程度的一个核心标准。同样，普遍建构学习型组织又是终身教育实践发展的关键性问题。

从终身教育的内部运行与外部因素的关系来说，建立终身教育的政策与法律保障体系是终身教育实践发展的关键性条件。政策与法律是国家管理的重要手段。一方面，政策与法律是现有社会关系的调节器；另一方面，政策制定和立法活动的前瞻性决定了政策与法律又肩负着设计和建设未来社会形态的重任。终身教育的社会建立在工业化、信息化社会的基础上，当今一些现代化的"内生型"国家或发达国家已经在较高程度的工业化、信息化社会发展水平的基础上开始形成终身教育社会的雏形。但是，作为一个由农业社会向工业社会转型的国家，我国的现代化进程是后发"外生型"的，其工业化、信息化程度还不高。如果仅仅依靠社会形态的自然生长、进化和发展，我国形成终身教育社会的进程必然同我们的现代化进程一样，要落后于发达国家许多年的时间。为了使我国终身教育实践形态的建设保持与发达国家基本同步的水平，必须发挥政策与法律体系在设计和建设未来社会形态方面的作用，通过政策与法律体系来推进和保障我国终身教育体系的发展。目前，通过出台关于终身教育发展的政策，开展针对终身教育发展的立法活动，推进国家向终身学习的社会迈进，已经成为世界各主要国家的普遍做法。因此，在我国关于终身教育发展的政策体系还很不完善，相关的立法活动还没有开展起来的情况下，首先需要做的一件事情就是从理论和实践的各个方面研究我国终身教育发展的政策问题和立法问题，为我国终身教育的决策和立法活动提供理论支持和建议。

二、目前国内外研究的概况与本文研究的思路

（一）国内外研究的现状

保尔·朗格朗是现代终身教育研究的先驱者。1965 年，他在"促进成人教育

国际委员会"的巴黎会议上发表关于"终身教育"的报告以后，于 1970 年出版了专著《终身教育引论》，系统论述了终身教育思想产生的原因和人类社会面临的新挑战，讨论了终身教育的意义、目的、原则、内容、方法和终身教育的概念等，奠定了现代终身教育研究的基础。此后，各国学者和 UNESCO 以终身教育为主题进行了大量的研究工作。除了朗格朗的《终身教育引论》(1970 年)外，其他有代表性的著作主要有：

1. 联合国教科文组织国际教育发展委员会：《学会生存——教育世界的今天和明天》(1972 年)

2. 戴夫(R. H. Dave)：《终身教育和学校课程》(1973 年)

3. 霍斯(H. W. R. Hawes)：《发展中国家的终身教育、学校和课程》(1973 年)

4. 戴诺(L. Dhainaut)：《学习计划与终身教育》(1977 年)

5. 持田荣一等：《终身教育大全》(1978 年)

6. 哈梅耶(U. Hamayer)：《终身教育条件下的学校课程》(1979 年)

7. 克罗普利(A. Cropley)：《终身教育：一项成绩调查》(1979 年)

8. 戈德(L. H. Goad)：《终身教育的教师培养》(1984 年)

9. 格尔皮(E. Gelpi)：《终身教育：机会与障碍》(1984 年)

10. 韦恩(K. Wain)：《终身教育哲学》(1987 年)

11. S. 拉塞克和 G. 维迪努：《从现在到 2000 年教育内容发展的全球展望》(1987 年)

12. 西里尔·豪尔：《学习模式——终身教育的新展望》(1992 年)

13. 国际 21 世纪教育委员会向联合国教科文组织提交的报告：《教育——财富蕴藏其中》(1996 年)

14.《国际终身教育杂志》

上述国外学者和国际组织对终身教育的研究内容广泛，涉及终身教育产生的背景与原因、终身教育的概念与内涵、终身教育思想的渊源和历史发展、终身教育思想的哲学基础、终身教育思想的意义和影响、终身教育的目的、内容与方法、各国终身教育的政策与实践等。《学会生存——教育世界的今天和明天》提出了"向学习化社会前进"及建设学习化社会的策略问题。《教育——财富蕴藏其中》提出了终身教育建立在四个支柱的基础上：学会认知(Learning to know)、学会做事(Learning to do)、学会共同生活(Learning to live together)和学会生存(Learning to be)。这两本著作大大完善了终身教育的思想，推进了终身教育思想在世界范围内的传播。从目前的文献来看，国外关于终身教育立法的专门研究还不多见。

我国对终身教育的研究始于 20 世纪 80 年代中期。十几年来国内以终身教育为主题的著作(不包括论文集)有近二十种,主要部分是国内学者的译著,如保尔·朗格朗的《终身教育引论》、持田荣一等的《终身教育大全》、S. 拉塞克和 G. 维迪努的《从现在到 2000 年教育内容发展的全球展望》、西里尔·豪尔的《学习模式——终身教育的新展望》、UNESCO 的《学会生存——教育世界的今天和明天》和《教育——财富蕴藏其中》。我国学者的专著,有周蕴石的《终身教育》(1989年)、乔冰等的《终身教育论》(1992 年)、谢国东等的《构建学习社会》(1997 年)、吴遵民的《现代国际终身教育论》(1999 年)等。国内关于终身教育的研究论文有500 余篇(据《中文报刊资料索引》1985—2002 年和人大复印报刊资料《教育学》、《成人教育与其他类型教育》1990—2002 年)。此外,国内对终身教育的讨论还包含在一系列相关主题如成人教育、继续教育、远距离教育、全民教育、教育改革、西方教育思想史等的研究之中。这些研究的主要内容大致可以概括为以下几个方面:(1)关于国外终身教育思想的述评;(2)终身教育概念与背景、原因的分析;(3)成人教育、继续教育、远程教育等与终身教育的关系研究;(4)终身学习与学习社会的研究;(5)教育改革趋势和未来教育发展的展望;(6)国外以及国际组织尤其是 UNESCO 终身教育政策和终身教育实践的评介;(7)我国终身教育的实践研究。值得注意的是,近五年特别是近三年来,国内学者关于我国终身教育发展和学习社会建构等侧重实践层面的较系统较深入的研究逐渐增多,如终身教育与学习社会建设的基本条件、构建终身教育体系的经费问题、我国终身教育与学习社会发展的基本模式、建立与完善我国终身教育体系的政策与策略等等。这些研究与探索反映了我国学者和实际工作者对终身教育思想认识与实践的深化。

总的来说,目前我国关于终身教育的研究仍然是比较薄弱的,而且存在着以下几个偏向:(1)对成人教育与终身教育的关系研究得较多,甚至有把两者等同的倾向,实际上,很多人往往只是在成人教育的领域来讨论终身教育问题。(2)对传统学校教育与终身教育的关系缺乏研究,甚至出现了以终身教育排斥传统学校教育的倾向。(3)对于终身教育思想研究得较多,而对于终身教育体系的构造缺乏研究,可以说,"终身教育体系"这样一个范畴在理论上尚未完全确立。(4)终身教育的管理研究和立法研究还没有展开。

(二)本文研究的基本思路

本文以对终身教育的几个前提性认识为立论点,对我国的终身教育体系问题进行系统深入的探讨,涉及理论和实践两个层面:理论建构就是对终身教育本体、价值、实践理念进行理论论证，实践建构就是有效地开展终身教育活动，使终身教育的各种要素之间及其与环境之间保持一种动态平衡，处于一种有序发展状态。遵循理论与实践相结合的原则，论文分三大部分，第一部分为"我国终身教育体系的理论建构"，第二部分为"国外终身教育的经验"，第三部分为"我国终身教育体系的推进策略"。

第一部分对终身教育本质、体系、价值、实践观念进行理论探讨。本文把终身教育看做是与原始教育、学校教育相承续的人类教育发展的新形态、新阶段，它超越了人们通常所说的学校教育和成人教育、继续教育、远程教育的范围，它关涉到整个社会的教育和学习活动，是对社会、个体和教育的可持续发展需要的综合反映。

终身教育是以学习者为中心的，它必然反映人的本质。学习活动中的人有三个基本维度：（1）主体维度。人是具有积极性、主动性和创造性的，"人人皆为学习之人"即人人皆成为具有学习积极性、主动性和创造性的人。（2）空间维度。人的学习活动总是在一定空间中进行的，"处处皆为学习之所"意味着人活动的任何空间都是学习的场所。（3）时间维度。人是一种时间的存在，在人生的旅程中，通过对时间的建设性的占有，才使人生变得充实和满足，"时时皆为学习之机"揭示了人的生命的时间机理。学习者的三个维度是终身教育体系建立的逻辑起点。

教育是培养人的社会活动，以学习者为中心的终身教育最充分地反映了教育的这一本质。教育的特点、规律和目标要从教育的内外部关系中去考察。在教育与个体的关系上，终身教育要适应个体发展的需要，促进人的全面发展；在教育与社会的关系上，终身教育要适应社会发展的需要，促进社会的学习化；与此同时，终身教育要适应教育自身发展的需要，不断推进教育的民主化、现代化、个性化。人的全面发展，社会的学习化，教育的民主化、现代化、个性化，构成了终身教育的目标价值追求。

终身教育作为一种目标明确的社会实践活动，其过程必然反映一定的社会本质。任何实践活动总要由相应的载体去实施。终身教育目标的实现，同样依赖于其载体的健全与完善，这一载体就是"终身教育体系"。终身教育除了其资源、技术基础和发展动力都来自于社会以外，作为一种群体活动，还必须有相应的办学组织机构和组织管理机构。终身教育是在有目的的教育教学活动中实际发生的，但由于其边界与整个社会的边界是模糊的，它的正常发育，必须得到来自社会的广泛支持。因而，本文认为，终身教育体系在结构模式上可以解析为四个既相互区别又相互联系的系统：办学组织系统、教学活动系统、组织管理系统、环境支持系统。也就是说，终身教育体系不仅有办学组织系统——由各级各类、各式各样的教育教学机构所形成的宏观构架，还有这一构架内相对微观的基本内容——教学活动系统，还有对办学组织系统和教学活动系统实施调控的组织管理系统以及维持办学组织系统和教学活动系统新陈代谢的环境支持系统，它们是构建我国终身教育体系的现实工作框架。

第二部分对国外的终身教育实践经验进行简要归纳和实证分析：一方面印证本文提出的终身教育体系的合理性，一方面为我国终身教育的实施提供借鉴。

第三部分从基础、原则、策略几方面论述推进我国终身教育体系的问题。其中：第七章对推进我国终身教育体系的条件进行深入探讨，这既是对终身教育理论的一种实践阐释，又为我国终身教育的合理展开做出可行性和必要性论证；第八章提出推进我国终身教育体系的五项基本原则，在文章中起承上启下的作用；第九章论述推进我国终身教育体系的基本策略，特别是对我国终身教育实施过程中的两个关键问题——组织建设和法制建设，进行重点探讨。

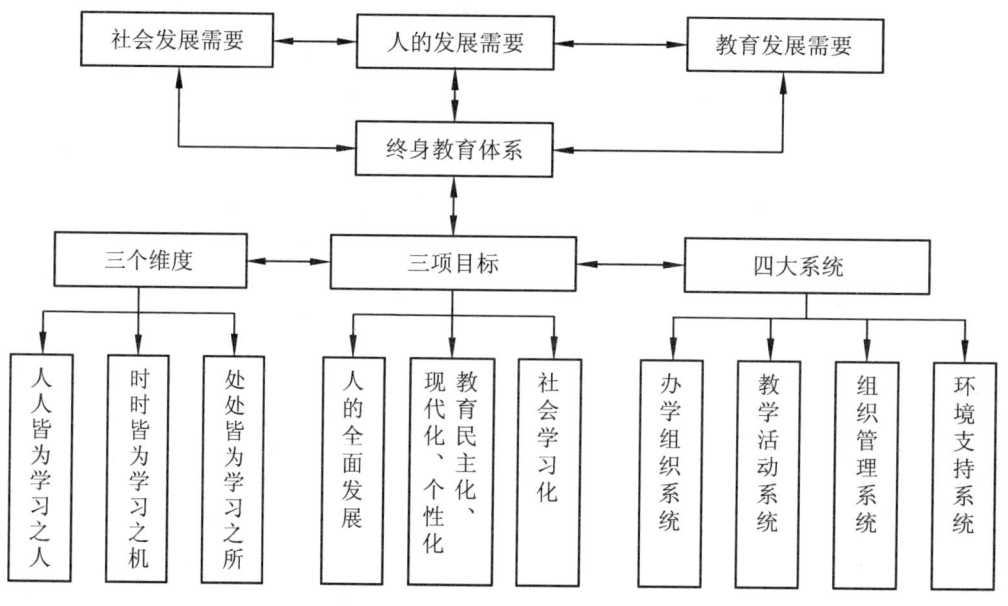

图1 终身教育体系的分析框架

论文试图通过理论与实践相结合的系统研究，在总结国内实践经验和已有研究的基础上，借鉴国外的成果并结合国情，以期在终身教育理论上予以拓展，在终身教育实践方面重点是终身教育的组织建设和政策保障方面提出可资参考的建议，在终身教育的宏观管理研究方面弥补不足。

第二章　终身教育本体论

    人类对终身教育的不舍追求和终身教育实践发展的如火如荼的形势，迫切要求终身教育思想的系统化和现代化。从理论和实践的关系来看，系统化的终身教育理论是合理推进终身教育的基础。构建系统化的终身教育理论是我国社会整体发展，特别是教育发展面临的现实课题。

    终身教育体系的理论建构是在"什么是终身教育"、"为什么要进行终身教育"、"谁来进行终身教育"、"怎样进行终身教育"等一系列根本性问题的认识基础上，对终身教育的本体、价值和运行机制的理性思考。文章将从本体、价值和实践三个维度展开论述。

    "本体"是"指只能用理性才能理解的本质，是理性直观的对象。"①它可以理解为，摆脱了自然界、人类社会和人自身的形形色色的现象以后，自然界、人类社会和人自身的本质或本真意义。本体论研究的主要是"存在"问题，正因为如此，它有时也被称为"存在论"。但是它不是研究"存在者"的一门学问，而是探究"存在者"何以"存在"的一种智慧，并与人们的价值观念和终极关怀紧密相关。所谓终身教育的本体研究，就是在"本体"的层面上追问"终身教育本身是什么"或"什么是终身教育"，对这一问题的科学研究，是正确地认识终身教育的价值和科学组织实施的前提，也是目前研究的难点和重点。因为，终身教育的研究最终不能摆脱本体论的纠缠，对终身教育本体追问和探寻就是为了摆脱具体经验的局限，在理论思维的最抽象层次上把握教育与人、与社会的本质联系以及这种联系的产生、发展的规律，从而使终身教育实践沿着合理方向发展，使人类更智慧地生存。但本体论对于人类的意义更为隐含，也更不容易被阐明。

    终身教育本体论研究的重要性是毋庸置疑的。首先，它是终身教育理论的根基。今天人类关于终身教育的思想看起来达到了前所未有的繁荣，然而它却正日益沦为经济的手段、功利的工具，不能发挥它引导人类智慧地生存的功能。其根

---

① 《辞海》：上海辞书出版社，1989 年版第 1403 页。

本原因之一就在于终身教育的本体论被忽视，终身教育思想不过是一种表面的繁荣。其次，它是人类对未来教育信念的支柱。人类是靠信念生活的，任何一个人都有自己的信念。信念是人类生存的范型，规定着人的生存境界。信念有日常生活信念、科学信念、宗教信念、哲学信念之别。在所有这些信念中，只有基于对宇宙、人生、社会终极实在和本来面目的理性追问和探求所确立的本体论原则，才能成为人类信念的真正支柱。终身教育本体论研究必然要关涉人的本质、教育的终极价值和人类的终极目标。终身教育作为一种信念就是未来教育信念、理想的人生观和世界观的集中体现。再次，从某种意义上说，它可以成为批判现实教育的一种武器。一种真正意义的本体论，它是要超越现实世界，发现本体世界，去探寻世界的终极实在，并从而成为可能世界和理想世界的根据，为人们提供反思和批判现实的依据和武器。终身教育本体论作为一种哲学智慧的结晶，可以帮助人们洞察现实教育的缺陷及其未来走向，从而使人们跳出现有的功利教育的框框，而去追求更美好的教育和更美好的生活。

一、终身教育本质追问

（一）终身教育概念的几种主要解释

"终身教育"自 20 世纪 60 年代明确提出以来，一方面，终身教育理念迅速传播，几乎达到了家喻户晓的程度，无论是教育行政部门主管，抑或是工厂、企业的管理者，甚至一般市民，都或多或少会在各种不同场合议论或使用这一术语。但另一方面，人们实际上却大多并不能真正地理解或正确地使用这一术语。甚至一些专门从事终身教育的工作者，实际上也未必能十分明确地把握其实质的涵义。尤其是近十几年来，与终身教育内容相似但表述完全不同的术语仍在源源不断地产生，与终身教育相关的词汇达 10 余个，例如"从摇篮到坟墓的教育"、"非正式教育"、"教育社会化"、"生活教育"、"市民教育"、"社区教育"、"终身学习"、"学习化社会"、"回归教育"、"永久教育"、"连续教育"，以及早已存在的"成人教育"、"社会教育"、"继续教育"等等。这一切无疑更增加了人们对终身教育概念的理解、研究和运用带来混乱或困难。因此，若要研究终身教育理论体系，首先需要对这一术语进行梳理和辨析。

"终身"（lifelong）一词，顾名思义，"一生，一辈子"（lasting throughout life）；"终身教育"（lifelong education）若单从字义上看，可以简单地定义为贯穿于人的一生的教育，或套用人们常用的"从摇篮到坟墓的教育"。但这样一种解释，相对确切的定义方式而言未免过于简单，不好对概念进行准确把握。许多学者也都对其含义试图进行准确定义和全面阐述，但见仁见智，这使得终身教育的含义产生许多歧异。当然，随着社会环境的变化，终身教育也被赋予了新的含义。本文通过对几种主流定义的对比，并提出自己的观点。

1. 终身教育理论创始人朗格朗的解释

朗格朗在其著作《终身教育引论》中是这样定义的："终身教育意指一系列非常具体的思想、实验和成就，换句话说，终身教育即教育这个词所包含的所有意义，包括了教育的各个方面、各项范围，包括从生命运动的一开始到最后结束这段时间的不断发展，也包括了教育发展过程中的各个点与各个阶段之间的紧密而有机的内在联系。"①朗格朗还强调，他所提出的终身教育术语，仅仅还只是一种构想、观点或理念，尚未形成严格的定义。事实上，这个定义，只是模糊地描述了终身教育的外延，对终身教育的实质并没有解释。

2. 联合国教科文组织相关报告和文件中关于终身教育的概念

《学会生存》中认为："最初，终身教育只不过应用于一种较旧的教育实践即成人教育的一个新术语。后来，逐步地把这种教育思想应用于职业教育，随后又涉及在整个教育活动范围内发展个性的各方面，即智力的、情绪的、美感的、社会的和政治的修养。最后，到现在，终身教育这个概念，从个人和社会的观点来看，已经包括整个教育过程了。它首先关心儿童教育，帮助儿童过好他应有的生活。同时它的主要使命是培养未来的成人，使他准备去从事各种形式的自治和自学。后一种学习要求为成人发展许多范围广阔的教育结构和社会活动。""因此，终身教育就变成了由一切形式、一切表达方式和一切阶段的教学行动构成一个循环往复的关系时所使用的工具和表现方法。"②"终身这个概念包括教育的一切方面，包括其中的每一件事情。"③

《教育——财富蕴藏其中》对终身教育所下的定义是："教育的种种使命以及教育可能具有的多种形式，均使教育包括从童年到生命终止的、起下述作用的所有活动：这些活动可将前一章述及的四种基本学习（即学会认知、学会做事、学会共同生活、学会生存——笔者注）灵活地结合起来，使每个人能够生动地了解世界、了解他人和了解自己。……委员会把与生命有共同外延并已扩展到社会各

---

① ［法］保尔·朗格朗著，滕星等译：《终身教育导论》，华夏出版社，1988年版第16页。

② 联合国教科文组织：《学会生存——教育世界的今天和明天》，教育科学出版社，1996年版第180页。

③ 联合国教科文组织：《学会生存——教育世界的今天和明天》，教育科学出版社，1996年版第223页。

个方面的这种连续性教育称之为'终身教育'"①。

联合国教科文组织对终身教育的定义，丰富了终身教育的内涵，即"每个人能够生动地了解世界、了解他人和了解自己"，提高"智力的、情绪的、美感的、社会的和政治的修养"。从而，赋予终身教育这一术语新的涵义，从而，实现了从终身教育的形式论(教育的一切形式、内容、方法)到终身教育的本体论(教育对社会整体发展和个体的现实生活与生命成长的意义)转换，并揭示了与其他教育形式的本质性区别。

3. 戴夫对终身教育解释的 20 条原则

戴夫是德国学者，曾任联合国教科文组织汉堡教育研究所研究员。1975 年，他根据世界各国对于终身教育的探讨，将终身教育理念概括成为 20 条，这成为 20 世纪 70 年代终身教育理论建设的重要里程碑。其具体内容是：

(1)"终身教育"这个概念是以"生活"、"终身"、"教育"3 个基本术语为基础的。这些术语的含义和对它们的解释基本上决定了终身教育的范围和含义；

(2)教育并非在正规学校教育结束时便告结束，它是一个终身的过程；

(3)终身教育不限于成人教育，它包括所有阶段的教育(学前、初等、中等及其他教育阶段)；

(4)终身教育既包括正规教育，也包括非正规教育；

(5)家庭在终身教育过程的初期起着决定性的作用；

(6)社会在终身教育体系中也起着重要作用，这种作用从儿童与之接触时就开始了；

(7)中小学、大学和培训中心之类的教育机构固然是重要的，但它们不过是终身教育机构的一种。它们不再享有教育的垄断权，也不再能够脱离其他社会教育机构而独立存在；

(8)终身教育从纵的方面寻求教育的连续性和一贯性；

(9)终身教育从横的方面寻求教育的整合；

(10)终身教育与英才教育相反，它具有普遍性，主张教育的民主化；

(11)终身教育的特征是：在学习内容、手段、技术和时间方面，既有灵活性，又有多样性；

(12)终身教育对教育进行深入探讨，它促使人们能够适应新的变化，自行变更学习内容和学习技术；

(13)终身教育为受教育者提供各种可供选择的教育方式和方法；

---

① 联合国教科文组织：《教育——财富蕴藏其中》，教育科学出版社，1996 年版第 89～90 页。

（14）终身教育有两个领域，即普通教育与专业教育。这两者不是孤立的，而是相互联系、互相作用的；

（15）终身教育有助于提高个人或社会的适应能力和革新能力；

（16）终身教育发挥矫正的效能，克服现行教育制度的缺点；

（17）终身教育的最终目标是维持、改善生活的质量；

（18）实施终身教育的 3 个主要前提条件是：提供适当机会、增进学习动机、提高学习能力；

（19）终身教育是把所有教育加以组织化的一种原则；

（20）在付诸实施方面，终身教育提供一切教育的全部体系。[①]

这 20 条原则基本上涵盖了终身教育理论的方方面面，从终身教育的概念、终身教育体系的建立到终身教育的功能作用、终身教育的最终实施等。可以说，这 20 条是对终身教育所作的最为完整的表述，也是对终身教育理论所作的高度概括，成为学术界公认的终身教育基本理论框架，对以后终身教育的探讨具有规范性作用。但戴夫所概说的终身教育是描述性的，罗列的这些条文利于人们的具体理解，但不利于对其整体性质的把握。

4. 我国学者的理解

我国学者对终身教育的界定多来自于联合国教科文组织的解释，鲜有独到见解。一种较权威的定义是："终身教育的核心思想是以个人一生的主动自愿学习为基础，以个性化、多样化、非职业化学习为特征，以个体发展的多样性、个体享受丰富性为原则，它的实质是以人为本、品质为优、能力为先、服务为核，它的本质是不断促进人的全面发展。在这样的理念倡导下，全社会将形成全民投资学习、热爱学习、善于学习、享受学习的制度安排，以及人人学习、处处学习、终身学习的环境。"[②]这种描述性的解释，勾画出终身教育的美好图景，却有将"终身教育"等同于"终身学习"的嫌疑。因为终身教育不仅是人类长期追求的理想目标，更是人类追求目标的现实过程。终身教育与终身学习虽然有着天然的联系，但终身学习是从学习者的立场来考虑的；终身学习和终身教育是辩证的发展过程，终身教育发展的最高境界是终身学习社会，而终身学习是进行终身教育的基础。

以上关于终身教育的论述基本为后来的研究者所认同，在此基础上还有一些

---

① 顾明远、孟繁华主编：《国际教育新理念》，海南出版社，2001 年版第 29 页。

② 中国教育与人力资源问题报告课题组：《从人口大国迈向人力资源强国》，高等教育出版社，2003 年版第 337 页。

学者也对终身教育概念提出自己的看法和表述，综合这些研究，本文认为终身教育这一现代教育的新理念，有着如此多的相似术语出现，说明其内涵的深邃性及涉及范围的广泛性，这就必然造成了对形成终身教育统一定义的困难。甚至，在今天，要给出终身教育的确切定义是不可能的。

5. 本文的观点

本文认为终身教育的概念，既要反映终身教育追求的理想和目标，又要反映学习者在终身教育中的主体地位以及终身教育作为一种社会实践活动的生成、发展机制。曾任联合国教科文组织成人教育局局长的 E. 杰尔皮把终身教育在政策和实践中的发展归纳为以下几个方面：(1)国际经济关系和国际劳动组织的发展及其对教育政策的重要性；(2)寻求不同发展模式但又相互关联的教育；(3)在不同的文明中探索终身教育的历史起源；(4)在教育政策和体制中作为综合改革计划的终身教育；(5)为响应在教育中探询新价值观而形成的终身教育；(6)作为改变教育和产业结构的社会计划的终身教育；(7)在制定教育政策和实践计划时的组织、非集权化、社区参与及基层的积极性；(8)终身教育和教育时间的组织(如三明治式课程、回归教育、带薪休假等)；(9)在日常生活中随时随地通过传播媒介进行的教育和自学；(10)教育机构的对外开放(大学、学校、图书馆、博物馆等)；(11)正规与非正规教育间的结合与联系；(12)终身教育、活力与文化活动；(13)不同文化间的联系和终身教育(国际培训计划、国际学校等)；(14)通过艺术和其他任何审美生活及感觉的表达进行的终身教育；(15)探索基础教育和终身职业培训的新途径：普通教育与职业教育的整合。[①]"终身教育"是对教育的各种组织形式、各种活动、各种观念的一种抽象概括。离开了个体的学习活动和组织的制度与实际的运行机制，终身教育不过是一种纯粹的"乌托邦"。因此，终身教育的含义至少可以从两个方面来理解：一是从个人角度理解，它指每一个具有主体性的个体主动地、自觉地、持续地、自由地、愉快地学习；二是从社会角度理解，它指社会治理机构提供的均衡的教育机会和教育激励机制，即政府和各种正式或非正式的组织为个体的终身学习提供多样化的、便利的学习条件设施、丰富的学习资源，以及热爱学习、分享学习过程与成果的激励制度。

对终身教育概念的这种理解体现了个体发展与社会发展统一的思想。个体主动、自觉地学习，体现了学习者学习态度、学习动机；持续学习，反映了其学习时间的终身性和连续性；自由学习，反映了终身教育的民主性，以及终身教育权

---

① E. 杰尔皮：《终身教育：问题与趋势》，《国际教育百科全书》第 5 卷，贵州教育出版社，1990 年版第 738 页。

利保障的必要性；愉快学习，反映了学习者的"乐学"的学习情感和超越功利境界的学习品格。社会提供给教育的条件设施、资源、激励机制，既是终身教育的条件，又是终身教育的内容。终身教育的这两个方面理解是不可缺少的。因为离开了受教育的主体，终身教育就不能体现以学习者为中心的思想，无法真正体现教育的公平、公正、自由、民主思想；离开了社会，终身教育可能演变为纯粹的个体学习行为，没有教育权的终身保障和教育资源的积极开发与提供，个体的终身学习是非常有限的。因此，这种理解突破了仅仅从时间、空间、内容、形式的角度来把握终身教育含义的狭窄性和片面性。

(二)终身教育的本质

本文认为，终身教育的本质可以从以下几个方面来思考：从终身教育与其他教育的区别来理解其外延；从教育自身发展的逻辑来把握其内涵；从教育与社会发展和人的发展历史联系来动态把握其实质。

1. 从与其他教育的区别理解，终身教育是一种全新的教育理念和教育实践

关于教育的概念，从教育的空间来划分有："学校教育"（小学教育、中学教育、大学教育的总称）、"社会教育"（广播电视等大众媒体教育，图书馆、博物馆、科技馆等公共教育设施的教育，政府、企业等单位对职员的职业培训和思想政治教育等）、"家庭教育"；从教育的对象或年龄来划分有："幼儿教育"、"青少年教育"、"成人教育"、"老年教育"、"农民教育"、"工人教育"、"干部教育"；从教育的性质来划分有："普通教育"、"职业教育"、"专业教育"、"大众教育"、"英才教育"；从教育的内容或职业领域来划分有："农业教育"、"环境教育"、"科技教育"、"国防教育"、"思想教育"、"文化教育"、"法制教育"、"道德教育"等；从使用的主要教学手段来划分有："电化教育"、"网络教育"、"远距离教育"等；从制度上划分有：正规教育（公办教育、民办教育、私立教育）、非正规教育。终身教育包括了以上所有的教育形式，并将它们整合起来。这些教育本身经过改造后，可以成为构成终身教育的基本要素成份或内容。

终身教育与以上教育的内涵相比，有相同之处：①都是一种有目的的社会实践活动；②基本要素是教育者、受教育者、教育内容；③需要办教育的基本条件（如时间、空间、技术和基本的物质等）。

然而，终身教育与传统意义上的各种教育有着很大的区别。这里指的传统教育是那种以教育发展的阶段性为基础、以教育资源的制度安排为基本条件、以社会需要为基本动力和满足社会需要为评价导向的、忽视个体的现实需要和终身发展能力的教育的总称。事实上，终身教育制度建立以前的教育，因为其单一的结构、功能，由于各种教育组织的相互隔离，它们都可以称为传统教育。其基本区别是：

表 2　终身教育与传统教育的基本区别

	终身教育	传统教育
目的	人与社会的协调发展，人的整体、和谐、创造性发展	认识和能力的单一发展
对象	全员性	一定年龄阶段或一定职业的人
时间	终身性	限定性或指定性
空间	全方位性(学校、家庭、工作和休闲场所)	有形的学校和教室
内容	全面性、连续性、自由选择性	严格指定性
过程	主动性、创造性	接受性、程序性
体系	开放性	封闭性

（1）在教育目的取向方面，以人的整体的、充分的发展和完善为最终目的，表现为社会性与个体性的高度统一

不同形式的教育有不同的目的。如基础教育的目的主要是通过传授基本知识和基本技能为受教育的学术发展、公民素质、职业生活、个性发展打基础；职业教育的主要目的是培养学生的职业技能和职业能力；成人教育的目的主要是为提高他们的工作效率和工作水平服务的。但总的说来，这些"教育"的目的都是阶段性的、片面的、固定的甚至是僵化的，各级各类教育的目的之间没有连续性；往往把培养社会性放在首位，忽视个性特别是创造性的发展。

终身教育的目标是什么？朗格朗认为培养"现实的完人"——"一个独立的人和处在同他人及整个社会关系中的人"。① 《教育——财富蕴藏其中》序言的开篇就强调指出："教育在人和社会的持续发展中起着重要作用"，并将教育作为"人的持续协调发展"的条件。所谓人的持续协调发展，是指既能满足个体当时需要，又能保证其身心和谐、均衡、持久的发展力不受损害的发展，与社会、与他人、与自然相统一的发展。终身教育以人的全面发展为核心，承认人的个性因素，遵循人的个性发展规律，让所有的人根据自己的需要，在人生的各个阶段都能得到学习的机会。它消除了一次性教育带给人的失败的苦恼，允许并提倡人们多次、多样选择，使每个人都有足够的机会发展自我，完善自我，最大限度地发挥自己

---

① ［法］保尔·朗格朗著，滕星等译：《终身教育导论》，华夏出版社，1988 年版第 24 页。

的潜能。

承认终身教育是"促进人发展的教育"，并没有否认它的社会性目标。社会历史发展的经验教训告诉我们，人的发展是社会发展的实质和核心。爱因斯坦早在《论教育》中就指出：一个由没有个人独创性和个人志愿的规格统一的个人所组成的社会，将是一个没有发展可能的不幸的社会。只有每位社会成员的个性得到充分发展，其创造才能有效开发，才能促进社会的全面进步。人既是历史的存在，也是现实的存在，更是走向未来的存在。人的发展过程与人类社会的发展具有同构性。因为人的生命活动不是孤立的，不能脱离社会，不能脱离历史，人的本质是社会关系的总和。"一个人的发展取决于和他直接或间接进行交往的其他一切人的发展"。① 而且，每个人的自由的充分的发展是社会全面发展和进步的条件。个体的创造性力量在创造个体的新的生活、使人类自身生生不息的同时，也使整个社会充满生机和活力，不断地推进社会向着更有利于人类生存的方向发展。终身教育所追求的"完人"的目标与社会的发展目标是一致的，或者说本身就是理想社会的目标。

"学习社会的终身教育，并不是有意创造特定的'完人'，完全是以每个学习者的个性得到丰富成长发展为中心，以提供多种教育机会为重点"。② 终身教育就是以人和社会的需要为出发点制定自己的目标。人本来就有各种各样的发展需要，社会也如此，并且人的需要和社会需要是不断发展变化的，因此，终身教育的目标是多元的、动态的、发展的。

（2）在教育对象方面，表现为全员性

传统教育的对象是特定的、固定的。从义务教育来看，大量存在的低入学率、流失率、辍学率等现象表明，受教育机会并没有平等地提供给每个人。从高等教育来看，有的学者将高等教育的发展分为精英教育阶段、大众化教育阶段和普及教育阶段，其中大众化教育阶段的数量标志是入学人数占升学人口的15％，即使在普及教育阶段，其比例也不过30％。从成人教育来看，撇开经济的要素，受教育的对象也局限于有限的职业群体成员。由于终身教育打破了时间、空间、教育类型的界限，真正形成了"处处即教育、时时即教育、事事即教育"的局面，受教育者基本上不受时间、空间、内容的限制，教育成为人的一种生活方式和发展方式，人人都成为学习之人。

---

① 《马克思恩格斯全集》第3卷，人民出版社，1972年版第515页。
② ［日］持田荣一等著，龚同等译：《终身教育大全》，中国妇女出版社，1987年版第104页。

(3)在教育时间方面，表现为终身性

按照传统理解，教育就是以幼儿教育为起点、以博士教育为终点的学校教育。一次教育可以管人的一生。除此之外，要么排斥于教育之外，要么列为非正规的、非正式的教育。终身教育改变了传统教育的定义，成人教育专家戴夫在《终身教育的概念特征》一文中提出，终身教育开始于生命之始，终止于生命之末，包括了人的发展的各个阶段及各个方面。这就是说，教育贯穿于人的一生的各个阶段，人的一生的各个阶段也都需要教育，没有理由也没有根据认为只有某个年龄是适用于教育的；尽管可能在人生的某个时期需要特殊的学习和训练，也可能某个或某些时期对学习更为有利，但人们在一生的多个阶段都可以通过各种形式学习所接触到的知识、技能，教育具有统一性和连续性。戴夫认为，终身教育在范围和服务对象上的总体性和普遍性，教育内容和教学方法上的丰富性和多样性，集中提高学习者终身学习所需的个人特质等方面，都与传统教育有着显著的区别。

(4)在教育空间方面，表现为全方位性

传统教育强调的是制度化的教育，教育的空间主要局限在正规的教学活动场所——有围墙的学校或教室。由于现代科学技术的发展，特别是现代传媒的发展并由此产生的新的教学手段，为人们提供了各种学习途径，加上人们已经把学习视为一种社会生活方式，人们工作、生活的场所都具有了教育的功能。终身教育的空间表现为实体与虚拟的统一、固定与流动的统一、个体与社会的统一、有形和无形的统一、开放与封闭的统一。

(5)在教育内容方面，表现为全面性

从现有的各种教育的"称谓"上不难看出，其内容都有侧重点。如职业教育侧重于职业技能的培训，学校教育侧重于知识教育，家庭教育侧重于情感陶冶，文科教育侧重于人文知识和人文精神的教育，如此等等，不一而足。问题不在于有没有侧重点和侧重于什么，而在于在侧重于某一方面时，有没有关注受教育者个人在智力、情感、审美、生理、道德、社会性等方面的统一的和谐的发展，以及自我学习的愿望和能力产生，人生的境界升华，生活的质量提高。由于传统教育忽视了任何一种教学资源对人的全面滋养价值，由于它脱离了社会的整体发展实际和个体的现实生活状态，无论其内容如何扩充，如何整合，教学内容的价值对人的影响不过是一种形式上的、外在的价值转移。"终身教育的概念，重要一点是教育要贯穿于人生的始终，要使教育和生活密切地结合起来"①，它因注重人

---

① ［日］持田荣一等著，龚同等译：《终身教育大全》，中国妇女出版社，1987年版第6页。

们个性发展的全面性、连续性而"比传统教育更加能够显现每个人的个性"①。终身教育内容的全面性表现为：在教学内容设计上，注重教学内容的丰富性、关联性、回归性和个人对教学内容的选择性；在教学内容功能的释放过程中，强调它作为客体或中介对主体的认识、情感、意志、人格、能力等多方面的价值。

(6)在教育过程上，表现为自主性和创造性

传统教育虽然也强调教育过程中学生的积极性、主动性和创造性，但是，由于过分强调施教者的权威和已有的知识的"科学性"，学习者的积极性是被动发挥出来的，因而相当有限的，无助于个体的可持续发展。因为学生的心灵是不自由的，精神的空间被挤占了。而终身教育是建立在学生的自主选择的基础上的，学生的心灵是自由的，这就为唤醒学习者的创造潜能创造了基本条件。学习者才有可能得到充分展示，个性有可能得到完美发展。教育过程中的自主性和创造性，体现了人类不断占有、表现、开拓自己本质的特征。因此，创造性体现了终身教育的本质特征。我们讲的终身教育不仅是一个时间的概念，或是一个空间的概念、对象的概念，更是一个实体性的概念、发展性的概念。终身教育的发展过程就是教育者与受教育者相互合作，创造新的产品、创造自己的更有意义的存在方式和更融洽的关系的过程。

(7)在教育体系上，表现为开放性

终身教育的开放性表现为以下几个方面：第一，教育系统向社会开放，即教育要与社会的生产生活紧密联系，教育与生产劳动相结合；第二，所有的教育结构和教育形式向所有人开放，所有的教育资源向所有人开放；第三，学习者个人的开放，即每个人要在任何时间、任何场合都主动学习，每个人都要保持开放的心态，对外部世界保持宽容的态度，注意有选择地积纳一切有价值的信息。终身教育的开放性表明它在一开始并不是完美的，它是在不断克服现有教育制度的弊端的基础上发展完善的。终身教育作为一种理想和作为一种现实具有相当的差距，不断地缩小这种差距是人类追求的长期的甚至是永恒的目标。

传统教育系统主要是由一个个相对独立的教育阶段组成，这些阶段虽然相互连接，但又封闭划一、自成体系。这种以阶段性为特征的制度化教育是与工业经济相联系的，与强调学生的共性而忽视学生个性的教育思想相适应。人生来就有各种各样的发展潜能，教育就是要为人的个性发展提供一切机会，把人身心发展的可能性转化为现实性。而这种阶段性的教育过于强调教育自身的"现实"目的和教育阶段之间的边界性，不能满足人发展的各种需要。正如保罗·朗格朗认为的

---

① ［日］持田荣一等著，龚同等译：《终身教育大全》，中国妇女出版社，1987年版第480页。

那样：将人的一生分为教育和工作两部分是毫无根据的，学校教育只是人受教育过程中的一个阶段而不是全部，不能将学校教育等同于教育。教育应是一个人从出生到死亡持续进行的全过程，是人一生中所有教育机会的统一。它包括学校教育、家庭教育、社会教育等一系列正规教育和非正规教育，覆盖基础教育、职业教育、高等教育、继续教育等。终身教育超越了阶段性、制度化的传统教育模式，是应对知识经济时代挑战的具有创新性教育的模式，被誉为"打开21世纪光明之门的钥匙"。

2. 从教育自身发展的逻辑来看，终身教育是对现有教育的一种整合和合理超越，是建构未来教育体系的原则

(1)终身教育是对现有教育的整合和合理超越

终身教育将现有的各级各类学校教育、各种形式的教育都纳入其中，在尊重各自的价值和特点的基础上，实现了多样性的统一，突破了以学校教育为坐标的旧的教育体系，并提升了现代教育的内涵和品质。具体来说，包括：

教育目的的整合。终身教育超越了各种形式的教育的目标。将人的全面发展的目标贯彻在各种教育形式之中，在每个教育阶段的每种教育形式之中。根据受教育者的各方面的发展状况、教育的需求与可能，教育目的又各有侧重点，使每一阶段的发展都为后一阶段的可持续发展打下基础，而后一阶段的发展，又是前一阶段发展的深化。

教育资源的整合。终身教育将各种社会资源，如图书馆、博物馆、文化馆、体育馆、科技馆等所拥有的资源都纳入，还将网络资源作为重要的组成部分。不仅如此，还将教育过程中的各种资源，如师生关系、学生自己的活动、教学中的即时信息视为重要的资源形态，极大地丰富了教育的内容，拓展了课程资源。

各种教育形式的整合。终身教育实现了不同年龄阶段教育(幼儿教育、青少年教育、成人教育)的整合，不同主体的教育形式(学校教育、家庭教育与社会教育)的整合，不同时间的教育形式(全日制教育、半日制教育、定时制教育、函授教育等)的整合，不同级别的教育形式(初等教育、中等教育、高等教育)的整合，不同性质的教育形式(公办与民办教育、正规与非正规教育、正式与非正式教育、职业教育与普通教育等)的整合，不同空间的教育形式(课堂教育、远距离教育、网络教育等)的整合，以及外部教育与自我教育的整合。

终身教育不是对传统教育的简单整合，而是将现有教育同时提升到人的发展和社会发展统一的高度，是全人类的社会理想和每个人的人生目标的统一；不是被动生存层面的和适应层面的教育理想，而是主动发展和积极创造层面的教育理想，是人类长期追求的教育理想、社会理想与人的理想在当代的集中表现。

(2)终身教育是建构未来教育体系的原则

自教育成为一项宏伟的社会事业以来，教育变革就一直被纳入有目的、有计划并受一定理念和原则指引和约束的社会活动之中。从这个角度来说，教育变革也就是在某些原则的导引下，向理想状态迈进的过程，教育理想便成为教育变革的原则，规定着教育发展的方向。终身教育是"建立一个体系的全面组织所依据的原则，而这个原则又是贯穿在这个体系的每个部分的发展过程之中的。"①朗格朗认为，这一原则主要体现在以下几方面：

第一，确保教育的连续性，以防止知识老化；

第二，使教学计划和方法适应每一个团体具体的和根本的目标；

第三，在各个教育水平上塑造人类自身在适应进步、变化和改革的生活；

第四，大规模地使用和安排各种训练手段和信息，要超越加在教育上的传统定义和组织机构的限制；

第五，各种活动(技术的、政治的、工业的、商业的等)形式与各种教育目标密切联系的建立。②

按照朗格朗的理解，终身教育原则的基本精神实质是使教育成为生活的工具，成为使人成功地履行生活职责的工具。教育由此被赋予了工具性的职能，教育的最终目的是为生活服务。1965年的"第三届促进成人教育国际委员会"在审议了朗格朗的报告以后，即建议 UNESCO 赞同这一原则。此后，1967年的文化合作委员会和1972年的《学会生存》报告都重申并强调了终身教育作为原则对教育改革的指导意义。"如果学习包括一个人的整个一生(既指它的时间长度，也指它的各个方面)，而且也包括全部的社会资源(既包括它的教育资源，也包括它的社会的和经济的资源)，那么，我们除了对教育体系进行必要的检修以外，还要继续前进，达到一个学习化社会的境界"。《教育——财富蕴藏其中》则直截了当地把"终身教育"列在本书的第二部分"原则"之下。S. 拉塞克与 G. 维迪努合著的《从现在到2000年教育内容发展的全球展望》另辟蹊径，从教育内容发展展望角度探讨了如何把终身教育原则具体化问题。可见，视终身教育为原则已在国际社会特别是教育界形成广泛共识，并在教育革新和发展的实践中逐步得以贯彻和体现。教育发展和趋于完善化的步子是不会停滞的，作为改革原则的"终身教育"，可以为教育改革提供一个参考标准和国际视野，为教育理论研究注入生机和活

---

① 联合国教科文组织：《学会生存——教育世界的今天和明天》，教育科学出版社，1996年版第223页。

② ［法］保尔·朗格朗著，滕星等译：《终身教育导论》，华夏出版社，1988年版第66页。

力，使人们充分重视并开拓包括大量非正规教育、非正式教育在内的社会大教育的潜能，充分重视和发挥各类社会的、文化的、经济的及其他机构、设施的教育功能和作用，共同实施终身教育。各个国家可以根据以上这些原则，从本国实际出发，建立适合本国国情的终身教育模式。

3. 从教育与社会的发展和人的发展来看，终身教育是教育发展与社会发展、人的发展高度统一理想的教育体系

终身教育强调人、教育、生活的整合。"教育是人类特有的遗传和交往方式，是人类自身的再生产和再创造。"①教育通过对社会主体的再生产和再创造而推动着社会物质生产和精神生产的发展，推动着人和人类社会的不断发展和完善，教育与人类社会生活有着天然的联系。朗格朗认为："当我们谈到终身教育的时候，我们头脑里经常考虑的是教育的整体性和完备性。""终身教育包括了教育的各个方面、各种范围，包括从生命运动一开始到最后结束这段时间的不断发展，也包括了教育发展过程中各方面与连续的各个阶段之间的紧密而有机的内存联系。"②终身教育在纵向上把教育贯穿于人的一生，实现了人与教育的整合。在横向上将家庭、学校、社会各阶段的教育联系起来，使教育与生活密切结合，实现了人与教育的整合；终身教育"正在越出历史悠久的传统教育所规定的界限，正逐渐在时间上和空间上扩展到它的真正领域——整个人的各个方面"③，即实现人、教育、生活的整合。

(1)终身教育是理想社会核心内容

首先，理想的社会是人的解放的社会，终身教育是解放人的最有效的手段。对理想社会的蓝图描绘和追求绝不只是少数思想家才有的形而上学式的冲动，而人类普遍具有的理性冲动。从柏拉图的"人类第一梦"到黑格尔到马克思，人类社会的理想蓝图愈来愈清晰。如果用一句话来概括马克思的社会理想，本文认为，那就是："实现全人类的解放。"所谓人类解放，就是将人类从束缚自身的各种枷锁中解脱出来，实现真正的自由。千百年来，对人类的最大诱惑就是自由。人们生来就受自然和社会的双重制约，但却从来没有停止过摆脱枷锁、走向自由的斗争。在马克思看来，共产主义"是人和自然之间、人和人之间的矛盾的真正解决，是存在和本质、对象化和自我确证、自由和必然、个体和类之间的斗争的真正解

---

① 桑新民：《呼唤新世纪的教育哲学——人类自身生产探秘》，教育科学出版社，1993 年版第 120 页。

② [法]保尔·朗格朗著，滕星等译：《终身教育导论》，华夏出版社，1988 年版第 15 页。

③ 联合国教科文组织：《学会生存——教育世界的今天和明天》，教育科学出版社，1996 年版第 200 页。

决。它是历史之谜的解答。"①马克思也曾指出过，教育与生产劳动相结合是实现人的全面发展的唯一途径。终身教育以人的自由发展为前提，又以人的全面发展为目的。这样，终身教育与理想社会具有共同的目的。

其次，从教育与社会的关系来看，终身教育与社会发展是高度融合的。意大利学者埃特里·捷尔比认为，终身教育不仅"以达成作为本质的个人的自主性或文化的自律性为目的"，同时还"作为社会的、政治的诸过程中的一部分而存在"。② 社会性是教育的根本属性。教育是人类社会的特有现象，是一种促进人的自身成长和发展的社会活动。教育主要是通过语言文字来进行的，而它们本身是社会的产物。在原始社会，教育没有从社会活动中分离出来。但当制度化的教育产生后，教育从社会实践活动中分离出来，担负起独立的社会职能，即专门培养人的社会实践活动。教育一度远离了社会生活，脱离社会实践。在某种意义上，教育被职能化了，被肢解为零碎的部分。由于过分强调教育的工具性，而忽视了教育的原点——为人的整体发展和个性发展服务，提升人的价值，提高人的生活质量。

自近代以来，人们一直没有停止教育与社会相结合的追求。教育与社会的双向结合——"教育社会化"与"社会教育化"已成为当代教育发展的重要趋势。所谓"教育社会化"是指教育已成为全社会的共同事业，整个社会都关心、支持教育，都承担教育的责任，家庭、学校、社区、政府机关、文化设施和各党派、群众团体等一切社会组织都扮演着教育的角色，发挥着教育的功能；同时，教育向全社会开放，为全社会服务。所谓"社会教育化"是指社会的各种机构、各种生产部门、各种文化休闲场所都应成为人们的学习之所，成为人们获取知识、交流思想、净化心灵、陶冶情操、养成人格的地方。教育社会化强调了教育与社会的广泛联系，全社会都要支持教育，教育为整个人类发展服务；而"社会教育化"则强调社会的各行各业、各部门、各个环节，在完成其本体职能时，也要体现教育的职能，把各项任务的实现与人的发展直接联系起来。

教育社会化和社会教育化体现了终身教育和现代社会的本质联系。正是如此，终身教育的思想成为人类社会的理想核心内容，它自 20 世纪初开始萌芽后，发展极为迅速，已为世人所共知。不少国家极力倡导，并采取了许多有效的具体措施。今天，终身教育已成为不可阻挡的世界教育改革新潮流，也成为世界各国

---

① 《马克思恩格斯全集》第 42 卷，人民出版社，1972 年版第 120 页。

② ［意大利］埃特里·捷尔比著，前平泰志译：《生涯教育——压制和解放的辩证法》，东京创元社，1983 年版第 198 页。

普遍认同的未来社会发展目标。

(2)人的发展与终身教育体系的完善和理想社会的形成具有同构性

从哲学境界的视角来看,"社会理想"是同人的"生成"、"完善"的历史过程相一致。"理想"总是体现为人在特定阶段的生成,它总是赋予内容的,而不是空洞的。如果将理想看做某种缺少规定的东西,那么"它要追求的那种较美好、较完美的东西是一种完全未予规定的东西"。① 对理想赋予规定,就是使理想具有现实的而又超越"现存"的内容。理想永远是人的理想,既不归结为彼岸世界的天国精神,也不是个体自我的主观心理流动,这就必须具有对人的"生成"表达的现实的历史内容。这种表达不是顺从的"表达",而是创造性的"表达",是对人的"生成"的积极表达。从这个意义上说,人的发展与理想社会的建构过程具有同构性。然而,人的发展不是纯"自然"的现象,不是"生活"或"工作"的副产品;人的发展是人与人、人与自然、人与社会的关系的拓展。教育作为一种沟通手段,随着人的发展需要变化和社会提供的条件改善而变化;同时教育作为人的一种发展方式,总是在人的历史的生成过程中进行着适应性的变革。终身教育的过程就是人的历史性生成过程和不断完善过程。从这种意义上,我们可以把终身教育思想与马克思主义关于人的全面发展学说相提并论,二者同属于人的教育和发展的理想范畴。

(3)终身教育是一种现实的教育理想和教育哲学

终身教育提出教育应贯穿人生各阶段,倡导突破家庭教育、学校教育、社会教育等彼此隔离,主张把人生各阶段影响人的发展的各种因素有机统一起来,提倡终身学习理念,打破对时空的极致理解,形成了一种新的教育理想,这种理想是源于教育现实而又远远高于教育现实的。正如《教育——财富蕴藏其中》中郑重声明的那样:"终身教育不是一种遥远的理想"。

教育总是在理想的指引下运行的。然而,理想并不总是能有效地指导实践。19世纪的空想社会主义者,曾经就设计了教育的理想蓝图。但残酷的现实击碎了他们的梦想。根本原因是学习并没有成为每个人的内在需求,教育并没有成为全社会的认识,也没有成为政府的行为。现在,终身教育已经具有广泛的社会基础和强烈的内在需求,已经成为一种"存在"。这样,终身教育思想便成为现实的教育理想、时代的教育哲学——人生各个阶段的学习活动是一个整体,社会所有的教育活动是一个统一的和相互衔接的教育体系,教育是一项面向未来的、涉及整个社会的教育计划,通过这种新的计划,培养出能动的、具有想象力和创造性

---

① [德]黑格尔:《历史哲学》,生活·读书·新知三联书店,1956年版第95页。

的，并使自己不断适应新情况的新人。

终身教育作为一种以人的发展为中心的教育理论，不仅指明了人的完美发展的方向，而且为人的全面发展设计了确实可行的道路。终身教育论者认为：从实质上说，教育的价值和使命在于对受教育者进行永无止境的"解放"或"提升"，使其从一种有限的文化存在逐渐过渡到一种相对无限的文化存在，在于帮助受教育者学会认知、学会做事、学会共同生活、学会生存，在于以"科学的人道主义"为教育宗旨，培养和塑造"完人"，使受教育者的个性和人格得以充分、完美的发展和形成。终身教育涉及一种新的对人的价值判断体系，它设想培养一种新型的人——现代人。因此，终身教育概念和思想从整体上深刻地改变了人们对教育的理解和认识，动摇了传统教育学的根基及其对教育的基本诠释，为人们提供了一种理解和探讨现代教育及其与社会发展、与个体成长的新型关系的崭新的认识论和方法论，成为一种新的教育观、一种新的教育哲学。

终身教育作为一种教育理想既是现实的又是超现实的。终身教育的全面展开与实现，必然以一系列社会的、教育的客观条件的具备以及教育工作者和普通民众的教育观念等主观因素的成熟为依托和基础。尽管教育现实中已有以终身教育为原则改造现行教育体系和制度的不少成功案例，如英美的开放大学、中国的自学考试制度，但这并不足以标示终身教育的理想已不折不扣地成为现实。这些以终身教育为指针的比较成功的教育革新行为，只是对教育现实的某种超越和向终身教育理想迈出的重要一步而已。终身教育的实现，必然是一个渐进的漫长历程。既为一种教育理想，终身教育必然多少带有一些"乌托邦"色彩①。这种理解，可以帮助人们树立科学的终身教育观，并避免两种不良倾向：一种是对终身教育这一滚滚浪潮视而不见、听而不闻、无动于衷；另一种机械地拿"终身教育"作为标尺来评判现实的教育理论和教育实践，从而全盘怀疑和否定现实教育。

二、终身教育思想探析

终身教育思想是随着社会、政治、经济、文化、科技的发展、人类对自我及其与教育关系的认识的深化而不断发展的。终身教育体系的建构是建立在前人已有认识的基础之上的。从终身教育的思想萌芽到终身教育的概念的正式提出，人类的认识发展经过了数千年；从终身教育概念的明确到初步形成系统的终身教育理念，人类又经过了好几十年。追寻人类对终身教育的认识的足迹，研究其认识

---

① 联合国教科文组织：《教育——财富蕴藏其中》，教育科学出版社，1996 年版第 1 页。

的方法，分析其认识的成果，可以使终身教育的建构建立在坚实的思想基础之上。

(一)终身教育思想的历史渊源

终身教育思想的源头，可以追溯到中国古代的孔子和古希腊的"三杰"。2500年前，伟大的教育家孔子(前551—前479)就说过他自己："十有五而志于学，三十而立，四十而不惑，五十而知天命，六十而耳顺，七十而从心所欲，不逾矩。"①意思是说，他终身都在不断学习和不断进步之中，因而也达到人生不同的层次和境界。他的"有教无类"主张，从字面上可以理解为，不论地位高低贵贱，年龄大小，智力高下，都可以无条件地接受教育。这事实上就是终身教育思想。日本学者称誉孔子为东方"发现和论述终身教育必要性的先驱者"②。中国古代还有许多思想家、教育家也表达了这种思想。庄子(前369—前286)说："吾生有涯，学也无涯。"汉朝刘向在《说苑·建本》中说："少而好学，如日出之阳；壮而好学，如日中之光；老而好学，如蜡烛之光。"北齐教育家颜之推在其《颜氏家训·勉学篇》中也说："幼而学者，如日出之光；老而学者，如秉烛夜行，犹贤乎瞑目而无见者也"③。勉励人们终身学习。宋代的欧阳修指出："学之终身，有不能达者矣。于其所达，行之终身，有不能至者矣。"④他们的意思大致相同，都表达了"活到老，学到老"的终身学习和终身自我教育的思想。这些思想大多是建立在人性论的基础上，终身学习与终身教育更多地依靠个体的自觉修养，这种建立在人性论基础上的终身教育观念至今还具有顽强的生命力。

在西方，古代希腊著名哲学家苏格拉底(Socrates，前469—前399)、柏拉图(Platon，前427—前347)和亚里斯多德(Aristoteles，前384—前322)都十分关注教育，他们认为人的一生应连续不断地接受教育。苏格拉底认为，无论是天资比较聪明的人还是天资比较鲁钝的人，都应接受教育。⑤柏拉图在《理想国》中对人从生到死各个年龄阶段所应进行的不同内容的教育作了详尽的论述，教育理想构成他的社会理想的重要部分⑥。这可能是古代西方教育思想史上关于教育阶段、教育体系最早的系统论述。亚里斯多德主张"儿童和需要教育的各种年龄的

---

① 孔子：《论语·为政》
② [日]持田荣一等，龚同等译：《终身教育大全》，中国妇女出版社，1987年版第16页。
③ 孟宪承：《中国古代教育文选》，人民教育出版社，1985年版第201页。
④ 欧阳修：《答李翊书》。
⑤ [古希腊]色诺芬著，吴永泉译：《回忆苏格拉底》，商务印书馆，1986年版第116页。
⑥ [古希腊]柏拉图，郭德和、张竹明译：《理想国》，商务印书馆，1986年版。

人都应受到训练，最好使全城邦的公民都受到同一的教育"（不包括奴隶）。① 西方古代的终身教育思想是建立在社会理想之上的，这些论述为终身教育的制度化推进奠定了认识基础。

终身教育思想的胚芽也萌生在三大宗教的教义之中。在波斯，伊斯兰教创始人穆罕默德在他的经书中说：人生"应当自摇篮起而学习到墓穴"；佛教认为从现世苦难中解脱出来的唯一途径便是终身坚持不懈地修行；基督教义主张每一个基督徒应天天坚持修行和学习。尽管对教徒个人的修养来讲的，要他们天天念的是他们的教义，但我们却能看到它的"合理的内核"——终身教育的思想。

捷克伟大的教育家夸美纽斯（J. A. Comenius，1592—1670）是终身教育的大力倡导者和积极推行者。他倡导"泛智"，主张把一切有用的事物教给一切人，要使"所有的人和每一个人：青年人和老年人、富人和穷人、贵族和贫民、男人和女人——总之，使每一个生之为人的人的人性都得到充分发展，最终使整个人类，不分年龄、出身、性别和民族，都受到教养。"他认为，"对整个人类来说，整个世界就是学校，从宇宙的开始到终结都是学校；同样，对每个人来说，他的生活，从摇篮到坟墓就是学校。"要"让各种年龄的人去做他所能做的事，让人终身都有东西要学，有事要做"。为此，他把人的生命流程划分为胎儿期、婴儿期、童年期、少年期、青年期、成年期、老年期等七个阶段，还设想建立与婴儿期、童年期、少年期、青年期相适应的母育学校、国语学校、拉丁学校或中等学校、大学或旅行②。从夸美纽斯的教育对象论中，已经可以看出终身教育的基本框架：人人受教育，一生受教育，这种教育来自家庭、学校和社会。正如波兰学者苏霍多尔斯基（B. Suchodolski）的评价：夸美纽斯的著作中已"蕴涵着丰富的终身教育思想以及将其付诸实践所应采取的措施"。③ 夸美纽斯的终身教育思想是建立在自然适应原则的基础上的，其中蕴涵的朴素的唯物主义思想和乐观的人性主张具有一定的理论阐释力，至今，仍具有一定的合理性。

（二）终身教育思想的早期发展

虽然人类在古代就具有终身教育思想的自发意识，但这种思想还只是少数政治家、思想家、教育家的梦想，一种对教育与人生关系的朴素认识，终身教育还不能转化为实践形态。终身教育思想的早期发展是与近代资本主义生产方式和生

---

① ［古希腊］亚里斯多德著，吴寿彭译：《政治学》，商务印书馆，1983 年版第 406 页。

② 张焕庭主编：《西方资产阶级教育论著选》，人民教育出版社，1979 年版第 34 页。

③ B. Suchodolski：Lifelong Education at the Crossroads, Lifelong *Education*：*A Stocktaking*，1979. p. 38.

产关系的发展联系在一起的。资本主义生产力的发展客观上要求扩大教育的再生产，为资本主义社会培养有文化的劳动力；教育不只是局限于为青少年进行的学校教育，还要为成人提供和充实受教育的机会。建立健全学校教育后的继续教育或成人教育是基本措施。资本主义生产关系的矛盾，激发了民主思想的产生，要求教育机会均等成为民主思想的基本内容；教育是国家的义务，受教育权是国民的人权的基本内容，国家应保障人人都接受教育的权利。

1. 资本主义生产方式的形成和发展，催生了现代意义的成人教育，成人教育的广泛实践直接促进了终身教育思想的传播与发展

资本主义发展较早的英国、法国、美国，成为终身教育思想的发源地。工业革命及其引发的社会变革对成人教育产生了极大的需求，为成人教育开辟了新的领域，促进了成人教育的大发展。作为工业革命发源地的英国，成人教育运动蓬勃开展，各种形式的成人教育应运而生。如 18 世纪末的星期日学会、安德森学院、技工讲习会，19 世纪中叶前的谢菲尔德人民大学、合作运动、工人大学，19 世纪中叶后的公共图书馆、拉斯金大学、大学推广运动、工人教育协会、大学导师班运动、妇女学院等。"一战"后，英国政府除了支持创办成人学校和提高对成人教育的补助外，开始以立法的形式大力发展成人教育，使成人教育逐渐成为国家教育体系和制度中的重要组成部分。1918 年教育法案和 1919 年成人教育报告，极大地促进了英国成人教育的发展，终身教育的概念也随之更加明朗。

1918 年教育法案强调要建立和维持足够数量的继续教育学校。1919 年成人教育报告建议政府应加大对成人教育的资金投入。这份报告指出："成人教育不能被看做一件奢侈品，专为几个聪明失学的少数人物而设，但又不应被看做一种寻常事情，只为继续青春期的短期教育而设。反之，成人教育是永远的民众需要，是公民不可分割的部分，所以具有普遍性和终身性。"[①]这是终身教育最早的概念性表述。

在 1919 年成人教育报告的基础上，1929 年，英国成人教育家耶克斯利（B. A. Yeaxilee，1883—1967)出版了世界上第一部终身教育专著《终身教育》，正式提出终身教育(Lifelong Education)一词。该书指出："当我们在取得进步的时候，我们发现我们越来越需要成人教育。……更确切地说，成人教育就像食物和身体锻炼一样是日常生活中不可缺少的一部分"，"如果我们问，一个人什么时候可以完成教育？唯一正确的答案是：其生命终止时才会完成。""教育包括知识、经验和伙伴关系。正是因为如此，它永远不会结束，同时也不仅仅是开始于儿童

---

① 顾明远、孟繁华主编：《国际教育新理念》，海南出版社，2001 年版第 3 页。

和青少年时期。"①耶克斯利在此已初步说明了终身教育的本质含义。

标志着欧洲近代社会产生的法国资产阶级大革命对法国教育的发展产生了巨大影响。1789 年法国大革命胜利后不久，当时的著名思想家孔多塞（M. J. A. Condorcet，1743—1794）在向国民议会提出的一系列教育法案中，第一次明确提出要通过发展"公共教育"——扩大教育机会、制定新的教育政策来保证"教育应作为人的权利的一部分"。他强调："教育是普及的，就是说，应该是一切公民都能享受到的，它应该在其各级学校的过程中，能包括人类知识的整个体系，并保证一切年龄的人易于保存其知识，易于获得新知识"。② 这种主张将终身教育纳入了国家管理的轨道，使终身教育思想通过政治强化的手段得以普及化。

美国于 19 世纪初进入产业革命时期。产业革命迫切要求与之相适应的熟练劳动力，许多工矿企业主为了自身发展主动开办各种形式的职工教育，一些徒工和熟练的机械工为提高其社会地位、改善其经济条件掀起争取受教育机会的运动③；联邦政府通过的一系列法规（如 1862 年的"莫雷尔法案"、1874 年的"海奇法案"、1914 年的"史密斯—来沃法"、1917 年的"史密斯—休斯法"等）极大地促进了成人教育、社区教育、企业教育的发展。为适应美国社会发展的需要，杜威（John Dewey，1859—1952）等提出了实用主义哲学和教育思想。他认为，"一个人离开学校之后，教育不应停止……学校教育的目的在于通过组织保证继续生长的各种力量，以保证教育得以继续进行……教育就是不问年龄大小，提供保证生长或充分生活的条件的事业"④。实际上，杜威是终身教育的提倡者，他的"生长论"对于终身教育思想的深化产生了很大的影响。

在美国，对终身教育思想有着突出贡献的人物是桑代克。传统教育中往往存在着一种偏见，认为学习是青少年的"专利"，年长智衰，成人根本不能进行有效的学习。1928 年，美国心理学家桑代克（Edward Lee Thorndike，1874—1949）公布了题为《成人的学习》的研究成果，首次通过科学实验对成人学习能力进行实证研究，证明"学习之能量，永不停止，成人的可塑性或可教性仍很大"⑤。这一结论为实施终身教育和个人终身学习提供了心理学依据。

---

①　顾明远、孟繁华主编：《国际教育新理念》，海南出版社，2001 年版第 4 页。

②　单中惠：《西方教育思想史》，山西人民出版社，1996 年版第 287 页。

③　杨应崧等：《各国社区教育概论》，上海大学出版社，2000 年版第 41 页。

④　杜威：《民主主义与教育》，人民教育出版社，1990 年版第 55 页。

⑤　叶忠海等：《成人教育学通论》，上海科技教育出版社，1997 年版第 9 页。

2. 近代的终身教育思想是作为一种社会福利思想出现的，即终身教育是对国民的人权——受教育权给予终身保障

英、法、美等资本主义发展比较早的国家，为了巩固其社会秩序和政治统治，纷纷制定了普及义务教育、发展社会教育、职业教育的政策方针，终身教育不过是对社会"弱者"的一种补偿。"近代"所高唱的"人权"，其本质上是观念性的、理念性的东西,[①] 是给予的。如美国对有缺陷和不幸者实施的"补偿教育"，因为它没有终究造成弱者的"给予教育"和社会体制，最终并没有真正收到实际的效果。在这种思想的指导下的教育仍然是在以公立的教育体制为前提的，它必然强化教育秩序，提高能力主义教育的效率，使各种教育成为"扩大再生产"的手段。其实质是一种以"教育机会均等"为掩护的"治安对策"和"劳力政策"。[②] 近代的公共教育体系促进了其社会程序的稳定，提高了资本主义的生产效率。在这种体系下的终身教育思想只能局限在受教育权的争取和"给予的终身教育"的范畴中，现代终身教育思想是对这种体系思想的突破。

(三)现代终身教育思想的确立与发展

20 世纪 60 年代，社会全面的、迅速的变革，成人教育的迅速发展，为现代终身教育思想的确立提供了契机。终身教育思想的勃兴，乃是社会发展要求教育变革的必然结果，也是人们对世界的整体认识的必然反映。

1. 现代终身教育思想的确立

1965 年 12 月，"促进成人教育国际委员会"在巴黎召开第三次会议，当时的 UNESCO 成人教育部门负责人、法国成人教育家保尔·朗格朗，向会议提交了一份题为《Education Permanente》的提案，引起了与会者的极大反响。提案指出："数百年来，社会把人的一生机械地分为学习期和工作期，前半生的时间用来积累知识，后半生一劳永逸地使用知识，这是毫无科学根据的。他提出教育应当贯穿于人的毕生，成为一生不可缺少的活动。因此，他提出建立一个新的一体化教育体系：应当使教育从纵的方面贯穿于人的一生，从横的方面连结个人和社会生活的各个侧面，使今后的教育在每一个人需要的时刻，随时都能以最好的方式提供必要的知识技能。"[③]会后，UNESCO 将法文术语英译为"Lifelong Education"（终身教育），并以研究报告书的形式公开发表，随后又被众多国家译成本国文字而广为流传。在这份报告的基础上，1970 年，朗格朗出版了《终身教育引论》，

---

① [日]持田荣一等，龚同等译：《终身教育大全》，中国妇女出版社，1987 年版第 195 页。

② [日]持田荣一等，龚同等译：《终身教育大全》，中国妇女出版社，1987 年版第 208 页。

③ 张维主编：《世界成人教育概论》，北京出版社，1990 年版第 94 页。

该书对终身教育的背景、意义、目的、原则、内容、方法等进行了系统论述，将"终身教育"升华为清晰的科学概念，并形成了一种系统的教育思想理论体系和社会实践设计。1965 年作为标志性的年份标志着终身教育思想的确立，朗格朗成为现代终身教育思想的主要奠基人。从此，以终身教育为主题的教育改革运动在世界各国蓬勃推进。

2. 现代终身教育思想的传播与发展

早在 1949 年的第一届和 1960 年的第二届世界成人教育国际会议上，联合国教科文组织就着手对终身教育系统研究。1968 年，联合国教科文组织确定 1970 年为国际教育年，同时将终身教育作为重要目标提出；1970 年，在联合国教科文组织出版了朗格朗《终身教育引论》同时，着手实施与终身教育有关的 49 项工程。当时的教科文总干事勒内·马厄声称："终身教育是解释现代化教育的真正含义的一个概念，是包含并贯穿于一切教育改革的全部努力的一个概念。"1972 年，联合国教科文组织对 23 个国家的实地考察和研究了 70 多篇有关教育形势和改革的论文，出版了《学会生存——教育世界的今天和明天》。这篇报告使终身教育思想进一步系统化和理论化。同年，还有舒瓦茨的《终身教育——21 世纪的教育改革》出版。可以看出 70 年代初期的终身教育研究迅猛发展。根据法国社会学家夏莱特·罗德丽对联合国组织截止 1972 年所搜集的资料表明，涉及终身教育的著作和论文达 300 篇（部）。

1976 年，联合国教科文组织 19 届大会通过的《关于发展成人教育的劝告书》的决议文件，对终身教育概念做了较为明确的阐述，对终身教育展开的具体方法做出了多种多样的倡议；这些倡议成为各国推进终身教育的参考原则，终身教育思想作为一种普遍的教育原理开始具体化。

在 20 世纪 70 年代至 90 年代，各国在翻译介绍联合国教科文组织有关终身教育的文件的基础上，纷纷开始了终身教育的研究和实践的探索。美国和日本成为这方面的典型。它们都从法律和法规角度加强终身教育建设，如美国在 1976 年通过《终身学习法》，日本 1990 年颁布《终身学习振兴法》，终身教育思想以制度化的方式贯彻到所有教育的组织及其活动当中。

被称为联合国教科文组织"综合性论著"的《从现在到 2000 年教育内容的发展的全球展望》，对终身教育在社会发展中的地位、作用、重要性、意义等方面的论述，言简意赅。把终身教育的原则、思想与教育内容、课程设计、课程改革、教育评价等联系起来，终身教育的讨论和认识又加深了一步。

根据 1991 年联合国大会做出的"成立一个国际委员会来思考 21 世纪的教育与学习"的决定，由欧洲联盟主席雅克·德洛尔任主席的"国际 21 世纪教育委员会"于 1993 年成立。1996 年该委员会向联合国提交了名为《教育——财富蕴藏其中》的报告，辟专章专门论述了终身教育，强调指出："应该重新思考和扩大'终身教育'这一观点的内涵。终身教育不是一种遥远的理想，而是以一系列强化这种教育需要的变革为标志的、在复杂教育环境中日趋形成的一种现实。"它"超越了启蒙教育和继续教育之间的传统区别，它与另外一个先进的概念——教育社会的概念联系在一起。在教育社会中，事事都可以成为学习和发挥才能的机会。"[①]这部书成为现代终身教育思想的经典之作。

与初期的终身教育思想相比，现代终身教育思想有着全新的、更丰富的内涵。它是关于人类命运的全新观点——人类对自己命运的自觉意识和整体关怀。现代终身教育已经不再是自发的教育思想和教育活动，而是被世界各国政府当做一个政策目标而加以肯定和实施的教育计划，是社会各种组织自我发展的方式，是个体提高自己、充实和完善自己的具体的行动，是强制性（即政府的主动性）和高度自觉性（即教育对象的主动性）相统一的教育制度。

3. 现代终身教育思想的产生和发展的原因分析

终身教育之所以能够成为一种重要的思潮在全世界广泛传播，其直接原因是朗格朗等几位在联合国教科文组织任职的教育专家的坚持不懈的努力，以及 UNESCO 和 OECD 等国际组织及研究机构多年的大力倡导和积极推行；许多政府领导的远见卓识，许多大型企业、公司的积极实践，最终使得终身教育从一种教育思想成为一种意义深远的教育理念，并使其体系更加完善。

但终身教育的发展的根本原因是社会的剧烈变化。日本的生涯教育学会的学者们研究了终身教育思想产生的背景，并归纳出三点原因。他们认为：一是新时期社会的、职业的、家庭日常生活的急剧变化，导致人们必须更新知识观念，以获取新的适应能力。由于当时正值技术革新及社会结构发生巨大变化，这些变化不仅反映在生产、流通、消费等领域的经济结构、过程及功能方面，甚至还影响到社会日常生活方式及普通家庭生活方面。其鲜明的例子之一是就业形态有了很大的改变，尤其是女性参加工作已日益普遍，国际交流也开始在普通市民之间平常地展开。这样，若要与之适应，人们就必须以新的知识、技术及观念去武装自己。终身教育强调人的一生必须不间断地接受教育和学习，以不断地更新知识，保持应变能力，其理念则正好符合时代、社会以及个人的内在实际需求，因此终身教育理论一经提出，即受到前所未有的重视，也就理所当然了。二是人们对现实生活及自我实现要求的不断高涨。第二次世界大战结束后，随着经济条件的改

[①]　联合国教科文组织：《教育——财富蕴藏其中》，教育科学出版社，1996 年版第 102 页。

善，人们逐渐从衣食住行的窘境中解脱出来。尤其是医疗的发展，家庭结构的小型化，机械、电子器具的日益普及，更使得人们能够摆脱繁重的体力劳动，平均寿命延长，比以往拥有了更为充裕的自由支配时间。这样一些外部条件的改善，促使现代的人们开始注重精神生活的充实，期望通过个人的努力来达到自我完善。而随着这些要求及欲望的不断增强，以及人们对审美要求和层次的不断提高（如人们欣赏具有深刻意义的文化艺术作品，赞美精湛的技术、尽善尽美的行为表现等），又促使人们认识到：只有通过自觉的、不间断的学习追求，才能达到理想的境界。显然要实现高层次、高品质的精神追求，仅靠一次性的学校教育是绝难达到的，只有求助于终身教育的支持及通过终身学习计划的实施才有可能完成。三是人们要求对传统学校教育甚至教育体系进行根本改革，从而期望产生一种全新的教育理念。自近代学校教育制度建立以来，学校在担负培养和塑造年青一代的责任方面，确实起到任何其他社会活动所不能替代的作用。然而，自20世纪60年代以来，由于社会日新月异，学校教育内部矛盾、弊病与日俱增。比如大量出现逃学儿童（恐校症），校园内斗殴、寻衅闹事、酗酒等现象增多，考试竞争激化，中途退学者增加，以及学校因竞争造成的差别扩大和偏重学历造成学校与社会的严重脱节等等。学校中出现的这种种所谓教育"病理性"现象，也必然会影响到社会和家庭，并造成不良影响。在这种情况下，人们普遍希望能从根本上对旧有的学校教育制度进行改革，并迫切期待产生一种新的教育原理，以求突破与超越旧教育理论的束缚。而提倡学校开放，提倡学校教育、家庭教育与社会教育（成人教育）三者间的有机结合的终身教育理念，则正是站在对旧有学校教育制度及原理进行改革与推进的立场上，因此亦自然而然地受到了极大的欢迎①。

本文认为，终身教育思想的产生和发展既是多方面、多层次、多类型要素动态的整体作用的结果，是时代的迅速发展、成人教育实践发展和人们对传统教育的反思等共同作用的结果，更是人类对自身命运的主动关注的结果。

（1）终身教育思想的产生和发展是时代的产物

知识经济社会的到来，凸现了知识的价值，客观上要求建立适应新社会形态的教育。新经济增长理论表明，随着以高科技与信息为主的新型产业的崛起，知识独立于土地、资本和劳动力的投入，而成为经济增长函数中的独立因子，成为社会发展的主流力量和人类进步的直接驱动力。在这样的情形下，一国的经济增长不可能不关注知识的投入，不可能不关注知识的传播与创新。而传统教育模式在许多理念上与此相抵触，尤其是工业化带来的普遍存在的规模生产式的教育模

---

① 吴遵民：《现代国际终身教育论》，上海教育出版社，1999年版第5页。

式。这样，越来越多的国家开始深刻检讨对应工业文明的传统学校教育的弊端，并试图建立一种新的终身教育模式，从而保证其每一个公民能在一生任何时候，在任何地方，通过获取知识、更新与创造知识、运用知识，以迎接知识社会的种种挑战和获得自身发展的主动权。

上个世纪末，在各类技术中，信息和通讯技术的飞速发展对当前人类社会工作和生活形态的冲击，是显而易见的。人们能够超越时空阻隔瞬时获得各种信息，并可以各种不同形式储存起来。信息化与网络化的趋势强化了学习的意义，拓展了教育的时空，为教育、学习提供了便利，使终身教育成为可能。信息化与网络化革命，为实践终身教育和学习的理念提供一个网络化的技术基础，使人类可以通过终身教育与学习，尽快掌握在未来社会生存所必备的东西，包括选择、分析、使用和创造信息的技能，以及人们在网络社会中共同生活的各种新的游戏规则。

（2）现代教育不断改革与创新，是终身教育思想形成的实践基础

现代教育的多样化发展及其不断关联或融合的趋势，成为终身教育思想形成的实践基础。第一，成人教育的出现，打破了将人的一生分为学习阶段和工作阶段的传统教育观念；第二，企业职工教育、回归教育的出现，使企业的生产与企业的教育紧密联系在一起；第三，远程教育、广播电视大学的产生，扩充了教育的对象，拓展了教育的空间，延长了教育的时间；第四，网络教育的兴起，信息高速公路的铺设，促进了学习方式的改变和教学效率的提高，使以"学习者为中心"的思想变成了现实；第五，老年人教育的发展，拓展了人们对教育功能与价值的认识，即将教育的功利性的价值和社会功能真正转化为教育的本体价值和功能；第六，现代学校教育体制改革，呈现纵向衔接、横向沟通、整体连贯的特点，如小学、中学与大学的一体化，职业教育与普通教育相互补充，学校教育与现实社会生活普遍联系等；第七，学校教育不断向社会开放，在学校加强与社会联系的同时，社会加强了与学校的联系，学校成为社区的学习中心，促进了教育社会化和社会教育化趋势。总之，现代教育的性质、结构、功能、目的、办学形式、管理制度、对象、内容、方法、手段等都在或多或少发生着变化，教育与社会的各个方面的联系也越来越紧密，这样，就为人们跳出传统的学校教育或制度化教育的框框提供了广阔的思维空间，从更宏观的视角思考教育以及教育与社会、与人的发展关系成为可能。如果没有教育的多样化发展实践和对现代教育实践的整体思考，终身教育思想也很难形成。

（3）现代人的学习需要的增长，成为终身教育思想的主体条件

学习特别是自觉、主动的学习，是人类的基本特征。"人与其他生物的不同

点主要就是由于他的不完全性"。这种"不完全性",一方面为人类的学习指出了可能性,一方面为人类的学习指出了必要性。动物生下来就具有各种特殊的本能,依靠这些本能就能适应生存环境,而人生下来则是"无能的","他带着一堆潜能来到这个世界,这些潜能可能半途流产,也可能在一些有利或不利的生存条件下成熟起来,而个人不得不在这些环境中发展。""人的生存是一个永无止境的完善过程和学习过程。他必须从他的环境中学习那些自然和本能没有赋予他的生存技术。为了求生存,求发展,他不得不继续学习。"①学习是人的生存的需要、成长的需要、完善的需要。然而,学习可以是无意识的、不自觉的、无组织的,也可以是有目的的、自觉的、有组织的;学习既可以是个体的,也可以是团体的。人的多样化的、持续的学习需要,促进了终身教育的理论和实践的发展。

(4)终身教育思想发展与现代科学的发展息息相关

终身教育思想不仅是社会发展和人的发展需要的直接反映,也是无数思想家、理论家理性思维的结晶。终身教育思想具有广泛的文化背景,是在大量吸收哲学、社会学、经济学、人类学、心理学、生理学、语言学、教育学等学科成就的基础上形成和发展的。正如《学会生存》中指出的那样:"在当代所有重要的科学和技术学科中,没有一门学科不可以对教育现象的理解和对改进掌握传递知识和培养个性的技术做出新的贡献。"②有些学者对影响"组织学习"思想形成的主要社会科学学科(心理学、管理学、经济学、政治学、人类学、历史学)基础进行了深入的研究。③ 这种研究无疑是有启发意义的。分析现代终身教育思想的文化基础,可以使人们更好地理解终身教育体系的合理性,坚定终身教育的信念。

本文认为哲学是时代精神的体现,对终身教育形成具有决定性作用。特别是统摄唯意志派哲学、生命哲学、现象学、存在主义、法兰克福学派的批判哲学等的"人本主义思潮",影响到终身教育的价值预设、组织设计、法规制定和组织管理。其他学科如社会学、人类学、教育学与终身教育密切相关,对终身教育思想的建立具有实质性影响。另外,系统科学作为一种有用的工具,被用来对现有的教育体系进行全面的、批判性的研究,并对未来教育进行系统建构。在大脑的研究和生物化学科学方面的研究所取得的突破,使我们更加清楚地和更加客观地了

---

① 联合国教科文组织:《学会生存——教育世界的今天和明天》,教育科学出版社,1996 年版第196～197 页。

② 联合国教科文组织:《学会生存——教育世界的今天和明天》,教育科学出版社,1996 年版第 165 页。

③ [德]迈诺尔夫·迪尔克斯等著,上海社科院知识与信息课题组译:《组织学习与知识创新》,上海人民出版社,2001 年版第 2～144 页。

解人类的行为、心理机制和学习过程。结构主义心理学按照几何学、代数学的、动力学的心理活动模式来说明有组织的整体，即"场"，强调心理生活组织中直觉、顿悟的作用，从而奠定了以知觉为基础的直观的教育方法和学生主动学习的心理学基础。"生态学，它帮助我们了解教育与环境的关系并把教育与发展的关系联系起来；医学，它有助于减少朗诵的困难和推动视听教学；心理测验，它具有新的测量公式、调查表、测验以及其他各种措施。"[①]

当然，这些理论的相互融合才催生和发展了终身教育思想。人类对未来的想象力、思维力以及对现代科学知识的整合水平，体现了终身教育思想的成熟度。终身教育体系的建构必须借鉴人类已有的科学知识，并充分发挥其想象力。

根据以上归纳，社会的需要和现有的发展水平是终身教育产生的客观条件与基础，人自身的完美发展需求是其发展的主观条件和内在动力，现代教育体系的繁荣与发展是终身教育思想产生的实践条件，现代科学的发展是终身教育思想产生和发展的思想基础。

三、我国终身教育体系建构

(一)终身教育体系的含义

终身教育的思想内涵非常丰富，但它只是给我们提供了建立新的教育体系的指导思想和原则。要使终身教育思想有效地转化为社会的和个人的实践，使现有的教育在时间、空间、内容、方法等方面有机统一，"把这些教育训练的各种不同的形式和谐地协调起来，使之与个人的习性不致发生矛盾"[②]，"当人们有了自我教育、自我学习、自我发展的欲望要求时，在任何地方、任何时候对其要求都能适当地给以满足"，[③] 就必须实现终身教育的体系化。

何谓体系？体系是指具有特定的要素、结构、功能和与之相适应的体制、机制的整体。何谓终身教育体系？朗格朗认为："这里所谓'体系'，是指从教育课程的各个侧面和各个时期(小、中、高)归纳成为一个整体来看，在如何处理人整个一生的教育分段和相互依赖的关系上找出努力的方向。学校教育、社会教育还有非正规的教育设施等，就各自的教育部门来说，可以认为大体上体现出'终身

---

① 联合国教科文组织：《学会生存——教育世界的今天和明天》，教育科学出版社，1996 年版，第 166 页。

② ［日］持田荣一等著，龚同等译：《终身教育大全》，中国妇女出版社，1987 年版第 448 页。

③ ［日］持田荣一等著，龚同等译：《终身教育大全》，中国妇女出版社，1987 年版第 449 页。

连续教育’的各种因素。但把它们归纳起来作为教育问题的整体来看，某一教育部门应明确分工负担哪一方面的责任，并且根据其负担的责任，考虑改变教育的结构，这里正是缺乏这一改革的‘原理’”①。

本文认为，终身教育体系的实质就是通过教育的计划化、组织化和制度化来保障终身教育的连续性和整体统一性。终身教育必然是体系化的教育，但体系化的教育还不一定是终身教育，因为现有教育的拓展与组合，成为更宏大的教育体系，这种体系的基本形式是终身教育的初级阶段——国民教育体系。国民教育体系是在生产力尚不发达，社会资源的供给与享受教育资源的需求之间存在巨大差距的条件下的产物。在这种体系下，人们接受教育还是以职业需求为主，以生存教育为主，以被动教育为主；人民享有的教育机会还有待于制度的保障。终身教育体系是以国民教育体系为基础，它是生产力较为充分发展、社会不断进步的产物。这一体系将使这个社会的教育资源能基本满足学习者的需求；人们拥有享受学习的平等机会和个性化需求的制度安排；人们的学习动机主要以一生需求为主，以发展和享受为主，以自助学习为主。教育的目的和手段最终将实现统一。②从体系化教育到终身教育有一个从量变到质变的过程。终身教育的自身发展也有一个不断建构的过程。

终身教育体系是由一定的教育组织机构（终身教育研究组织、终身教育的管理组织、终身教育的办学组织、终身教育中介组织等）、终身教育制度（教育行政管理制度、学校教育制度、教育评价制度等）、终身教育活动（自学、组织学习、教学）及其相互关系组成的系统。从组织行为学的观点来看，终身教育体系就是指由以学习者为中心的办学组织系统、教学活动系统、组织管理系统和环境支持系统及其相互关系构成教育整体。这个体系将所有的机构和设施、各种教育资源整合起来，为人的分段教育及其一生的整体一贯的教育提供组织和制度保障，使人们在任何时候、任何地点享受所需要的教育的愿望都能得到适当的满足。实际上，这个体系是在现代终身教育思想指导下的组织管理体系和现代教育的实践模式。

（二）几种终身教育体系观及其评价

终身教育体系观是对终身教育实践模式理论建构。不同的学者有不同的思考。下面对几种典型的终身教育体系观进行简单的述评。

---

① ［日］持田荣一等著，龚同等译：《终身教育大全》，中国妇女出版社，1987年版第449页。

② 中国教育与人力资源问题报告课题组：《从人口大国迈向人力资源强国》，高等教育出版社，2003年版第336页。

1. 史苞丁提出的美国的终身教育体系

美国学者史苞丁(Spaulding,1974),在论及终身教育服务与活动范围时,曾经将教育活动粗分为开放式与封闭式,并由正规(formal)、非正规(non-formal)、非正式(informal)教育等三类细分为下列六种教育形式(参见表3、表4)。① 这种划分,实际上是从教育组织机构的性质、结构特点和活动方式的角度来揭示美国的终身教育体系的。

表3 美国终身教育的六种教育形式

教育机构与活动	封闭式	开放式
正规(FORMAL)	具有高度结构与严密的教育组织,教学内容相当正式。	属于松散结构的教育活动,试图以具有相当组织的内容影响民众,民众可以自由意志选择他们希望听或参与的活动,并鼓励其他团体协助有关信息的传播。
非正规(NON-FORMAL)	具有长期教育目标的高度结构与规定的教育活动,组织与教学内容较具弹性。	在参与团体中,民众自由选择参与志同道合的活动,包括研讨会、课程、演讲,这些活动附属于团体的基本目标。
非正式(INFORMAL)	具有适当结构化的教育活动和组织,包含明确的学习目标的正式课程与研讨会。	为提供广泛的信息与教育媒介之服务,使民众依照其兴趣来选择,更能符合个人兴趣。

表4 美国终身教育的六种教育形式示例

属性	正规教育	非正规教育	非正式教育
封闭式	传统结构性的初等、中等、技术与高等教育制度。	变通学校、多元学校、个别化教学学校、综合学校等。	社区中心、自我学习中心、函授教育、美国无墙大学、英国开放大学、农民训练、成人基础教育、北欧的民众高等学校。
开放式	农业推广服务、消费者教育、健康教育、社区发展教育、人口教育、环境教育等。	青年组织、社团组织、劳工组织、宗教团体等主办的研讨会、课程、演讲。	广播、电视、杂志、报纸、图书馆、书店、信息中心等。

---

① http://192.192.169.108/2d/longlife/outline/outline_0301.asp.

　　从教育活动形式的角度来建构终身教育的体系，体现了终身教育的活动和组织的多样性，凸现了非正式组织的作用，但无法体现终身教育形式之间的相互关系和整体性，也没有反映终身教育的管理、制度及其与教育组织机构与环境的复杂联系。

　　2. 日本学者平泽熏提出的终身教育体系

　　日本的终身教育体系涉及从宏观到微观的基本要素：目的、教育场所、学习主体、活动形态、方法。但在要素的划分时，内涵不明确，如终身教育的目的，除了个体的和社会的以外，还应该有教育自身的目的；终身教育的次级体系还应包括家庭教育、自我教育等；另外，要素之间的关系不太明晰，终身教育运行的机制无法体现，总体上给人的感觉是所有教育要素的一种简单集合。（见图2）

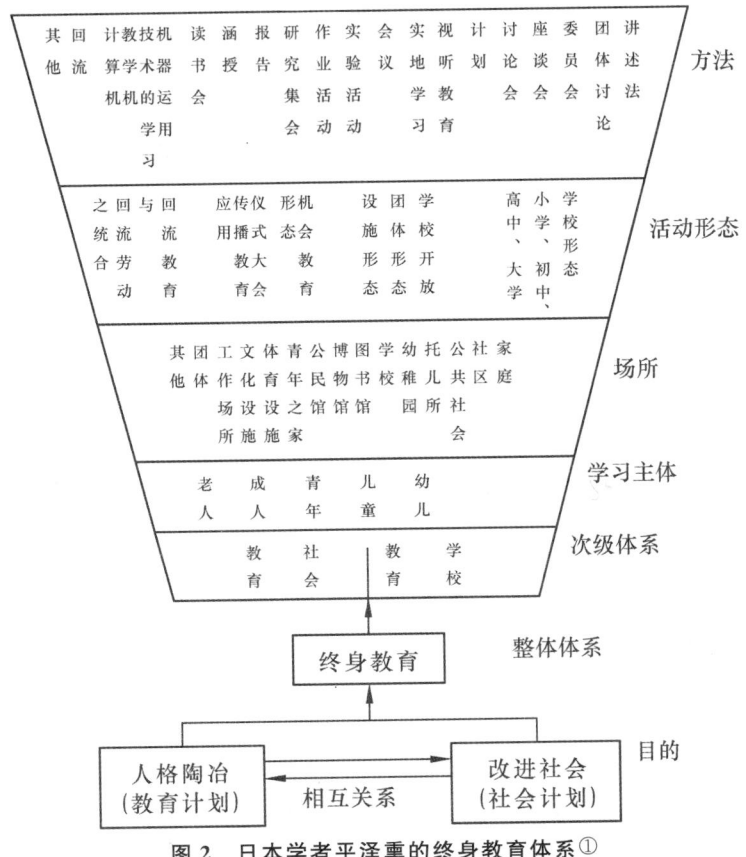

图 2　日本学者平泽熏的终身教育体系①

---

　　①　http：//192.192.169.108/2d/longlife/outline/outline _ 0302. asp.

3. 我国学者对终身教育体系的探索

从现有的资料来看，第一次在我国明确提出终身教育体系的是俞恭庆，他认为我国未来的教育体制是"基础教育、职业技术教育和成人教育均衡及协调发展的体系"，其中，"成人教育是传统的学校教育向终身教育发展的一种新型教育制度"。[①] 这里指的终身教育，虽然拓展了原有的普通学校教育体系，并将他扩展到成人教育，但仍属于"学校教育"的范畴。对我国终身教育体系建构有着决策性影响的是全国教科文卫委员吴福生，在《关于建立我国终身教育体系的几点思考》一文中，强调了建立和完善终身教育体系，在中国建立终身教育体系有着重要的意义。他提出了如下设想：（1）改革现行教育领域"学历社会"一统天下的现状，使其朝着"学习社会"的分析转变和发展；（2）改革"封闭型"学校教育的办学模式。促使其朝着更为开放的终身教育办学模式发展；（3）改革传统的以学校教育为中心的教育体系，促使其朝着建立一个融合家庭、学校、社会三方面机能的、贯穿人一生的、综合性终身教育体系发展（见图3）[②]。这种体系化的构想，突破了传统学校教育的框框，并提出法制对终身教育体系建立的意义，但仍没有摆脱就教育论教育的思维框框。

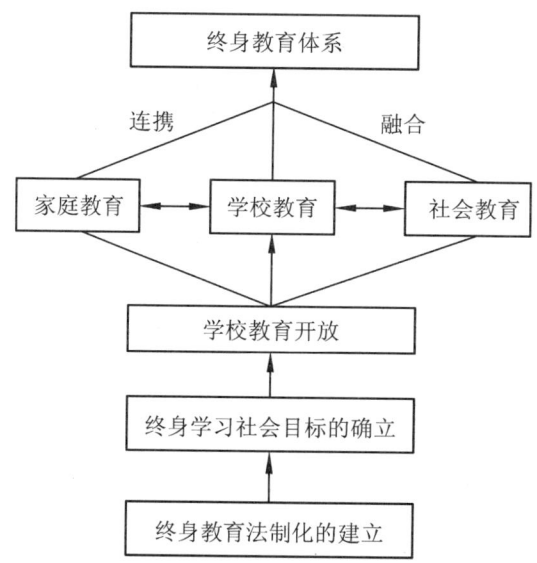

图3 吴福生提出的终身教育体系图

---

① 俞恭庆：《发展终身教育 完善新型制度》，《上海成人教育》，1993 年第 11 期。

② 吴福生：《关于建立我国终身教育体系的几点思考》，《教育研究》，1995 年第 8 期。

前国家教育委员会成人教育司司长董明传从成人教育的发展和完善的角度提出了终身教育体系的建立和完善的设想。① 但把成人教育等同于终身教育的观点显然是片面的。

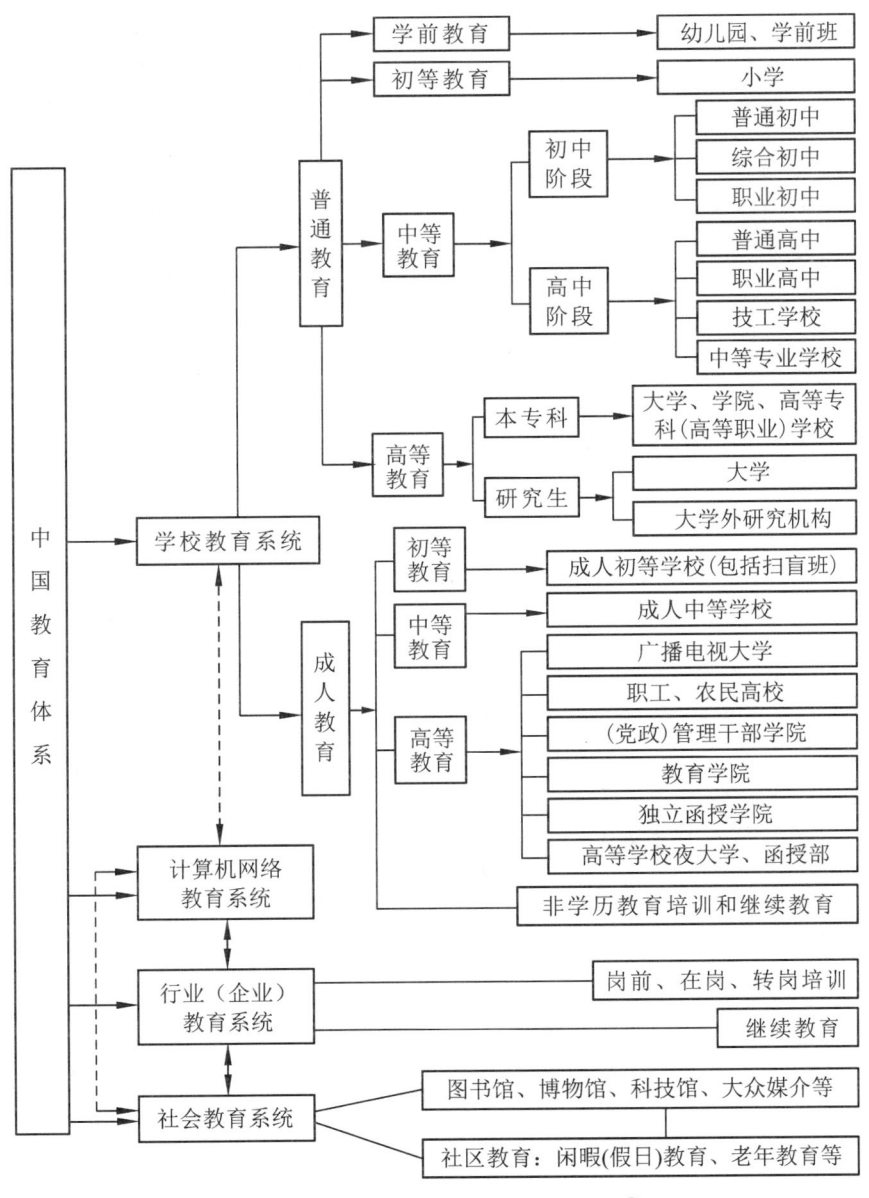

图 4　体现终身教育思想的教育体系②

---

① 董明传:《建立和完善终身教育体系》,《中国教育报》,1996 年 2 月 26 日。

② 郝克明:《经济全球化与中国终身学习体系的建构》,《北京大学教育评论》,2003 年第 1 期。

目前所流行的终身教育体系观是郝克明提出的。他主要是从教育的空间形式和教育的层次来划分的(见图 4)。这种体系突出体现了教育的组织机构和教育的途径以及它们之间的关系。我们认为，这种认识是建立在狭义的学校教育观的基础之上的，只是揭示了正规的教育组织形式，是一种就教育论教育的观念的反映；它过于强调了各种教育的独立性，无法体现教育组织之间的内在联系，终身教育与外界的本质联系和自身的发展运行机制。

(三)我国终身教育体系的基本框架

以往人们在研究教育体系时，仅按照微观层次的教学要素或中观层次的学校教育结构或宏观层次的教育类别，忽视了教育的环境支持系统，忽视了教育系统内部之间的整体关系，没有摆脱传统教育观的纠缠。本文认为，终身教育是一种有目的的、有计划的、有组织的社会活动体系；这种活动首先是由政府总体进行规划和资源整合的；学校是专门的组织，企业、社区、其他社会团体是具有教育功能的社会组织，它们既从人生的成长周期、成长的普遍性和组织的需要出发，安排教育的内容与方法，又从个体的现实的具体的发展需要和可利用的教育资源设计教育的环境、提供学习的指导建议；在微观层次，教学的主体和教学的客体通过教学中介(教学资源)发生关联，并实际地推进学习者的观念、智力、能力、情感与行为等方面的整体变化；同时，终身教育体系作为一种工作体系，有自己的边界。"组织的边界是由法律和契约所确定的该组织的所有制和雇员构成的。"[①]它们界定了有关权利和义务的限度，也规定了共同体的文化和特性。同时，这些边界必须保持开放，使信息可以跨越边界传送过来，使组织学习能够因为外部的发展而被激发，并不断获得外部的信息。尽管终身教育体系的边界是开放的，与社会其他体系随时随地保持着物质、精神、信息等方面的交流，但毕竟教育不是社会的全部，教育功能不是社会组织的全部功能，终身教育体系是在动态中发展的。按照这种理解，本文认为，终身教育体系在自身结构上可以解析为四个子系统，即：办学组织系统、教学活动系统、组织管理系统、环境支持系统。每一个系统又由主体、基本结构、基本功能构成(见表 5)。

1. 办学组织系统

它由各级、各类、各样的学习型组织和教育教学机构所构成的宏观框架及其内在联系系统。一般可将其分为正规(或正式)办学系统和非正式、非正规的办学系统，国家办学系统、企业或其他社会组织的办学系统和私人办学系统。正规的

---

① ［德]迈诺尔夫·迪尔克斯等著，上海社科院知识与信息课题组译：《组织学习与知识创新》，上海人民出版社，2001 年版第 244 页。

教育机构包括小学、中学、大学、各种职业学院等；非正规的教育机构有社区学院、企业学习团队、社区教育资源中心、图书馆、博物馆、科技馆、文化馆、青少年宫等；非正式教育机构有各种讲习班、读书会、兴趣学习小组等。办学机构还可以划分为学校组织（专门的学习组织）和学习型组织（学习型政府、学习型企业、学习型城市、学习型社区、学习型家庭等）。这些办学机构横向沟通、纵向一贯，纵横交叉，形成办学组织的立体网络。与传统学校教育系统相比，它们之间已不再是界限分明，而是彼此相互融合和相互沟通，构成了一个以学习型组织为基本组织形式的新型的办学系统。办学系统主要为学习者提供学习之所，搭建各种学习平台，保证学习机会和享受较好的学习条件。办学组织系统是终身教育权利和终身学习机会的组织保障系统。

表5 终身教育体系的要素、结构与功能

基本要素	主 体	基本结构	主要功能
办学组织系统	投资者 办学者 经营者	正规的教育组织结构 非正规教育组织结构 非正式教育组织机构	筹集办学经费 提供学习场所和设施 搭建学习平台 保证学习条件 加强组织与社会的联系
教学活动系统	教育者 学习者 教学资源提供者	教学主体结构 教学内容结构 学习者与教学资源的关系结构	提供学习资源 开展多种活动 优化学习氛围 提高教学效率 促进共同发展
组织管理系统	教育决策者 教育行政管理者 教育法规的制定者、宣传者和执行者 教育中介组织评估者 教育研究者	教育部门与其他部门的关系结构 各级教育行政部门的组织结构 管理组织与办学组织的关系结构	科学制定教育规划与政策 合理配置教育资源 协调组织之间的关系 发布有关教育信息 调动社会办学积极性 加强教育立法、执法 加强对终身教育的宣传与监督 制定评估标准并组织评价 对教育发展的理论支持和对个人提供学习指导
环境支持系统	中央和地方政府机构官员、公务员 企业组织领导 民间组织领导 新闻记者 执法人员 社会公众	劳动力需求结构 教学、科研、生产一体化结构 教育投入结构 教育监督结构	发展经济，保证终身教育的经费来源和基础设施建设 发展科技特别是信息技术，为终身教育提供技术基础 形成鼓励创新人才成长的环境 鼓励、支持人人热爱学习 形成全社会的学习氛围

2. 教学活动系统

教学活动系统是学习者现实的具体的学习时间和空间，是终身教育的最基本的、核心的部分，包括学习者、教育者、课程与教材或其他学习信息资源以及时时处处都存在的各种各样的学习活动等。其结构主要有教学内容结构（多学科知识、社区知识、个人知识等）、教学主体结构（专职、兼职和志愿者构成的教师队伍、师生之间以及学习者之间构成的交往系统）、学习者与教学资源构成的结构（学习者与其他个体学习者构成的点—点结构、个体学习者与其他学习群体构成的点—面结构、学习者个体与不同年龄和不同层次的学习者之间构成的点—体结构、不同的学习群体之间构成的面—面结构、个体学习者与网络学习资源构成的点—网结构等）。① 教学活动系统主要是通过提供学习资源，开展多种多样的学习活动，营造良好的学习氛围，为学习者提供优质的教育服务，并促进教学者和学习者共同进步。

3. 组织管理系统

组织管理系统是有效对办学系统和教学系统实施组织和调控的系统。由具有指导、协调、监控、评价办学组织的组织机构及其相关的管理制度构成。从管理组织来分，有全国性的终身教育管理机构、教育行政机关、地方教育中心、教育中介组织等。由于各个办学组织系统和教学活动系统在时空上是分散的、相对独立的，在目的上是有针对性的，在内容上具有相对完整性，这就有可能在目的、内容等方面存在矛盾和冲突，不可避免地出现片面性和局限性。只有进行宏观的设计、协调与沟通，才可能保持教育的一致性和完整性。这就有必要建立一个全国性的统整教育资源、协调组织关系的终身教育机构。除此以外，还应建立地区性的终身教育组织；各级教育行政主管部门作为公共管理部门，通过科学制定教育规划与政策，合理配置教育资源，协调组织之间的关系，发布有关教育信息，制定学校和学习型组织的评估标准并组织评价，制定教育和社会发展规划，保证教育投入，调动社会办学积极性，加强教育立法、执法，加强对终身教育的宣传与监督，保证教育的地域之间、学校之间、教育门类之间的均衡发展，充分发挥教育资源的效率，保证教育的公平，实现教育与社会的协调发展。从制度层面来说，一方面包括宏观层面上由国家意志来制定的管理和调控终身教育发展的政策与法律系统；另一方面也包括有关学习型组织形成、发展与管理的一系列规则。

---

① 本文认为，传统的教学只把书本知识作为学习的资源，这是非常片面的。从终身学习的观点来看，其他学习者本身作为学习者认识与交往的对象，是一种重要的学习资源，甚至学习者自身也是一种学习资源。

如学校评价制度、企业的知识管理制度等。

4.环境支持系统

它是指维持办学组织系统、教学活动系统、组织管理系统的新陈代谢、供给其"营养"的系统。任何组织外的对该组织存在直接或间接影响的因素，都构成该组织的环境。终身教育的发展是建立在整个社会甚至是整个时代的发展背景上的。教育系统，与它们有着广泛的联系，终身教育系统与社会整体系统实现着人流、财流、物流、信息流等的交换。"组织环境可能会阻碍创新也可能会利于创新。支持系统的主要作用是使教育系统成功地参与到创新的过程中去。"[①]终身教育体系的健康运行有赖于社会大系统给它提供多方面的支持：财力和物力支持、宣传舆论支持(特别是鼓励创新的社会风气)、政策法规支持(如企业的用人制度、干部选拔制度、劳动就业制度等)、技术支持(网络技术、多媒体、通讯技术、各种学习软件、杀毒软件、网络安全技术等)、思想支持(共同的价值观念、社会理想、道德准则、管理理论等)、教育教学理论支持等。不同的办学组织、管理组织有不同的支持环境，同一环境对不同组织的支持重点不一样。有人提出以教育创新为目的的支持系统的三种模型：培育模型、协助模型和增援模型。[②] 他们是通过鼓励、提供所需要的信息、资源和合法化过程来实现的。支持系统的三个模型存在于学校层面、地区层面、国家层面的教育机构中(见表6)[③]。

表6　不同组织机构支持过程中的重点

支持重点	过　程　层　面		
	国家	地区	学校
合法化	广阔的远景	协调	保护教师和个人
资源	财政支持	在职培训	咨询、辅导
信息	全国沟通系统	协助中心	亲自协作
发起	鼓励地方发起	协调自学	环境支持

要形成终身教育发展的优化环境，就必须大力发展经济，保证终身教育的经费来源和基础设施建设；发展科技特别是信息技术，为终身教育提供技术基础；

---

① Dan E. Inbar, Wadi D. Haddad 等著：《教育政策基础》，史明洁等译，教育科学出版社，2003 年版第 37 页。

② Dan E. Inbar, Wadi D. Haddad 等著：《教育政策基础》，史明洁等译，教育科学出版社，2003 年版第 37 页。

③ Dan E. Inbar, Wadi D. Haddad 等著：《教育政策基础》，史明洁等译，教育科学出版社，2003 年版第 41 页。

形成鼓励创新人才成长的环境；加大对终身教育研究的投入，大胆进行教育理论创新，对教育发展提供理论支持；建立具有激励作用的学习成就的评比和奖励制度，形成全社会的学习氛围。

同时，终身教育体系中的这四大系统是相互联系的整体，其关系见图5。它是以学习者为核心的，学习者存在于所有的组织之中；办学组织存在办学者、办学层次、办学体制的差异，不同的办学组织之间（主要指非正式组织、正式组织、非正规组织之间和正式组织之间）亦有交叉；教学活动侧重于微观层面，是由教育的基本要素（不同的学习者、教学内容等）构成的，它存在于各种教育教学组织之中；组织管理机构有全国性的、地方性的、企业或行业性的，它们相互沟通与合作，构成一个管理网络和更复杂的学习型组织；环境作为学习型组织发展的生态性要素，不断突破学习型组织边界，成为办学组织系统、组织管理系统的要素成份。

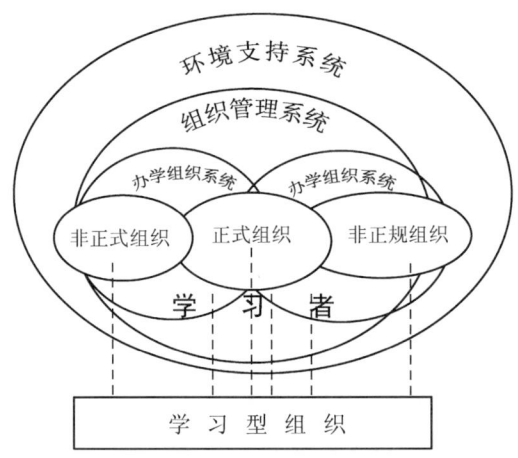

图5　终身教育体系的基本构架

第三章　终身教育价值论

为什么要建构终身教育体系？这是终身教育研究无法绕开的课题。人们普遍认识到，构建终身教育体系和促进学习型社会的形成，是应对 21 世纪的挑战及实现社会和人的可持续发展的必然要求，是推进全面建设小康社会的进程基本内容。然而，这种说法仅仅作为一个"口号"在流行，人们并没有深究其哲学基础。其实，终身教育的价值研究是一个关系到教育理念、教育评价、教育实践等一系列问题的重要领域。只有用哲学价值论的思维模式来整理现实中的各种复杂的教育价值关系，并理清终身教育价值的概念、构成等，才真正有助于将终身教育的认识和实践引向正确的轨道，促进人的素质的真正提高和社会的持续发展。

一、终身教育价值的含义

马克思曾经指出，价值"是从人们对待满足他们需要的外界物的关系中产生的。"①它"表示物的对人有用或使人愉快等等的属性。"②在我国理论界，价值界定的模式大体有四——"实体说"、"属性说"、"关系说"和"意义说"。"实体说"将价值等同于价值物本身；"属性说"是认为价值事物的某种属性，最主要的是事物的"有用性"。这两种定义的优点是较为感性直观的，也反映了价值概念的客观性。但是这两个界定的缺点也是十分明显的。一是界定本身无法真实地解释价值存在的实质；二是它在反映价值客观性的同时却无法面对价值的本质属性——价值的主观性与超越性。"关系说"则是以人的主体需要为纽带来界定价值的一种方式。它将价值的客观性与主观性有机地结合起来加以说明，避免了"实体说"、"属性说"的片面性。但是"关系说"远离人们的日常经验，把最现实的价值抽象化了，不能很好地说明价值的动态存在。"意义说"认为价值就是客体向主体呈现的意

---

① 《马克思恩格斯全集》第 19 卷，人民出版社，1972 年版第 406 页。
② 《马克思恩格斯全集》第 26 卷第 3 册，人民出版社，1972 年版第 326 页。

义，价值是指客体与主体之间的一种意义关系，是客体的某些属性对人、社会所具有的积极意义；是客体的某些属性能满足主体的某种需要，成为主体所追求的目的。① 有的学者认为，价值关系与实践关系和认识关系不同，它不是主客体之间的改造与被改造、反映与被反映的关系，而是主体需要与客体满足需要的关系，它以实践关系和认识关系为基础，存在和渗透于实践和认识关系之中，并对实践和认识关系的形成和发展具有重要意义。② 本文认同这种观点，因为这种认识不仅关系到人的价值取向、价值理想和价值追求，也涉及价值存在的基本属性、不同形态，涉及价值范畴的所有方面。

终身教育价值，从字面意义上说，包括作为一种体系化的终身教育理论和实践的价值，以及作为一种实践形态的终身教育体系对个体和社会发展的价值。本文认为，终身教育价值主要是指终身教育作为一种有周详计划、有广泛组织的社会实践活动，对学习者当前和未来发展的意义，以及对当前社会和未来社会的可持续发展意义。这种意义是主体通过参与终身教育实践活动（或终身教育体系建设）获得的，意义的性质和大小与主体的需要和能力密切相关，也与组织和环境提供的条件有关；这种意义既可以是现实的、显在的，也可以是未来的、潜在的。价值是"人之为人的终极根据之所在"③。终身教育价值观反映了人们对教育的价值期待——人们希望通过终身教育活动将自己的本质力量对象化，并通过对终身教育体系的建构增强人的本质力量。由于终身教育与人和社会具有多方面的联系，人们希望终身教育能够满足自己多方面的现实需要和长远需要，因而，终身教育也就具有多方面的价值。在一个具有开放性的终身教育体系中，不同的主体获得的"价值量"有差异，但其价值的质是正向的，其价值量是不断增长的。

二、终身教育的价值取向与特点

有的学者认为，教育中的价值存在形态十分复杂，至少有三种——"教育的价值"、"对教育的价值"和"教育价值取向"。教育价值取向问题表面看起来似乎只是一个围绕教育领域展开的价值讨论，但事实上远不是如此简单。正如教育的事实并不是简单的自然事实一样，教育价值取向问题与人的价值本性，与对人的价值的认识和对教育活动本质的分析等整体性的人类课题密切关联。正是因为如

---

① 檀传宝：《教育价值取向》，《教育研究》，2001年第3期。
② 袁贵仁：《价值学引论》，北京师范大学出版社，1991年版第45页。
③ 杨曾宪：《价值－实践论——价值系统论稿之四》，《学术月刊》，2000年第3期。

此，教育价值取向才是一个比静观的价值描述和价值分析更为重要的维度；也正是因为如此，教育价值取向问题才是一个根本性的教育价值问题。① 终身教育的价值取向是撇开了终身教育的具体的价值形态（或价值事实）后，对终身教育的整体价值的分析与描述。对终身教育的价值进行具体规定是不切实际的，但可以对其价值取向进行建设性思考却是可能的。这种价值思考是建立在对传统教育价值的系统批评和对终身教育与人的本质、社会的本质的深入探究的基础之上的，因而，对终身教育体系的理论建构及其合理推进具有重要的意义。

终身教育价值取向是建立在世界观的基础之上的。越来越多的人认识到：世界经济全球化、文化多元化、政治民主化的趋势，对文化教育事业带来强烈的冲击，形成正负两方面的影响。一方面，它消解了过去教育政治化、一元化的发展格局，为教育的多元价值追求提供了选择的可能性。另一方面，市场经济在瓦解传统教育价值观念体系的同时，也淡化了人们对教育目的性价值的追求，过分关注教育的功利性价值。教育中的各种实用主义、拜金主义现象和短期行为大量存在，引发人们各种教育价值观念的冲突（即人们在具体的教育价值选择过程中，形成的两种或几种不同的教育价值观念的不协调甚至是对立状态）。这种冲突既可以表现为同一教育主体（个人、国家或社会）的多种教育价值取向上，也可以表现在不同教育价值主体对教育价值的不同需求或理解上。前者时常表现为教育价值主体价值抉择的两难困境，比如国家宏观教育决策中的教育公平与效率之间的两难抉择。后者时常表现为人们之间根本利益、理解的差异、对立和冲突。例如个人教育价值观念与国家教育价值观念的冲突。进而言之，教育价值观念冲突并非单纯的认识问题，而是一种广泛的社会现象，尤其是在特定的社会转型时期，各种教育价值观念之间的对立和冲突，以放大的形式表现出来。

纵观我国教育价值观的发展轨迹，存在着两种出发点根本对立的教育价值观。一是从人的需要来评论教育价值的"人"的教育价值观：一是从社会需要来评论教育价值的"人力"教育价值观。前者的追求在于呼唤人的天性，培养人的智慧，发扬人性，成为真正的人；后者的目的在于创造公民、国民，或商人、工人、士兵等。前者认为后者是反人道、非人道，压抑了个性发展，使人非人化；后者认为前者是将教育抽象化、理性化了，而认为人是物质价值、社会政治价值、精神价值的承担者和创造者。"人"的教育被誉为"理想价值"，"人力"教育被贬为"工具价值"。事实上，在这两种教育价值观现象的背后，隐含着人们对教育的本质、教育与人和社会发展的关系的认识，同时，透射出人们的"非此即彼"的

---

① 檀传宝：《教育价值取向》，《教育研究》，2001 年第 3 期。

二元思维模式。

终身教育的价值是以改善学习者生存状态、提高学习者现实的生存质量为基础，致力于个体与社会的可持续发展、人与社会和自然的和谐发展的价值。这种价值认识，是站在人—教育—社会的时空同一性和本质同构性、人的终身学习与发展、整个人类社会的全面、和谐、持久发展的视角，对人类教育的审视，它避免了就"人"或就"社会"来论教育的价值的浪漫主义幻想或功利主义假设的局限性，更符合人类的价值存在和价值认识规律。

在以往的教育价值论研究中，我们常常以哲学价值论的研究框架为教育价值论研究的基本构架，作无所不包的泛价值论研究。但这种研究是不符合教育领域中价值存在及其本质的实际的。本文认为，在讨论终身教育价值时，除了用一般价值论视角从宏观上认识终身教育的多种价值和终极价值外，在兼顾一般价值研究视野的同时，应当将研究重点调整到对教育价值取向研究上来，并分析研究终身教育价值的特点。本文认为终身教育价值具有整体性、潜在性和边缘性。

终身教育价值的整体性是指终身教育对个体和社会的现实和未来协调的、健康的发展的价值具有一致性，或者称为终身教育价值的生态性。树立整体价值观有利于对终身教育的价值进行全面把握，从而更科学地制定发展终身教育的政策、更综合地设计终身教育体系和更合理地分配现有的教育资源。

终身教育价值的潜在性是指终身教育对个体和社会的发展的作用是具有长期性和滞后性、非现实功利性。认识终身教育价值的这一特点，有助于增强对终身教育的信心，避免在终身教育实施过程中急功近利的现象。

终身教育价值的边缘性是指在一定的社会和个体条件下，终身教育最大限度地满足受教育者的"优势需要"或"普遍需要"的属性。教育的动力是人的需要，人的各种需要可能同时并存，个体之间的需要也千差万别，这样，对个体来说就存在"优势需要"；对群体来说，也存在"普遍需要"问题。由于教育总是具有社会性，同时还受个体的自然条件、需要、后天努力程度和发展的环境的影响，终身教育不可能在短期内实现所有的价值，最优化的选择就是满足个体的"优势需要"、群体的"普遍需要"。认识这一特点，可以让我们明确终身教育的价值实现有一个艰难的过程，它的实现具有社会制约性，不可能完全超越现代社会的发展要求和水平，进行终身教育必须立足于现实。

总之，终身教育价值不仅反映了政治、经济、文化等的社会需要，而且反映了审美、道德、人生、信仰等个体需要。但是，在社会转型时期，教育的手段性价值与目的性价值却日渐分离，旧的教育价值观念体系也被打破，新的教育价值观念体系尚未形成，不可避免地带来多元教育价值观念的对立、冲突，冲突的最终结果必然是走向一种动态的平衡。"终身教育"作为一种新兴的教育价值观念，承认多种教育价值观的存在，并对传统教育价值观的积极扬弃，强调兼顾教育的手段性价值与目的性价值、个体价值和社会价值、现实价值和潜在价值，特别注意开发终身教育的潜在价值和边缘价值。

三、终身教育的基本价值

现代终身教育体系的价值是多方面的。从价值的主体分为终身教育的个体价值、终身教育的群体价值、终身教育的人类价值；从价值的性质分为认识价值、实践价值；从价值的时效性分为现实价值和发展价值。其基本价值有：

（一）认识价值：促进教育理论的质变和教育观念的更新

终身教育的认识价值是指终身教育体系的推进对人们的教育思想观念及其思维方式变革的意义。这里的人们包括教育专业人员（主要是教育理论工作者）和普通公众。

终身教育实践从当代社会变革对人类生存的挑战以及人类如何迎接挑战的实际出发，在充分运用现代科学的最新研究成果、系统深入地批判传统教育弊端的基础上，对现有的教育进行了根本改造。终身教育体系的实施，将学校教育、家庭教育和社会教育，正规教育与非正规教育有机地整合在一起，打破了原有的教育制度及其实践模式；打破了学习与工作的界线，使学习真正成为人的一种需要、一种生存方式。这样，它突破了传统教育的本质观、价值观、教学观、管理观、结构观、内容观；突破了教育在某种具体教育领域的理论研究的局限性，从而使终身教育理论摆脱"科学主义"或"人文主义"的纠缠，使教育理论产生了质的飞跃，即终身教育理论真正上升为"人的科学"——一种主张通过学习改变自我的认识和行为、创造新的自我和新的社会的科学。终身教育体系的推进将会改变教育理论工作者的思维方式和视角，从而创造新的教育理论。对普通公众来说，由于学习的革命，学习变成每个人的生活方式的一部分，并改变了自己的生存状况，提高了生活质量，这将使终身教育的理念深入人心，使人们更加重视终身教育的价值和作用，并自觉投入到终身学习之中。

（二）实践价值：推动现有教育体系的变革

终身教育体系的推进将打破传统的教育体系，将对现代学校教育组织及其制度、教育教学等产生广泛、深刻的影响。首先，它推动办学体制的改革。传统的办学体制是公立教育为主，政府是教育的主要举办者。然而，随着终身教育的推进，各种社会力量和个人都可以是教育的举办者，其办学体制呈现多样化趋势，有公办民助学校、民办学校、私立学校、股份制学校、教育集团等。教育经营和学校经营成为实实在在的组织管理行为。尽管我们说，不能将这些办学形式的出现都归结为终身教育思想的作用，但从终身教育所设计的教育理想来看，这些办学形式是终身教育的应有之意。其次，将促进课程改革和教育资源的开发与整合。由于终身教育突破了学校封闭性、教育管理的僵化性，教育与社会发生了广泛的、实质性的联系，这必将扩大教育的资源，使学校组织与整个社会联系在一起，使学校的教育内容保持一种常新的状态。再次，终身教育组织之间的灵活的学分累积、沟通和转换制度，将加强各级各类和各种形式的教育的有机衔接与有效沟通，使学校教育、社会教育与家庭教育连为一体，使正规教育与非正规教育相互补充。最后，还将促进教学方法和手段的改革。现有的教学方法和手段比较落后，除了经济的原因外，主要受到时空的局限。而终身教育是以学习者为中心的，处处皆学习、时时皆学习的观念以及现代科学技术在教育中的广泛使用，将使获得多种多样的、具有启发性的方法或手段，网络教学、多媒体教学、广播电视教学等都纳入了现代教学的范畴。

（三）社会价值：促进社会整体发展和可持续发展

"终身教育也是作为解决当代社会的一个重大问题的一个合理方法而出现的，这个重大问题就是从几代人的关系中产生出的问题。"[①]《教育——财富蕴藏其中》序言的开篇就强调指出："教育在人和社会的持续发展中起着重要作用"，并将教育作为"人的持续协调发展"的条件。终身教育就是为了解决人类社会所面临的种种危机和挑战而产生。终身教育对社会的整体发展具有政治手段、经济手段、法律手段、军事手段、道德手段等不能替代的作用，它对社会的作用是全方位的、积极的、持续的。具体表现在：

1. 更利于社会公正

作为社会规范和价值体系组成部分，"社会公正"是个极具争议的概念。在市场经济制度中，社会公平作为一种"程序公正"或作为"机会平等"，能够被许多人接受，但是，作为"结果的公正"则会引起异议。美国哲学家约翰·罗尔斯的正义理论以两个原则为基础，第一是每个人都应平等地拥有最广泛的基本自由权，第二是社会分配在个人之间的差异以不损害社会中境况最差的人的利益为原则，而且地位和职务应向所有人开放。这一观点，基本上形成了社会的共识。改革开放

---

① ［法］保尔·朗格朗：《终身教育引论》，周南照、陈述清译，中国对外翻译出版公司，1985年版第48页。

以来，中国实行社会主义市场经济体制，在社会分配方面实行"效率优先，兼顾公平"的原则，取得了明显效果。人民的温饱问题已经解决，生活水平普遍提高，绝对贫困人口大幅度下降，教育普及程度显著提高。但是在市场经济环境中，收入分配的差距也在迅速扩大，同时，还存在种种不公正的社会现象。因此，"全面建设小康社会"的进程，也就是在经济增长的同时不断促进社会公平的过程。在现阶段，我们对社会公正的要求也只能是基本的，即同现阶段我国生产力和整个社会发展水平相适应。现实的要求是每个社会成员都应平等地享有：(1)基本的政治权利，包括选举权，迁徙权，言论权等基本的自由权利；(2)基本的生存权利，包括维持生存和人类再生产的基本物质条件，基本的卫生保健，基本的安全保障；(3)基本的发展权利，包括接受基础教育，平等地进入市场等。政治、生存和发展三方面的基本权利是相互联系的。受教育权、学习权是基本的人权。终身教育体系的推进可以最大限度地给每个个体提供学习机会，最有效的保护受教育权，并将有限的教育资源合理地分配给每个人，这样就能够使人的发展建立在依靠智力开发、能力提高的基础上，从而获得更主动的发展权。教育的平等也将培养人们的公平感，从而，利于人们建立一种和谐融洽的人际关系。

2. 开发人力资源

经济学家舒尔茨、丹尼森、贝克尔等认为，一个国家的经济发展是由自然资源、人力资源、资本、技术革新、安定的政治环境等因素综合作用的结果，其中人力资源最重要。人力资本投资的作用大于物力资本投资的作用，人力资本的积累是经济增长的源泉，人力资本在各生产要素之间的相互替代中，发挥越来越重要的作用。现代国家的竞争实际上是人力资源的竞争。如何将我国这样一个人口大国转化为人力资源大国是摆在今后我国小康社会建设的主要使命。终身教育实质上就是一种人力资本投资，而教育所开发的人力资源本身具有增值性、长效性，这样，终身教育——人力资源开发——经济的可持续发展——社会的可持续发展，成为教育与社会发展的基本逻辑关系。因此，在我国推进终身教育体系，将极大地提高人力资本的存量，激励人民群众的首创精神，促进生产力水平的整体提高，促进社会的全面进步。

终身教育的价值特点是由它及其与整个社会本质的必然联系决定的。整体社会的生产生活可以划分为：物质生产生活、精神生产生活、人的自身生产生活。从终身教育与社会的物质生产生活的关系来看，社会物质生产越来越依靠人力资本投资，人力资源的开发成为经济发展和国民财富提高的基础，终身教育正是开发人力资源的重要手段。教育不仅可以提高劳动者的素质，而且可以开发人的创造力，促进科学技术的再生产，而科学技术已成为最重要的生产力。从终身教育与社会的精神生产生活的关系来看，社会的精神生产需要具有高素质的精神生产者，这种生产者只有通过优质的终身教育才能提供；按终身教育的要求逐步完善起来的学习化社会使各种教育资源得到最广泛地开发和最充分的利用，使每个社会成员的文化技术水平得到有效的培养与提高，创造性潜能得到最充分开发和利用，这将会产生难以估量的物质与精神财富；终身教育大大缩小了有文化技术、能及时获取信息的个体与阶层同那些因缺乏教育而无知无能的个体与阶层在激烈竞争的信息社会中日益拉开的差距和由此导致的两极分化与矛盾冲突，这不仅有助于社会的稳定，而且加速了文明的进程。另外，要提高人们的精神品味、审美能力、良好的道德品质，必须通过终身教育来实现。从终身教育与人的自身的生产生活的关系来看，终身教育是实现人类自身再生产的手段，终身教育不断提高人们的自我认识、他人认识和社会认识的能力，提高驾驭自己和环境的能力，从而，科学设计与经营生活，提高生活的质量。

终身教育不仅对当代社会的生产生活的各方面产生质的影响，而且对未来社会的发展也会产生深远的影响，是社会可持续发展的动力。在未来的社会，知识将成为社会发展的决定性要素，终身教育作为知识传播、知识交流、知识创新的重要手段，将发挥越来越重要的作用。

(四)个体价值：真正提高人的生活质量，促进人的全面发展

以往的教育虽然也强调人的全面发展，但是，由于这种思想是建立在一种抽象的人性假设基础之上的，学校教育是一种"分裂型教育"；同时，由于生存的各个领域都出于分裂、紧张和不协调的状态，人们过于强调学校的选拔性功能，使大多数学生处于失败的恐惧之中；成人教育作为学校教育的一种延伸，与个体的生活处于紧张状态，因此，指望培养完人是不现实的。终身教育将人的发展置于具体的、与个体的需要、潜能和命运协调一致的历史环境中，并把教育扩展到人的一生，根据人生每个发展阶段的需要与可能，提供前后连贯、整体一致的教育，把一个人在智力、体力、情绪、伦理等各方面的要素综合起来，在个体不停地卷入"生活"的过程中，在个体的创造性活动中，在理性的指引下，指导个体充分利用已有的、现在的和潜在的各种资源，就可以帮助一个人以一切可能的形式去实现自己，使自己成为发展与变化的主体、世界公民、实现自己潜能的主人，从而，实现个人的智力、德行、情感、体格等组成部分的平衡发展，不断走向完美，最终真正占有自己的全部本质。具体表现在：(1)它可以促使人的先天素质得到发展，使其生理、心理的素质得以呈现出来，也可以使人的固有的、内在本性外化出来；(2)使人类在历史进程中所形成的人类的本质转移于新生的个体中，

也可以说使人类固有的本质内化于个体中。如语言的掌握，文学工具的运用等；(3)按照一定社会要求造就出一定样式的合格的社会成员，促进个体社会化；(4)它可以根据自己的发展需要进行学习，从而真正发展自己的个性。"终身教育包含的另一个重要的意义，就是比传统教育更加能够显现每个人的个性。"①

　　由此我们可以得出这样的结论：终身教育的终极价值目标的实现是和人的价值、社会价值的实现相统一的；终身教育体系是实现人的价值的有效载体和手段，是社会整体发展和可持续发展的中介。

---

　　① ［法］保尔·朗格朗著：《何谓终身教育》，转引自持田荣一等著：《终身教育大全》，中国妇女出版社，1987年版第480页。

第四章　终身教育实践论

毛泽东在《实践论》中指出：通过实践而发现真理，又通过实践而证实真理和发展真理。从感性认识而能动地发展到理性认识，又从理性认识而能动地指导革命实践，改造主观世界和客观世界。终身教育不仅是一种认识活动，更是一种创新求真的实践活动。终身教育实践论就是对终身教育的实践模式进行理性思考。这种实践观不是对终身教育作日常经验的理解的实践意识，也不是对终身教育实践作纯粹主观的理解的抽象的人本主义实践观，而是运用马克思主义的实践观来分析。马克思主义的实践观认为，人是现实的、活生生的、在历史中行动的人，人类环境的改变、主体自身的发展与人的活动是一致的。①

一、终身教育体系的基本目标

人类社会的任何活动都是有目的的，终身教育体系的建构也有其目的。由于影响终身教育的要素是复杂多样的、变化发展的，终身教育体系的完善不是短时期就能实现的。因此，要设计出完整的目标体系不现实，也不可能。从严格意义上讲，我们所指的终身教育的目标不过是一种价值取向，其具体的目标要因时、因地、因人而异。但终身教育体系是社会、教育和人协调发展的共同体，其目标也涵盖这三个方面：

(一)社会发展目标：建立学习化社会

1. 从终身教育到终身学习

"终身学习"是在终身教育出现之后产生的一个重要概念。它是在 1972 年联合国教科文组织出版的《学会生存——教育世界的今天和明天》提出的。这本书的一个重要思想就是提出了终身学习观，并阐述了它对于现代和未来人生存和发展

---

① 《马克思恩格斯选集》第 4 卷，人民出版社，1972 年版第 236～237 页。

的重要意义。联合国国际教育发展委员会主席埃德加·富尔在给联合国教科文组织总干事勒内·马厄函的报告中说："唯有全面的终身教育才能够培养完善的人，而这种需要正随着使个人分裂的日益严重的紧张状态而逐渐增加。我们再也不能刻苦地一劳永逸地获取知识了，而需要终身学习如何去建立一个不断演进的知识体系——'学会生存'"①。该书还明确提出了"终身教育"、"终身学习"和"学习化社会"三个基本概念。提出"如果学习包括一个人的整个一生（既指它的时间长度，也包括它的各方面），而且也包括全部的社会（既包括它的教育资源也包括它的社会的和经济的资源），那么我们除了对'教育体系'进行必要的检修以外，还要继续前进，达到一个学习化社会的境界"②。这里把终身学习和终身教育同时提出，并把终身学习提到了学会生存的位置，但当时并没有引起广泛的注意。

联合国教科文组织 1976 年 11 月召开的第 19 次全体会议，在所通过的《关于成人教育发展的报告》中，明确地把终身学习的概念与终身教育并列。

1994 年 11 月，在意大利罗马举行了"首届世界终身学习会议"，欧洲终身学习促进会在为会议准备的报告提出，"终身学习是 21 世纪的生存概念"，强调如果没有终身学习的意识和能力，就难以在 21 世纪生存③。这是一次专门讨论终身学习的会议，它把终身学习的思想推向了现代教育思想的主流。

终身教育与终身学习是两个既有联系又有区别的概念，其区别是：终身教育是教育的组织行为、终身受教育权的保障；其实施主体是社会，是政府；体现的是社会组织和团体的需要和意志。要求社会努力创造条件，为每一个社会成员提供持续不断的学习机会和丰富多样的学习形式、学习内容。终身学习的实施主体是个人，是从个体的角度，揭示个体如何利用社会提供或自身寻求的学习资源，影响和改变自身，以适应社会的需要和实现自身的充分发展的。要求个体在态度上要自觉、主动，坚持终身持续不断地学习；在内容上要兼顾社会需要和自身发展两方面；学习方式方法上要讲求高效率。终身学习体现社会和个人的双重意志，是社会意志和个人意志的统一。终身学习与终身教育又是相互联系的，终身学习是终身教育的基础和深化，没有人自身的积极性、主动性和创造性，终身教育是无法实现的。从这个意义讲，提倡终身学习是对终身教育的进一步推动和发展，二者在本质上及对人类发展的促进作用方面是一致的。

---

① 联合国教科文组织：《学会生存——教育世界的今天和明天》，教育科学出版社，1996 年版第 2 页。

② 联合国教科文组织：《学会生存——教育世界的今天和明天》，教育科学出版社，1996 年版第 16 页。

③ 吴咏诗：《终身学习——教育面向 21 世纪的重大发展》，《教育研究》，1995 年第 12 期。

终身教育的概念向终身学习的概念的转换，体现了现代教育是以学习者为中心的思想，反映了教育理想具体化和现实化的趋势，也反映了教育民主化、现代化的要求。

2. 从教育社会化到学习化社会

"教育社会"与"学习社会"是两个不同的概念。"学习社会"一词源于美国芝加哥大学校长哈钦斯（R. M. Hutchins）。1968 年他发表了《学习社会》一书，对以往教育进行了批判性研究，提出到 20 世纪应实现新的教育和社会——学习化社会，即"也许就是任何时候不只提供定时制的成人教育，而且以学习、成就、人格形成为目的而成功地实现着价值的转换，以便实现一切制度所追求的目标的社会……"。[①] 他强调教育所有的民众为自己而学，协助个人了解他生活所处的环境、事实，使人的潜能充分发展，尽可能发展成为聪慧的人。学习化社会的目标在于提供个体在任何人生发展阶段的学习机会。而教育社会则是朗格朗提出的，他强调由于教育事业是一种集体性事业，家长、教师或其他工作者、所有教育工作的参与者互相指导，彼此受益，形成"终身教育可靠的生机勃勃的社会结构"，最终"向教育社会迈进"[②]。他还强调，实施终身教育从根本上是一种政治任务，需要政治家和行政管理者的突出作用，涉及国家组织的所有部分。

心理学研究表明，在教育化社会，教育意识与学习意识不同程度地分离着。其结果会导致学习意识低落的人被动地接受教育。换句话说，教育社会化程度的提高与学习主体学习积极性的提高，并非一定存在着正相关。一方面社会的进步要求并逼迫人们学习，另一方面人们为了社会进步应当主动地学习。终身学习是终身教育的根本。"人，好比陀螺，当教育的鞭子抽打它高速旋转的时候，学习则使他具有自旋的能力，学习化社会为人的'自旋运动'排除了阻力。教育社会化是提高人类生存发展能力的一半，学习社会化则是另一半，而且是更重要的一半"。学习化社会的重要标志是全民学习意识普遍形成。即终身学习必须是自愿的，否则终身教育会成为压迫的工具。这里所说的"学习"并不意味着一种自发的、日常生活中本能的学习，而是有目的、有计划地为贯穿整个人生的那种认真选择、目标明确的学习；这种学习不仅单独存在于学校或类似机构中，而且也出现在工作中、娱乐场所中、家庭中、俱乐部中、政治或社会活动中，有人谓之为"博历学习（life wide）"。现代科学技术的发展，已经使"学习即生活"的理想变为

---

① Hutchins，R. M，The Leaning Society，1968。

② ［法］保尔·朗格朗：《终身教育引论》，周照南、陈述清译，中国对外翻译出版公司，1985 年版第 81 页。

现实，生活的学习化，已经成为现代人的一种生存状态；个体学习需要的发展水平和满足程度已成为衡量一个社会发展的尺度之一。

终身教育的本质要求是学习化社会。全民学习意识普遍形成，学习机会均等、学习主体从个体扩大到群体和社会、最佳的学习环境、最优的学习理论的形成和应用是学习化社会形成的标志。学习化社会的出现"只能把它理解为一个教育与社会、政治与经济组织（包括家庭、单位与公民生活）密切交织的过程"①。从教育社会化发展到学习社会化是一种必然。

终身教育的意义超越了国界意识，超越了社会形态，超越了民族文化的背景，具有强大的生命力。由于光纤通讯和交通运输系统的迅速发展，国际互联网的普及，世界日益变成一个"地球村"。许多世界性的问题也日益受到全世界人们的普遍关注。在终身教育理论的推动下，随着各国间交往与合作的增多，国家化和民族性的狭隘封闭必将向着日益开放的、相互依存的世界一体化方面转化；教育国际化，培养国际型人才也成为未来教育的发展趋势。学习化社会将成为人类共同生活理想社会形态。如果学习包括人的整个一生，而且也包括整个社会，那么我们在对现行的教育制度、教育体系进行必要的改革创新的时候，就要放眼未来，促进教育社会化的进程，以求达到学习化社会的境界。"根据这些理由，国际教育发展委员会特别强调两个基本观念：终身教育和学习化社会。"②完善终身教育体系的社会意义就在于促进教育社会化和学习社会化的机制与格局的形成和完善。终身教育的过程实际上是促进教育社会化和学习社会化发展的过程。

3. 学习型社会的主要标志

①比较完善的现代国民教育体系。国民教育体系是一个国家依法确定的本国的学校教育体系和与他相联系的教育制度。如，小学教育、初中教育、高中教育、高等教育构成的教育体系、职业教育体系、成人教育体系及其相关的国家教育考试制度、学位制度等。比较完善的现代国民教育体系是开放的、充满生机和活力的，它的体制、要素、结构之间有机联系，能够为全体国民的随时学习提供多渠道、多时空、多媒体的学习机会、设施和方式，并随着时代的发展不断创新。

②人人都有学习的愿望和要求，学习成为人的生活方式和发展方式；在学习过程中，学习者成为学习的主人。

---

① 联合国教科文组织：《学会生存——教育世界今天和明天》，教育科学出版社，1996 年版第 203 页。

② 联合国教科文组织：《学会生存——教育世界今天和明天》，教育科学出版社，1996 年版第 16 页。

③教育与社会紧密结合。一方面，所有的教育设施和教学资源向全社会开放，并为社会的整体发展服务；另一方面，社会的各行业、各种组织与学习相结合，成为学习型组织。

④学习、教育与人的全面发展统一。学习的过程、受教育的过程与人的发展过程具有同构性，人的现有的教育需要和发展水平是教育的起点和依据，人的全面的和谐的可持续的发展是学习和教育的目的。

(二)教育发展目标：实现教育民主化、现代化、个性化

终身教育体系的建立不仅要促进社会的全面进步，也要促进教育自身的发展与完善。终身教育体系建立的过程，是实现教育民主化、现代化和个性化的过程，也是教育的不断创新的过程。

1. 实现教育民主化

教育民主化是社会民主化的重要组成部分和基础，是教育平等、公正的保障。教育的民主化不仅包括教育民主的形式，也包括教育民主的制度和运行机制。其表现为三个方面：

一是教育体系的全面开放，为所有的人提供与其需要和发展水平相适应的教育机会。传统的学校教育，无论从对象、时间、空间上，还是从教学方式手段上都有较大的限制，终身教育较之就有很大的灵活性、多样性。根据终身教育的观点，教育的开放性表现在：教育对象的开放，即全社会所有的人，不分年龄大小、地位高低，都应接受适当的教育；教育时间的开放，即根据受教育的实际需要，应在任何时候都可以进行学习；教育空间的开放，即家庭、学校和社会等一切可以利用的场所都应成为学习的场所；教育形式的开放，即在职自修、脱产进修、短期培训、函授学习、电大教育、自学考试、远程教育、网络教育等，都可以让学习者进行选择。总之，教育的机会应分布在人生的任何阶段。学校教育不一定是以"直搭车"的方式一次完成，人们有权在人生的任何阶段，以全时和分时的方式，完成其所需要的教育。学校教育应当向全民开放，而且分阶段进行，累积完成。学校以外的学习与工作经验，与学校同等重要，应得到学校的平等重视和适当的承认。为此：①各级学校应扩充教育机会给非传统学生（即那些曾经失学和离开学校一段时间，现在想回到学校继续学习的学生）；②各级各类学校应改变招生考试制度，适当增加成人学生的比例；③建立学分累积与转移制度（即学生在不同的时段、不同的学校所获得的学习成就如学分、专科结业证、文凭、学位等可以在不同学校相互承认）；④企事业单位提供员工进修的教育假，或提供学习的资金、资源等条件；⑤允许社会集资、捐资或融资兴办教育；⑥建立学

习网络中心，并免费向学习者开放。

二是合理配置教育资源，让学习者尽可能享受到优质教育；各级政府合理地分配教育经费在不同地区、不同学校和不同教育类别之间的比例，缩小城乡差别、地域差别和学校差别。

三是师生关系民主平等，师生之间形成相互理解、相互学习、相互促进的新型人际关系。

《学会生存》一书中描绘了一个真实的、具体的、实际的教育民主化图景——"教材内容必须个人化；小学生和大中学生必须意识到他们的地位、权利和愿望；权威式的教学形式必须让位于以独立性、互相负责和交换意见为标志的师生关系；教师的训练必须使人了解和尊重个性的各个方面；指导必须代替选拔；那些使用教育机构的人们必须参加管理和制定政策；教育活动中的官僚主义习气必须消灭，而教育的管理必须实现分权制"[①]。这对我们建构终身教育民主化的目标具有主要的启发作用。

2. 实现教育现代化

"现代化"（modernization）是许多学科广泛使用的一个概念，其含义大致可以分为四类：①是指近代资本主义兴起后的特定国际关系格局下，经济落后的国家通过大搞技术革命，在经济和技术上赶上世界先进水平的历史进程。②是指经济落后国家实现工业化的进程。③是指自科学革命以来人类急剧变化的过程的总称。④主要是指一种心理态度、价值观和生活方式的改变过程。[②] 经典现代化的现代性在不同领域有不同的表现，如政治民主化、经济工业化、社会城市化、宗教世俗化、观念理性化、现代主义、普及初等教育等。[③] 自20世纪70年代以来，出现了后现代主义、后现代化、生态现代化、再现代化、继续现代化、第二次现代化等理论思潮。这些理解是认识教育现代化的基础。

根据现代化的多样化理解，从一般意义上说，教育现代化是指为适应社会的全面现代化和人的现代化需要，充分利用已有的现代化成就，不断促进教育自身的目的、制度、内容、方法、手段等的现代化的过程。教育现代化首先是人的思想的现代化。所谓人的思想的现代化是指人的思想由保守的、被动的、依赖的、情感的、等级观念的、社区价值取向向开放性、参与性、独立性、平等性和个人

---

①　联合国教科文组织：《学会生存——教育世界的今天和明天》，教育科学出版社，1996年版第110页。

②　罗荣渠：《教育现代化新论》，北京大学出版社，1993年版第8～14页。

③　中国现代化战略研究课题组、中国科学院中国现代化研究中心：《中国现代化报告2003——现代化理论、进展与展望》，北京大学出版社，2003年版第5页。

利益与社会利益统一的取向转化和发展。教育的现代化要充分利用现代社会政治、经济、文化、科技等的成就，促进教育自身的现代化。具体来说：一是教育目的的现代化，即培养面向未来的，具有创新精神、创新能力、交往能力、实践能力、学习能力的人。二是教育制度的现代化，即建立开放的、民主平等的教育制度。三是教育内容的现代化，即删减陈旧的知识，大量补充现代科学知识。四是教育方法的现代化，即尽量运用以学习者为中心的、具有启发性的、个性化的教学方法。五是教学手段的现代化，即更新教学设备，运用计算机、多媒体、网络等进行教学。六是教育思想的现代化，即设立现代教育观、人才观、教育质量观、教育评价观、教育创新观等。

终身教育现代化除了以上对教育现代化作形式化理解外，还包括区域教育的现代化、学校教育的现代化和社会教育的现代化。区域教育现代化，就是在国家教育发展总目标指导下，结合本区域经济和社会发展、人口结构、人文传统等特点，改革区域内各级各类教育的办学目标、办学模式、教育规模，充分开发与利用教育资源，为本地区及国家现代化建设培养创新人才的过程。学校教育现代化表现为教育观念现代化、教育目标主体化、办学模式特色化、课程体系校本化、教育技术现代化、办学条件标准化、学校管理科学化、教师队伍高素质化、教育科研普及化、学校教育社会化。社会教育现代化是指以网络教育为核心，为学习者提供便利的学习机会和丰富的学习资源的社会教育网络的形成。

终身教育现代化不是单一量的扩展、质的提升、结构的优化，不是其他领域现代化方法的简单移植，其现代化的本质就是创新。创新是终身教育的发展的动力。只有不断进行教育思想、教育制度、教育内容、教育方法和手段的改革与创新，教育才能获得自身发展的主动权，才能实现从社会的边沿到社会的中心的转换。

3. 实现教育个性化

教育是培养人的活动。随着科学的发展，特别是脑科学和心理学的发展，对人及其成长的认识越来越清晰。受遗传基因的影响，人的先天素质有多种差异；人出生后即生活在一定的环境中，特定的环境（包括教育）对儿童的发展具有决定性的影响。每个儿童遇到的具体环境是不同的，影响也是多种多样的，这一切使得每个个体的发展状况都各不相同。终身教育需要真正因材施教，使每个个体潜在的能力（智力和体力）都得到比较充分地发展。在目前，就是要克服学校教育的划一性、刻板性和封闭性的做法，树立尊重个性、发展个性、培养自我责任意识的观点，给他们的个性发展以充分展示的机会。在培养个性的时候，要注意培养学生的社会责任心和尊重他人的良好道德品质。教育的目的在于使人成为他自己，"变成他自己"。①

以上几个方面是相互联系的。教育的民主化是基础，因为没有受教育权利的保障，终身教育就无以实施，教育民主是终身教育的制度与行动保证；教育的现代化是关键，因为终身教育具有超前的趋势，落后的、陈旧的教育无法体现其创新的本质特点，无法体现其与社会和人的发展的开放性联系；教育的个性化是立足点和最高目标，因为只有个性化的教育才能真正开发人的潜能，达到培养完人的目的。

（三）个体发展目标：促进人主动地、多方面地、创造性地发展

终身教育是以人的发展为核心的。要建立终身教育体系，必然涉及"人是什么"、"人的发展又是什么"等一系列本源性问题。传统教育所设想的"人"是一种在规约的时空中，通过掌握给定的"内容"，而不断"塑造"而成的。人是什么，许多哲学家、思想家一直苦苦思索着。本文认为：（1）人是一个现实的存在。"人不可能逃避他自己的成就，而只能接受他自己的生活状况。""人是在不断地与自身打交道而不是在应付事物本身。"②新事物令人目不暇接，眼花缭乱。人类每天都可以感受到新思维、新知识、新发现、新工艺、新成果给人类带来的喜悦，同时也感到危机四伏，时时面临生存的挑战。在这样的社会背景下，每个人的合理的现实选择是：根据自身的条件进行个人设计的定位，自觉投入终身学习，使自己迅速适应社会的飞速发展。终身教育是一种以人的自我教育为中心的教育。主动学习是终身教育的基本要求之一。（2）人是受时间、空间控制又试图摆脱时空控制的存在。人们总是在一定的时空中思维和行动的。但长期以来，"人总是倾向于把他生活的小圈子看成是世界的中心，并且把他的特殊的个人生活作为宇宙的标准。"③然而，人要毫无例外地走出家庭，走向更广阔的天地；"在它的生命中，时间的三种样态——过去、现在、将来——形成一个不能被分割成若干个别要素的整体。"④终身教育就是要使人们摆脱了时间和空间的控制，并把个体所有的时间和空间利用和整合起来，从而丰富人的物质和精神世界。（3）人是一个文化的存在。人作为一种文化的存在，能发明、运用各种"符号"创造出自己的理想世界。"人类的全部文化都是人自身以他的符号化活动所创造出来的'产品'，而不

---

① 联合国教科文组织：《学会生存——教育世界的今天和明天》，教育科学出版社，1996 年版第 14 页。

② ［德］恩斯特·卡西尔著，甘阳译：《人论》，西苑出版社，2003 年版第 44 页。

③ ［德］恩斯特·卡西尔著，甘阳译：《人论》，西苑出版社，2003 年版第 26 页。

④ ［德］恩斯特·卡西尔著，甘阳译：《人论》，西苑出版社，2003 年版第 86 页。

是从被动接受实在世界直接给予的'事实'而来。"①因此，人是在不断创造中体现自己的价值和实现自己的使命的。"求知是人的本性。"②未来人类要适应社会变迁的需要，必须进行四种基本学习，这就是教育的四个支柱：学会认知、学会做事、学会共同生活、学会生存。具体来说，立足于人的终身发展的教育目的是：

首先，提高人的可持续发展能力。这些基本能力包括获取信息的能力、学习能力、交往能力、社会实践能力、管理自我的能力、创新能力等。特别是自主学习的愿望与能力。这些能力不是一次性培养的，它是通过书本知识的学习、模仿学习、实践磨练、个人感悟等形成和发展的。无论是学校教育，还是社会教育、自我教育，只有关注到这些能力的培养，才能使教育建立在人的生命和生存的维度上，否则，教育的本质将会异化。

其次，培养人的职业技能。职业是基本的谋生手段。要胜任某一职业，就要具备从事该职业的必备的知识和技能。就业前的教育是为就业做准备；就业后的教育是为了使从业人员的素质适应不断发展变化的职业要求，使他们能够在某一特殊的职业领域里，能完成新的工作任务，能挣得维持或满足其生活的工资。在信息社会中，经济、科技与社会的发展变化比以前任何时代都快，我们不能指望一定阶段的一种教育能作为终身谋生的资本。一个人的工作，很有可能被新技术的发展所淘汰，这样，人们的生存权利常常面临挑战。因此，终身教育的内容、方法就要随着形势的变化而变化。任何人只有通过终身教育不断更新知识和提高自身的素质，才能在激烈的生存竞争中保持优势。

再次，不断提高生活质量，提升人的精神境界。人是生活在具体的环境之中的，物质、精神、环境、健康，是人类生存的基本要素，也是终身教育的基本内容与目标。终身教育一方面传播知识和谋生手段；另一方面要传播文明健康的生活方式，传播社会领域诸方面的道德标准、价值取向和行为规范。终身教育凝含的人文教育对提高社会成员的内在素质、精神品貌和充实其精神生活发挥重要作用。为此，应将教育内容扩展到与人类生存和发展相关的所有领域，如环境问题是同人类生存密切相关的问题。终身教育强调人要处理好与人类赖以生存的自然环境的关系，要明确从生物学意义上讲人首先是自然界的一个元素。因此要注意保护地球的生态环境，给自己和后人留下碧水蓝天的生存环境和条件。此外，人的存在与发展是以无数其他的人的存在为前提的，人口教育、理解教育、和平教育等都是与人类生存密切相关的终身教育的内容。

---

① ［德］恩斯特·卡西尔著，甘阳译：《人论》，西苑出版社，2003年版第3页。
② ［古希腊］亚里士多德：《形而上学》，商务印书馆，1981年版第1页。

二、终身教育体系实施的基本条件

终身教育体系是一个理想的概念、一种未来教育制度和社会发展前景，它要经由学习社会来发展；这一理想的实现，不仅需要克服当前的发展障碍，而且需要合适的发展条件。只有积极地创造条件，才有实现的可能性。

如何建构我国终身教育的体系，国内大多数学者认为，构建终身教育体系和学习型社会的策略：（1）观念引导，（2）教育改革，（3）构建学习型组织。[①] 这种理解强调了某些要素和条件，但缺乏系统思考。

国外许多学者从学习社会的角度来阐述发展终身教育的条件。如英国学者兰森（Ranson，S)曾指出，学习社会的发展应具备三个条件：（1）在自我层次（level of self）方面，学习社会所需要的是一个积极的自我（active self），能够主动发现和探究，并积极参与公众事务。学习社会所要求于自我的是：自我应作为个体发展和积极参与的行动者（agent），自由、选择并负责所有经验层面的学习活动；自我将生活当做是一个整体，学习是生活整体当中非常重要的一环；自我与他人有密切的关系，自我应从与他人的互动中学习。（2）在社会层次（level of society）方面，学习社会所需社会条件有二：A. 公民的美德（virtues of civitas），能够认知欣赏他人的观点，学习尊重他人，并积极参与创造道德与社会秩序；B. 解释性的理解（interpretive understanding），每一个公民必须学会开阔视野（widen horizons），向各种不同的观点保持开发性，通过沟通理解他人。（3）在政体层次（level of polity）方面，学习社会需要创造一个政体，能够提供个人及社区基本学习条件。一个理想的政体，要能够符合正义、参与式民主及公共行动三项条件，才能有助于学习社会的发展。兰森对于学习社会所提出的三项条件，由自我的培养出发，到尊重他人的社会层次，再到外在环境——政体的创建，为学习社会的发展理出了一个明确的步骤和方向。[②]

台湾学者胡梦鲸认为：学习社会的发展，应具备六项条件，即：（1）学习的个人。学习的个人是指一个具备基本知识和方法，拥有积极学习的态度，懂得主动运用资源进行学习活动者而言。因此，学校教育的目的应该调整成为终身学习者的培养。（2）学习的家庭。家庭是任何社会最基本的组成单位，所以，学习社会的发展，不能忽略家庭的重要性。学习社会应鼓励家庭成员共同学习、合作学

---

①　宗秋荣：《"全面建设小康社会与教育改革"三问题》，《中国教育报》2003 年 2 月 15 日第 4 版。

②　Ranson，S. (1994) Towards the learning society. London：Cassell. pp. 106－113.

习、经验学习，使学习活动成为家庭生活的一部分。(3)学习的组织。学习型组织，是未来各种组织维持永续经营与成长的关键。工商企业若欲提高生产力与竞争力，必须转化其组织形态，成为学习型组织。其他民间团体或组织，亦可经由学习组织的发展，促进组织的成长。(4)学习的社区。社区是每个人生活的空间范围，它包括心理互动的空间，以及地理范围的空间。学习的社区必须具备几项要件：居民具有学习的共同意识；社区拥有公共讨论的空间；社区具有丰富的学习资源；居民能够积极参与学习活动。社区终身学习是终身学习社会的底层基础；没有学习的社区，也就无从发展学习的社会。(5)学习的政府。政府对于人们的教育和学习活动均扮演着重要的角色。政府有责任提供公平而终身的教育机会，并确保人们终身学习的权利。为了达成学习社会的发展目标，任何政府均应转化成为"学习的政府"，才有可能成为真正民主、廉能、有效率且具竞争力的政府，才能真止为民众谋求最大福祉。(6)学习的网络。在一个学习社会中，应该有许多学习的网络，例如教育机会网络、电脑上的国际网络(internet)、学习与企业的合作网络、社区中的资源网络、组织内部的网络(internet)，通过任何一种学习网络，进行弹性而自主的学习活动。在学习网络发展方面，首先宜运用电脑网络的强大优势；其次宜形成学习节点的合作网络；再者是运用多媒体的学习方式；最后是形成开放的学习空间，使学习网络能够提供人们一种理想的学习情境，可以在其中进行终身学习活动。① 胡梦鲸从终身教育的主体及其活动的空间以及终身教育的管理和资源保障等方面进行了系统的阐述，主要是一种经验思维的结果，但是家庭、政府、社区也是组织的表现形式；另外，"学习的组织"并不一定就是"学习型组织"，终身教育体系的实施，不仅需要一定的组织形式，而且需要将这些组织统整起来，并按照一定的规则，使用一定的技术来展开组织活动。

本文认为，在构建我国终身教育体系和学习型社会过程中，政府要发挥主导作用。因为政府运用法律、财政等手段，可以多方促进学习型组织的发展；可以整合各种教育资源，汇合各方力量，促进终身教育体系和学习型社会的成长。发展终身教育，从组织行为学的角度来说，其基本条件是：

1. 成立足够的多样化的办学组织机构，使学习者有其"校"；

2. 提供优质的教学资源和较高的教学服务水平，使学习者学有所获；

3. 确立比较科学的有效的管理体制和管理方法，使学习者有学习选择的自由，并享受到教育机会的平等；

---

① 胡梦鲸：《学习社会的概念意涵与发展条件》，《成人教育研究》，1997年第4期。

4. 建立比较有效的激励机制和充分的保障与支撑体系，如思想、经费、立法、人力资源、环境等，使办学行为持续，使学习者能够连续不断地获得学习机会。

这些条件与前文所述的终身教育思想的三个维度、三大目标和四大系统是完全一致的。从实践层面来说，我国只有在现有的社会基础和教育基础上，在不断克服实践中的各种障碍中，实现终身教育组织机构、组织管理、组织文化、组织环境等方面的创新，才能稳步推进终身教育体系。

三、终身教育的组织建设

发展终身教育体系，最基本的设施就是各种教育组织机构。扩展终身教育的组织机构，改造已有的教育组织机构，形成终身教育的组织网络体系，解决学习者有其所，扩大教育机会、保障学习权利，是实施终身教育的首要任务。

（一）终身教育组织的含义及其设计

1. 多文化视角中的组织和终身教育组织

什么是组织？当代著名的教育管理学家托马斯·格林菲德（Thomas Greenfield）提出了组织理论的 10 个命题：组织是对社会现实的定义；组织是由人所建构而成的，人必须对组织内所进行的一切负责；组织是意志、目的和价值的表达；组织不是凝固不变的，而是体现为一种不断形成的过程；组织是自由和强制的关系；组织就是谈话、机遇和经验；人是先行动，然后才对行为加以判断；组织本质上是用符号编织的、用语言表达的对现实的定义；根本不存在这样的技术，它能使组织实现为之服务的目的；在培训管理者方面，除了给他们一些关于宇宙的和他们自身生活天启的或者先验的想象外，别无他法。[①] 有人认为，从广义上说，它是指由许多要素按照一定的方式联系起来的物质系统。从狭义的角度说，组织是指人们为了实现一定的目标，依照某种方式结合而成的集体。[②]其实，组织是哲学、社会学、管理学、心理学、人类学、政治学等学科共同研究的对象。不同的学科有不同的理解。如心理学强调组织中的人际关系、人的心理与行为，哲学强调组织的整体统一性，社会学强调组织的社会凝集力、团体氛围以及非正式组织的作用，管理学强调组织设计、管理与控制，政治学强调组织中的权利分配等等。

---

① 张新平：《教育组织范式论》，江西教育出版社，2001 年版第 268～275 页。
② 齐振海：《管理哲学》，中国社会科学出版社，1990 年版第 188 页。

因此，要理解组织，必须有多学科的视野。从众多的组织研究来看，"理解组织的关键在于理解其人性维度和社会维度。"①从组织的行为和作用看，组织可以被视为一个联合个人与单位来贡献其才能、共同为实现某一个具有共同目标而努力的过程。这里不再将组织看做是一个架构，而视为一个具有共同目标人际关系和人力资源的组合及表现过程。组织是这个组合和表现过程的产物。从组织任务的完成有赖于人际关系和人力资源的组合这一角度来看，组织显然是以集体的合作为其存在和营运基础的。没有集体的合作和协调，组织无法取得预期的成效。从组织的整体结构来看，为了求得全体成员间的和谐合作、协调一致及 1+1＞2 的整体效应，组织各部分一般都是精密地加以设计的，具体表现为有细致的分工、有投入有产出、冲突尽可能小、效率尽可能高的结构和营运特点，从而使组织结构获得了类似人体结构的效能。

教育组织是一种社会组织，更是一种文化组织。它是由施教者、学习者、学习资源和教育技术手段等基本要素及其相互关系构成的，实现组织发展和个体发展双重目标的活动及其过程。与其他组织相比，教育组织（如学校）具有自己的特殊性：（1）它的目标不明确，通常是用笼统甚至抽象的措辞表达，难以确定有效的测量标准；（2）它的技术能力低下，缺乏构成指导教育实际的科学基础；（3）它们是松散的联合系统，容易引起协调问题：活动不能总是明确地与目标密切挂钩，所以难以确定控制标准（如教学效能核定）；（4）规定管理界限很困难，因为"组织的外皮似乎单薄得可以透过，并向不满者渗透"；（5）学校是"驯化"的组织，没有竞争，在相对被保护的环境中生存，也几乎没有重大变革的刺激；（6）学校是约束性分权系统的一部分，许多学校名义上自治，但也受国家的许多制约。②

终身教育的组织不仅包括传统意义上的各种教育组织（包括学校、校外教育机构等），并赋予这些组织的终身教育地位与功能；而且包括人类现有的所有组织（如家庭、企业、政府、军队、医院、社区、国家等），使这些组织具有教育的功能和学习机制。终身教育组织的实质是具有教育功能和学习机制，促进个体和组织同时成长的、开放性的共同体。这种共同体是学习的共同体，本质上是公民

---

① ［美］罗伯特·欧文斯著，窦卫霖等译：《教育组织行为学》，华东师范大学出版社，2001 年版第 176 页。

② ［美］罗伯特·欧文斯著，窦卫霖等译：《教育组织行为学》，华东师范大学出版社，2001 年版第 293 页。

的共同体。① 因此，判断一个组织是否是终身教育的组织有以下几个标志：第一，具有教育功能，即组织作为一种机构或场所对组织和组织中群体、个体的教育作用。一个组织可能具有多种功能，如经济功能、政治功能、社会化功能等，但缺乏教育功能，这个组织可能就是纯粹的经济组织、政治组织。第二，具有学习机制。即具有激励组织和个体学习的制度、畅通的学习网络、丰富的学习资源和良好的学习环境。第三，促进组织和个体同时成长，即组织的结构、形态和开展的各种活动不仅"维持"组织和个人的存在，而且有利于组织和个体的可持续发展，创造新的价值。当然，终身教育组织作为一种共同体，可能是规范的、严密的、正式的，也可能是不规范的、松散的、非正式的。

终身教育组织类型是多种多样的。根据终身教育组织的职能来划分：可以分为终身教育的研究组织、终身教育的办学组织、终身教育的管理组织、终身教育的教学活动组织。根据终身教育组织的正式程度划分为：终身教育的正规组织（经过法定程序、具有正式名称、明确的组织目的、组织规范、结构形态以及稳定的责权关系）、终身教育的非正规组织（在现行的正规教育系统以外的为明确的服务对象和学习目的服务的任何组织）、终身教育的非正式组织（人们相互联系而自发形成的个人和社会关系网络）。根据终身教育组织的规模划分：团队学习组织、部门学习组织、社区学习组织、网络学习组织。这些组织彼此都是开放的，它们相互联系，形成终身教育的组织网络体系。随着实践的发展，人们还会创造出更多的组织形式。

2. 影响终身教育组织设计的两种组织观

当代组织思想主要存在两种对立的观点：古典（或科层）思想和人力资源开发思想②。教育组织也毫不例外地受到这两种思想的影响。分析它们对组织的不同影响，可以为终身教育组织设计找到理想的思想坐标。

(1)科层组织观

科层组织是马克思·韦伯（Max Weber）19 世纪末首先提出的一种行政组织形式。很多人喜欢称之为组织的"工厂模式"，是世界上最常见的组织典范。

根据韦伯的论述，科层制的主要特点可以归纳为：根据法律或行政的规则，

---

① "公民共同体"原指民主政府的形式，包含"公民参与"、"政治平等"、"团结、信任、宽容"、"合作的社会结构"等特征。其内部效应是培养成员的合作和团结习惯、公共精神；其外部效应是增进团体的"利益表达"和"利益集结"。这里指因共同的生存环境和学习需要的人们结合在一起的组织。参见[美]Robert D. Putnam 著《使民主运转起来》，王列、赖海榕译，江西人民出版社，2001 年版第 99～104 页。

② [美]罗伯特·欧文斯著，窦卫霖等译：《教育组织行为学》，华东师范大学出版社，2001 年版第454～494 页。

组织内部的各单位及个人都有固定不变、明确规定的工作分工；存在一个等级制的权利体系，上级监督下级的工作；通过书面文件来实施严格的现代化管理；组织雇佣经过专业培训的职员，这些人懂得规章制度并在工作中不掺杂个人情感因素；职员们的工作实践是有限定的，但工作要求他们贡献出全部能力；职员们的位置由上级官员任命，他们把组织的工作看成是自己的终身事业，他们在工作中得到晋升，在退休后有可靠的保障。[①] 有的学者认为："专业化、权力等级、规章制度和非人格化这四个因素是科层组织的基本特征。"[②]这些特点把科层组织的职员们与组织联系在一起，并提高了这个组织的工作效率。随着社会分工和生产过程的不断复杂化，科层制作为一种组织类型不但为行政部门所采用，也被许多企业、事业单位所采用。

以往几乎所有人都将这些奉为学校控制和协调工作的首选机制。这可以从我国近来数次教育改革和美国 20 世纪 80 年代初的学校改革运动中得到印证。

在 1982 和 1983 这两年时间里，美国教育优化委员会颁布《国家处在危机中——教育改革势在必行》后，至少有 10 个关于美国公立学校教育的重要报告先后发表。每份报告都列举了报告人所观察到的各种不足之处，并提供有一系列的改革措施。国家教育委员会中专门调查委员会就不少于 175 个，它们在 1983 年发布了一些建议书。到 1985 年，约有 20 份报告，建议书多得令人目眩，一场后被称为公立学校"改革"的史无前例的大规模讨论开始了。这些建议书的主旨如下：无论如何，学校目标应该简化、明确、加以限制；学生必须完成某些基础课程；应该重视英语学习，但更应该重视掌握数学、自然科学和计算机技术；教师应该得到更高的薪水、受到更好的培训、拥有更优的工作条件；学校应该更有效地与外界领导团体联系——主要是与商业界的合伙关系；在任务、时间上，应该给学生布置更多的家庭作业；应该通过改革补偿办法和创造职业升迁途径以奖励优秀教师的优秀教学效果，和实现教师工作环境的专业化等手段，提高教学和教师的地位；提高教育领导，主要是学校校长层的水平。

这次学校改革浪潮对旧体系采取了想当然的态度。教师仍然被认为是公共等级科层结构中的低级工作人员，他们应该对位于他们之上的高一级官员负责，高一级官员又通过学校董事会、立法机关和州教育委员会等政治机构相应地对公众

---

① Gerth, H. H. and C. W. Mills(eds), From Max Weber, New York: Oxford University Press, 1946, pp. 196—203.

② ［美］彼得·布劳，马歇尔·梅耶著，马戎等译：《现代社会中的科层制》，学林出版社，2001 年版第 7 页。

负责。人们把公立学校看做政府部门的一个职能，把教育看成是"教育服务的传送"，而不是教师和学生共同努力，实现成功的组织共同目标。

然而，今天科层组织思想受到了无法逆转的挑战：世界变革的不断深化和日益加速。技术似乎在以几何级数加速发展，政治、经济和社会的变革使反应迟缓的僵化的科层体制陷于挣扎之中。世界范围内对民主、尊严以及自我实现机会的更高渴求使教师、学生认识到，以往屈从于科层组织的权威，无条件地接受命令，自己的权利已经受到触犯。

（2）人力资源管理意义上的组织观

由于社会需求多元化，技术不断进步，同时，组织竞争和生存环境日益复杂，组织的生存发展越来越建立在组织所拥有的人力资本上，传统人事管理手段已经无法满足组织管理和发展的要求，特别是员工内在积极性、创造性和潜能的开发的需要。从管理学的发展历程来看，人力资源管理理念和技术的发展与组织是密不可分的。人力资源管理上的变革，必然呼唤新的组织形式。

建立在人力资源开发基础上的组织追求的是高的工作效率和业绩、通畅的运作体系与发展的潜力、员工的忠诚以及组织的良好声誉等目标；员工追求的是与组织的稳定关系、报酬认可、尊重和良好的社会交往、自身价值的实现等目标。人力资源开发意义上的组织实质上是以人为本的团队组织。这种组织具有与科层组织不同的特征：

第一，在组织和工作设计上，强调人本化。传统的科层组织往往强调以职能制和事业部为主的正规的部门化方式，采用直线式的内部指挥链，组织的沟通方式主要是垂直型的。在工作设计上，以规范的工作说明书和任职资格书来界定岗位的工作职责、工作标准、在岗员工的资格要求。在团队工作方式的背景下，组织的部门化方式的最大变化在于更加灵活和弹性化，矩阵制组织结构将被大量地运用。组织的沟通大量的是横向和网络式的。在工作设计上，一个重要的变化是用"角色描述"代替"工作描述"。职责安排弹性化、模糊化，团队内部工作关系的和谐依靠的不是明确的职责安排，更需要成员间的"默契"与合作意识。

第二，在人员的招聘、甄选和配置程序中，强调个性化。团队工作方式下，决定团队和组织绩效的关键要素是团队整体素质和积极性。整体高素质既来自于每个成员的高素质，更来自于成员之间的素质互补。整体的高积极性既来自于对每个人的激励，更来自于团队成员之间的"融洽"，实质上是团队文化的整合。因此，在为团队选择新的成员时，不仅要重视可测量的硬素质，更要重视合作精神、沟通技能；既要考虑对方的自身素质、个性结构，还要考虑他与团队其他成员素质和个性的互补，以形成良好的团队整体素质结构；既要重视素质的适合与否，更要重视文化的适合与否。

第三，在绩效评价上，强调评价标准多样化，个人绩效和团体绩效并重。绩效评价是整个人力资源管理体系的枢纽，是组织内许多人事决策如报酬计划、人事调整、绩效改进和培训计划的基础。绩效评价的实质在于为组织员工树立一个标杆，表明在组织中什么工作产出和工作行为是"有价值"的，是应该追求、获得和奖励的。传统的绩效评价体系至少存在两个方面不足：首先，传统绩效评价体系重视对既往工作绩效的考核，忽视对未来绩效改进的引导，更多地把绩效评价作为一种兑现奖惩的"测量手段"，而不是作为一种改进绩效的"管理手段"；其次，传统的绩效评价建立的基础是个人绩效，报酬计划也与个人绩效考核密切相关，在这种制度引导下，可能会抽空团队运作的动力基础。针对这两方面的缺陷，未来的绩效评价的重点将发生一些转移和调整，一是由过去导向转变为未来导向，重视员工对团队的长期价值；二是由强调每个团队成员的个人绩效，转变为个人绩效和团队绩效并重；三是在评价要素中侧重团队导向的行为，引导成员追求"团队产出"最大化。有人将最有价值的团队行为可以分为七种：支持行为、沟通行为、协调行为、反馈行为、监控行为、团队领导行为、团队导向行为[①]。绩效评价对"团队行为"的强调在深层次上是对"个人绩效"一词的重新定义，传统看来与自己的工作不直接相关的行为和工作产出（主要是指"团队行为"）也成为"个人绩效"的一部分。还是以美国为例。美国第二次学校改革浪潮的观点与第一次迥然不同。教育改革的"前线"是具体的学校，而不是政府机构。认为，在学校的教室里，教育问题才能得到明确的思考和彻底的解决。这次改革认识到了与科层角色相对立的教师专业角色的意义。这就要求赋予教师更多自主权和空间，以行使在学校理解和处理教育问题的权力。这次改革体现了人力资源开发的观点，收到了比前一次改革更好的效果。

用人力资源开发的观点来看教育组织，它发生以下转变：机构——从臃肿到精简；管理——从垂直到水平；文化——从单一到多元；权利——从地位及命令到专家及良好关系；利益——从有形到无形。教育组织将扩大对人力资本投资，帮助教师获得新技能并依靠他们自己征服新的环境；教育组织将开发每个教师的潜力，提供给他们挑战性的工作机会；组织管理者将主要使用使命激励、学习激励、荣誉激励、情感激励等手段帮助教职员实现组织目标的同时，获得自身的职业化发展；教育组织将更关注环境的变化，并根据这种变化迅速做出反应。

从操作层面上来看，科层观下的组织一般属于"告诉型"组织（telling organi-

---

① 芮明杰、杜锦根：《人本管理》，浙江人民出版社，1997年版第57页。

zation)、机械组织、官僚行政型组织、保守型组织、封闭型组织，而人力资源观下的组织属于学习型组织、有机组织、参与管理型组织、创新型组织、开放型组织。简要作如下分析：

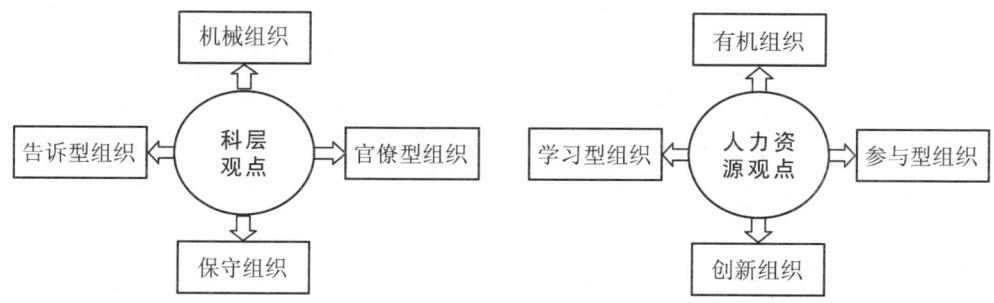

图6 科层观组织与人力资源观组织的比较

人们把与学习型组织相对应的传统的、具有权力等级的组织称之为"告诉型"组织（telling organization）。显然告诉型组织与科层观点，而学习型组织与人力资源开发观点是一致的。

表7 告诉型组织与学习型组织在学习特征上的差异①

学习特征	告诉型组织	学习型组织
谁学习	被选派人员；受奖励的人员；有关人员	每个人；所有教职员工；所有部门和阶层
谁教学	组织内部培训者或外部专家	一线工作人员；内部培训者；部分专家
谁负责	培训专家	每个人
使用什么样的学习工具	专修课程；在职培训；员工之间"传帮带"；正规培训；学习计划	专修课程；在职培训；学习计划；员工之间"传帮带"；学习标准；团队协作；个人思考；与外部组织建立合作伙伴关系
什么时间学习	被要求时；就业上岗前；需要时	所有时间；具有长期性
学习什么	专业技术	专业技术；人际关系；如何学习
在哪里学习	课堂上；岗位上	课堂上；会议上；工作中；无处不学
目的	今天的需要	将来的需要
感觉	无精打采	精神振奋

---

① Barbra J. Braham. Creating a learning organization, Crisp publication, Inc, 1995.

3. 终身教育组织设计的本质、内容和基本原则

(1)终身教育组织设计的本质

终身教育组织设计的核心就是对终身教育的组织结构设计。所谓组织结构是指为实现共同目的而进行的各种分工、协作活动的结构载体，它表明一个组织各构成要素之间的相互关系。[①] 从实现组织目标的构成来看，组织结构是组织将它的工作划分为具体的任务，并且在这些任务完成的构成中实现合作的方式。任何组织结构都涉及专业化分工和协作两个方面的要素，并采取集权和分权的手段对组织的活动进行管理和控制。不同的组织，其组织结构是不同的[②]。各种结构皆有它们的特点、优势与不足。组织结构是否合理，直接影响组织的工作效率，也影响组织成员的行为方式和发展水平。终身教育的组织结构是指构成终身教育的基本要素之间的关系，是组织中的个体为实现组织和个人的发展而分工、协作的活动结构。

终身教育的组织结构设计就是在人力资本开发观的指导下，运用一定的方法和工具对教育组织的资源(时间、信息、资金、关系等)进行合理配置，使组织行为和个体行为协调一致，并向创新方向发展。教育的组织设计与活动既可以受科层组织观影响，也可以受人力资本组织观指导。在科层组织观和人力资本开发观之间，还存在一系列中间形态的组织观。从理论上讲，终身教育的组织是应在后者的指导下进行建构和开展活动。但在实践中，"科层制影响可能比我们想象的更大"，"足以区别效率高低的学校组织"，科层制是改革者和其他努力使学校更加有效地进行改革的措施。因为"科层制影响的重要性在于它不仅对塑造学校组织有重大的作用，也正是科层制影响这一仅有的主要因素，改革家们能够对此有所作为"，[③] 而学生的天资、行为和家庭背景是改革者们无法立即解决的，甚至是无能为力的。因此，如何突破终身教育组织设计中的认识障碍，本身也是一个不断向实践学习的过程。

终身教育对组织结构、组织形态、组织体系营运的根本要求就是以人力资本的开发和管理作为指导思想。即终身教育组织的构造和营运要充分发挥组织中所有成员的聪明才智，保障和支持内部成员密切沟通与交互作用，保障组织本身对

---

① 杨东龙主编：《最新组织战略精要词典》，中国经济出版社，2003年版第217页。

② 组织结构的类型可以根据不同的标准来划分。根据决策和控制权利的集中和分散程度，可以分为集权式和分权式；根据结构和功能的变动性或巩固性，可分为有机式和机械式；根据权责关系不同，可以分为直线式、职能式、直线职能式、事业部式、矩阵式、超事业部式、模拟性分散管理式和系统式等。

③ [美]约翰·E. 丘伯、泰力·M. 默著，蒋衡译：《政治、市场和学校》，教育科学出版社，2003年版第173页。

外部环境变化和工作任务重大调整的适应性，保障组织内各子系统的协调与整合，使整个组织系统充分发挥各成员、各子系统的主动性、积极性和创造性，提高组织效能，从而，实现管理的最终目标，即人的全面发展。

（2）终身教育组织设计的内容

组织的设计就是组织如何分工、分组、协调、合作的总体设想和安排。在进行终身教育组织设计时，必须考虑到 6 个关键因素：工作专门化、部门化、指挥链、管理幅度、集权和分权、正规化。表 8 表明了这些因素对主要的结构问题可能提供的答案。

表 8　在设计组织结构时，管理者需要回答的六个关键问题①

关键问题	答案提供的标准
1. 任务应该分解细化到什么程度？	工作专业化
2. 对工作进行分组的基础是什么？	部门化
3. 员工个人和工作群体向谁汇报？	指挥链
4. 一个管理者可以有效指挥多少个员工？	管理幅度
5. 决策权应放在哪一级？	集权与分权
6. 应该在多大程度上利用规章制度来指导员工和管理者的行为？	正规化

根据以上的六个关键因素，组织设计的方案是多种多样的，其中有高度结构化、标准化的官僚组织，也有松散无定形的无边界的组织，在这两个极端形态之间还有许多其他形式。图 7 是这两个极端组织设计模型的结构示意图。②

一端是机械结构也可称为官僚机构，其特点是：僵化的部门制；高度正规化；有限的信息网络（主要指自上而下的指挥链）；基层员工参与决策的机会少，即集权化。另一端是有机模型，它看起来无边界组织，其结构扁平，工作多运用多功能、跨级别的团队，组织正规化程度较低，信息自由流动（包括纵向的、横向的双向沟通），员工参与决策的程度高，即分权化。

（3）终身教育组织结构的设计原则

根据现代组织结构理论，终身教育组织的设计与构造，应遵循统一有效、幅度合理、职权和知识及直线主管和幕僚相结合、扁平化集权和分权的平衡和适宜、组织和地位的弹性等原则。

---

① ［美］史蒂芬·罗宾斯著，郑晓明译：《组织行为学精要》，机械工业出版社，2000 年版第 275 页。
② ［美］史蒂芬·罗宾斯著，郑晓明译：《组织行为学精要》，机械工业出版社，2000 年版第 295 页。

机械结构

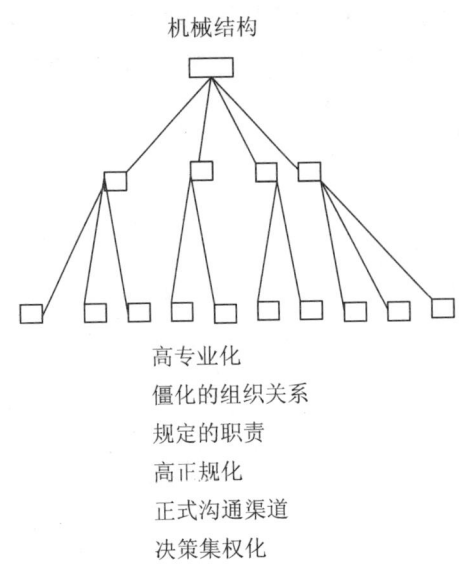

有机结构

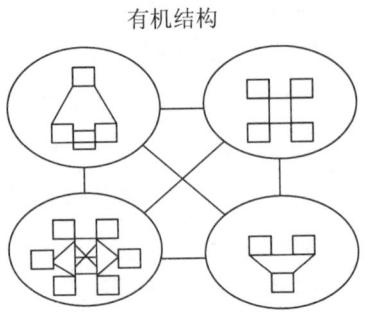

高专业化	低专业化
僵化的组织关系	合作（包括垂直的和水平的）
规定的职责	可调整的职责
高正规化	低正规化
正式沟通渠道	非正式沟通渠道
决策集权化	决策分权化

图 7　机械结构与有机结构的对比

统一有效。它是指组织系统中的每一个人应按统一指令行事并对唯一的上司负责，以此来保证组织管理、信息传递和工作的有效率。如果一个组织政出多门，将令组织成员无所适从而缺乏效率，这是与所期望的高效能格格不入。如，在学校实行校长负责制是保证政令统一的基本措施。

幅度合理。它通常是指组织中的领导者（或管理者）所指挥、控制的人员数要适度合理，要与岗位要求和被管理对象的工作性质相适应。一般说来，上层管理的幅度要比下层管理的幅度为小；当组织的层级一定时，组织规模的大小将决定和影响管理幅度；管理幅度还受到组织的工作量、层级的职能繁简以及组织成员的地域分布的影响。要求控制幅度合理，实质上是要求提高组织的管理效率，并使成员不致在等级森严的层级结构中扼杀自己的发展希望和工作热情。目前，就是要减少教育行政部门和学校的管理层次，精简机构。

职权和知识及直线主管和幕僚相结合。主要体现在：①每个成员在组织中的工作岗位和所拥有的职权，要与个人所掌握的知识相适应。可以认为，要使成员的每个工作岗位都富有挑战性，都有需要应用相应的知识来参与决策，使知识与职权有效地统一起来。②直线主管在其他的组织结构和形态中是一个指挥者和决策者，但在终身教育组织中，直线主管更多的是集体决策的协调者和组织营运的指挥者。终身教育组织是由集体决策的，决策的形式可以是多种多样的。整个组织成员或代表集中起来进行协商是一种决策形式，专家委员会制度（如大学的教授委员会）以及个人的合理化建议又是一种决策形式。前者是组织要求直线主管进行强制性磋商，行使的是功能性职权。后者是个人的、咨询式的磋商。就为组织做出更好的决策而言，两者都可以看做是作用典型的幕僚制。直线主管与这种幕僚制的结合，与职权和知识的有机统一，本质上是同一的，即组织成员自身要从知识上为参与工作决策、胜任工作挑战作好准备，同时，组织要以制度的形式为成员参与决策提供场所和机会，直线主管则应积极扮演组织内人际关系的协调者、工作调配者和营运指挥者的角色，将集体的决策化为可操作的步骤，使组织因成员主动性、积极性和创造性的激发和集体智慧的发挥而以尽可能小的投入得到尽可能大的产出的高效率。

扁平化，集权和分权的平衡和适宜。现代组织结构的日益膨胀和现代产业的迅速发展，都使绝对的集权和绝对的分权失去了存在的可能。因此，以相对集权和分权来反映集权和分权的平衡和适宜是完全可能的，而且从强制性集体磋商机构、专家委员会等幕僚制度的运作中得到了验证。一般说来，要求在较短时间内做出决策、组织面临着外部强有力竞争时，决策所要求的知识性专门化程度加强，因而组织会趋于集权。分权则有助于组织内各子系统对其产品细节、消费者和市场均有较深入研究时可以自决行事，从而使组织行为更富效率、更切合实际。组织营运依赖集权还是分权，主要取决于决策的难易程度、沟通的成本大小、是否有必要做出快速反应等因素。

由于教育组织的外部环境和组织任务的不断变化，集权和分权的划分是相对的、动态的。终身教育组织要求集权与分权的平衡和适宜，实质想取两者之长避两者之短，以决策的分权、执行的个人负责（某种意义上的个人集权）来谋求组织集权和分权的平衡和适宜。从实际营运的角度考虑，其组织形态必然趋于扁平化，即通过果断、足够、合理的授权，就能突破传统意义的科层制，扩大组织内成员的自主性管理范围，达到集权和分权的平衡和适宜。

组织结构和成员地位弹性化。终身教育组织的结构和营运还要根据组织的工作任务、技术特性和外部环境的变化，使组织结构和成员地位具有相当的弹性，从而将个人的发展与组织的发展和绩效联接起来。这由组织结构和成员地位的弹性奖励、双重评价、弹性结构等几部分构成。地位的弹性和暂时性结构，在一定程度上使组织趋于开放并促进成员之间的相互沟通。组织成员将聪明才智的发挥而获得的成就感，克服对永久的归属感和稳定的安全感的留恋。矩阵组织是一种体现组织和地位弹性的结构。在矩阵结构中，跨越子系统的专家委员会的设立既可以促进成员之间的相互沟通，又能在参与决策和解决组织复杂问题时显示互相协作、发挥集体智慧的弹性优势。

总之，终身教育组织就是人及人的关系和交往的共同体。在组织中，人们各具专长、各显才智，为共同的目标而分工、协作，在营运规则下自主行动。组织有外部营养的输入、成效的产出、信息的反馈、成员之间及与外部环境的交互作用、行为的修正与调整等完整的由人主导的、为完成人的目标而努力的结构、形态与功能。终身教育组织的设计、组织形态和组织体系的营运，通过组织结构和制度规范的变革与组织成员的行为改变有机结合起来，置人于组织的管理、营运过程的中心地位，以实现调动组织成员的主动性、积极性和创造性，促进人的全面发展的组织目标。

(二)学习型组织的构建

终身学习作为"终身教育"与"学习化社会"融合的产物，是当今世界的一种重要的社会理想和教育理念，对世界各国的教育都产生着深远的影响。从国际上看，这种影响不仅停留在理念层面，而且已经渗透到具体的操作行动中。本文认为，学习型组织建构正是体现终身教育理念的组织需求。学习化社会中，不仅个人的潜能必须充分发挥，而且组织的潜能也要充分地加以激发。因此如何设计学习型组织，并开发组织的创新能力，是学习化社会的重要目标。

1. 学习型组织的含义

(1)组织学习及其与学习型组织的关系

对"组织学习"和"学习型组织"的研究，最早可追溯到 20 世纪 60 年代，但直到 1990 年麻省理工学院斯隆管理学院彼得·圣吉(Peter M. Senge)教授出版了"The Fifth Discipline: the art and practice of the learning organization"(第五项修炼——学习型组织的艺术与实务)一书后，才激起了对组织学习与学习型组织研究和实践的热潮。对组织学习和学习型组织的研究和实践首先是从企业组织领域开展的，是组织模式适应组织效能需要的必然产物。在时间上恰好与教育领域流行的学习化社会思潮相对应。

"组织学习"(organizational learning)的概念实际上是从"个体学习"(personal learning)借鉴引申而来的。组织是由个体构成的，个体学习是组织学习重要的前提和基础。组织不是个体的简单相加，组织学习也不是个体学习的简单累计。组织具有记忆和认知系统，通过这些功能，组织可以形成并保持特定的行为模式、思维准则、文化以及价值观等。组织不只是被动地受个体学习过程影响，而且可以主动地影响其成员的学习。因此，个体学习与组织学习之间存在相互影响、相互制约的互动关系。阿吉瑞斯和萧恩(Agris and Schon)等学者深入地探讨了个体学习与组织学习的关系，他们指出，组织学习主要是具有共同思维模式的个体行为的结果。组织学习过程比个体学习过程更为复杂。[①] 要了解一个组织是否在学习，必须满足以下三个条件：（1）能不断地获取知识，在组织内传递知识并不断地创造出新的知识；（2）能不断增强组织自身能力；（3）能带来行为或绩效的改善。因此，组织学习是一个持续的过程，是组织通过各种途径和方式，不断地获取知识、在组织内传递知识并创造出新知识，以增强组织自身实力，并产生效能的过程。

特斯（Teece）注意到了学习的一个基本性质，即它既是一个个体化的过程，又是一个组织化的过程。对于组织化过程的学习来说，它是一个社会或集体现象，它要求共同的交流基础和协调的探索程序。[②] 因而，从本质上说，组织学习是一种包括了一系列不同于个人学习的活动。组织学习的最大特点是以共享的知识基础为中心。正是组织共享，包含着意会知识（Tacit Knowledge）的知识基础，才使组织行为发生变化，并使创新成为可能；否则，组织行为的变化和组织创新就会丧失连续性和自我同一性，组织也就难以保持其应有的完整性。有的学者认为"深层次的学习循环"[③]构成了学习型组织的本质。因此，进行了学习的组织并不一定是学习型组织，从组织学习到学习型组织有一个从量的积累到质的转化过程，只有在不断学习的基础上，形成了共同愿景和分享知识的机制，不断实现了自我超越的组织，才真正成为学习型组织。

（2）学习型组织的含义与特征

学习型组织有多种含义。圣吉指出，学习型组织（learning organization）是这样一种组织："在其中，大家得以不断突破自己的能力上限，创造真心向往的结果，培养全新、前瞻而开阔的思考方式，全力实现共同的抱负，以及不断一起学习如何共同学习。"[④]他认为，判断一个组织是否是学习型组织，有以下四个基本标准：①人们能不能不断检验自己的经验；②人们有没有生产知识；③大家能否分享组织中的知识；④组织中的学习是否和组织的目标息息相关。[⑤] 井口吕野中

[①] 　邱昭良：《学习型组织：即将到来的组织革命》，《决策借鉴》，1998 年第 3 期。

[②] 　Carayannis，E.G.，Preston，A and Awerbuch，S(1996)，Technological Learning，Architectural Innovations，and the Virtual Utility Concept，IEMC'96，pp. 94－105。

[③] 　这个循环是：培养团队成员的新技能（强烈的愿望、深思和交谈、形成概念），可以改变他们的思想和行为，从而也促进他们的认识和感知的发展；经过一段时间后，当人们开始以不同的态度看待并体验这个世界时，就会有新的信念和假设，从而更进一步促进新技能的培养。详见彼得·圣吉等著：《第五项修炼·实践篇——创建学习型组织的战略与方法》，东方出版社，2002 年版第 17～21 页。

[④] 　Peter M. Senge.，The Fifth Discipline：the art and practice of the learning organization，Currency Doubleday(a division of bantam Doubleday Dell Publishing Group，Inc.)，1990.

[⑤] 　杨东龙主编：《最新组织战略精要词典》，中国经济出版社，2003 年版第 51 页。

(Ikujiro Nonaka)用"知识创造型公司"来描述学习型组织，指出知识创造型公司的特征是"发明新知识不是一项专门的活动……它是行动的一种方式，是存在的一种方式，在其中，每个人都是知识工作者。"派得乐（Pedler）等认为："学习型组织是促使组织中的每一个成员都努力学习，并不断改革自身的组织。"加尔文（Garvin）指出："学习型组织是指善于获取、创造、转移知识，并以新知识、新见解为指导，勇于修正自己行为的一种组织。"马恰德（Marquadt）指出："系统地看，学习型组织是能够有力地进行集体学习，不断改善自身收集、管理与运用知识的能力，以获得成功的一种组织。"科姆（Kim）则认为，几乎所有的组织都会学习，不管其是有意还是无意。学习型组织是指那些有意识地激励组织学习，使自己的学习能力不断增强的组织；而非学习型组织则对组织学习听之任之，从而一步步削弱了其学习能力。[①] 上述界说虽然不尽相同，但以下观点是共同的：在学习型组织中，学习的动机是内驱的，人们充满了对未来的美好憧憬，并且通过学习实现组织和个人目标。有的学者对学习型组织和非学习型组织进行了比较分析[②]（见表9）。

表9　学习型组织与非学习型组织的区别

	非学习型组织	学习型组织
个人	被压制的、松散的、临时的。学习没有一贯性、连续性。被动学习，无力感。	是持续性的，学习被战略性地结合到未来的组织需要上。可以阶段性地学习。自我超越：对条件挑战，探索性学习。
团队	对过程不加注意，只被集中到工作中的学习。报酬不对团队对个人，部门分细、相互独立。	学习的焦点放在集团的发展和共同性的技能上。报酬对团队和整个部门。功能多样性、自我管理型。
组织	表面性的，跟过去的技能无关，学习半途而废。不注意学习障碍（结构性僵化），通过结构性重组学习。	在愿望获得技能的基础上学习。创造促进大家学习的灵活结构。
社会	隧道愿景：忽视政策对社会的影响。试图控制社会性影响。	相互依存的认识和对整个社会的贡献。为建立理想的未来，持续地调查、预测未来的趋势。

---

① Peter M. Senge. , The Fifth Discipline：the art and practice of the learning organization，Currency Doubleday(a division of bantam Doubleday Dell Publishing Group, Inc.)，1990.

② ［美］马席克·沃特金斯著：《21世纪学习型组织—企业领导的管理艺术》，世界图书出版公司，2000年版。转引自连玉明主编：《学习型组织》，中国时代经济出版社，2003年版第15页。

本文认为，学习型组织，是指通过培养整个组织的学习气氛、充分发挥员工的创造性思维能力而建立起来的一种有机的、高度柔性的、扁平的、符合人性的、能持续发展的共同体。这种组织是接受知识、创造知识、分享知识、运用知识的共同体，具有持续学习的能力，具有高于个人绩效总和的综合绩效。在这种共同体中，组织能支持所有成员的学习活动，同时组织的功能、结构与文化也能继续的创新和成长，最终目的是成员与组织同时进步与发展。

具体来说，学习型组织具有下面的几个特征：

第一，组织成员拥有一个共同的愿景（Shared Vision）。组织的共同愿景，来源于员工个人的愿景而又高于个人的愿景，它是组织中所有员工的共同理想，它能使不同个性的人凝集在一起，朝着组织共同的目标前进。

第二，组织由多个创造性个体组成。团体是最基本的学习单位，团体本身应理解为彼此需要他人配合的一群人，组织的所有目标都是直接或间接地通过团体的努力来达到的。

第三，善于不断学习。这是学习型组织的本质特征。所谓"善于不断学习"，主要有四点含义：一是强调"终身学习"；二是强调"全员学习"；三是强调"全过程学习"；四是强调"团体学习"。学习型组织通过保持学习的能力，及时铲除发展道路上的障碍，不断突破组织成长的极限，从而保持持续发展的态势。

第四，"地方为主"的扁平式结构。传统组织通常是金字塔式的，学习型组织结构则是扁平的，即从最上面的决策层到最下面的操作层，中间层次极少，它尽最大可能将决策权向下层移动，让最下层单位拥有充分的自决权，并对产生的结果负责。

第五，自主管理。"自主管理"是使组织成员边工作边学习并使工作和学习紧密结合的方法。通过自主管理，组织成员自己发现工作中的问题，自己选择伙伴组成团队，自己选定改革、进取的目标，自己进行现状调查、原因分析、对策制定、组织实施、效果检查和总结评定。团队成员在"自主管理"过程中，形成共同愿景，以开放求实的心态互相切磋，不断学习新知识，不断创新，从而增加组织快速应变、创造未来的能量。

第六，组织的边界将被重新界定。学习型组织的边界的界定，建立在组织要素与外部环境要素互动关系的基础上，超越了传统的根据职能或部门划分的"法定"边界。

第七，员工家庭与事业的平衡。学习型组织对员工承诺支持每位员工充分地自我发展，而员工也以承诺对组织的发展尽心尽力作为回报，这样，个人与组织的界限将变得模糊，工作与家庭之间的界限也将逐渐消失，两者之间的冲突也必将大为减少，员工丰富的家庭生活与充实的工作生活相得益彰，员工家庭生活的质量（满意的家庭关系、良好的子女教育和健全的天伦之乐）提高，家庭与事业之间达到平衡。

第八，领导者的新角色。在学习型组织中，领导者是设计师、仆人和教师。领导的职能主要是：①创造不断学习的机会；②促进探讨和对话；③鼓励共同合作和团队学习；④建立学习及学习共享系统；⑤促使成员迈向共同愿景；⑥使组织与环境相结合。

2. 构建学习型组织的缘由

"学习型组织"最初的构想，源自于麻省理工史隆管理学院佛睿斯特教授在1965年写的一篇文章"一种新型的公司设计"。他运用系统动力学的原理，非常具体地构想出未来企业的理想组织形态——层次扁平化、组织咨询化、系统开放化，逐渐由从属关系转向工作伙伴关系，不断学习，不断重新调整结构关系。彼得·圣吉作为佛睿斯特的学生，继续以组织系统动力学为基础来研究如何建立一种更理想的组织。美国《幸福》杂志认为学习型组织将是未来最具竞争力的组织。90年代初，杜邦、英特尔、苹果电脑、联邦快递、加拿大皇家石油、汉诺威保险公司等著名企业主动要求并赞助麻省理工学院成立学习型组织的学习中心，希望自己的企业能在麻省理工学院学习中心的辅导下，脱胎换骨成为"学习型组织"。著名的戴明博士及几位管理学界的大师也主动要求加入此项计划。

一种思想的实现必须有相应的组织为载体，学习型组织作为一种全新的组织形式，其哲学内涵与终身教育思想是一致的。

(1)学习是组织的一项基本职能，是组织生存与发展的前提与基础

随着世界经济一体化进程的加快和科学技术的迅猛发展，任何组织都面临正在发生翻天覆地的变化。为了生存、发展，组织必须顺应形势变化，不断对自身进行调整。不仅要对过程或结构等外在的要素进行调整，而且要对影响组织运行的各种内在因素，包括组织的价值观、思维模式、基本假设乃至根本目标，进行改革。实际上就是要求组织不断进行学习。事实上组织的每一项进步都是通过学习实现的。因此，真正有生命力的组织是那些善于学习的组织。学习不仅是人类的天性，也是组织生命富有生机的源泉。

(2)组织学习为全面提升组织竞争力提供了良好契机

被《财富》杂志列为当代世界500强的大公司，堪称全球竞争力最强的企业。然而，1970年的全球500强，到80年代已有三分之一销声匿迹，到上世纪末则所剩无几。这一嬗变，一方面反映了新科技革命风起云涌，新经济迅速淘汰、切换传统产业已成不可逆转的大趋势；但另一方面，也反映了许多大企业不善于与

时俱进，跟不上信息时代的急促步伐，只好被淘汰。正是基于对此大情势的洞察，国际管理界推出了创造学习型企业的战略举措。实践证明，企业凡通过自我超越、心智模式、团体学习等提高学习的修炼，都能在原有基础上重新焕发活力，再铸辉煌。其成功奥秘在于：一是能以最快速度，最短时间从内外资源中学到新知识，获得新信息；二是企业员工尤其是领导能不断提高学习能力；三是加强"组织整体学习"能集思广益，取得最大成效；四是以最快速度、最短时间把学习到的新知识、新信息应用于企业变革与创新，以适应市场和客户的需要。通过周密筹划的组织学习过程，组织不仅可以提高内部资源、知识的利用率，不断创造出新知识，而且可以从各方面学习，不断提高自身的竞争能力，弥补缺陷与不足。

（3）组织学习是社会急剧变化的需要

美国著名未来学家约翰·奈斯比特早在 1983 年就大胆预言："我们已经进入了一个以创造和分配信息为基础的经济社会。"随着科学技术（尤其是计算机、通讯等信息技术）的迅猛发展、因特网（Internet）的横空出世和飞速壮大，今天，信息社会真的就在眼前。而信息社会带来的变化是深远、巨大的，很多因素决定了人们必须重新认识组织学习的重要性和它在组织中的地位。

第一，知识的重要性。传统的经济学理论都提到，土地、劳动力和资本是创造财富的基本要素。但目前，除了上述要素之外，还得加上可能是更重要的科学、技术、创新、创意与信息，用一个词来概括，就是知识。奈斯比特说："在工业社会里，战略资源是资本；……但是在我们新社会，……战略资源是信息。它不是唯一的资源，但却是最重要的资源。"自人类社会跨越了工业社会之后，知识的重要性被提高到一个新的高度，甚至有学者将 21 世纪称为"知识经济时代"。

第二，变化中的工作性质。首先，工作与学习密不可分。高度信息化的组织是一个学习机构，它的一个基本目的就是拓展知识，不是学术意义上的知识本身，而是使组织怎样更有效率的核心。学习不再是在教室里或者上岗前的孤立活动。人们不必撇开工作专门抽出时间来学习，相反，学习就是工作的核心。学习与效率是同义词。一句话，学习将是劳动的新形式。其次，工作观的转变。随着社会的发展、物质的丰足，人们的工作观正在逐渐改变。正如美国著名民意测验专家杨克洛维琪（Daniel Yankelovich）所称，人们的工作观逐渐由"工具性"工作观（工作是达到目的的手段）转变为较"精神面"的工作观（寻求工作的"内在价值"）。① 汉诺威保险公司（Hanover Insurance）总裁欧白恩（Bill O，Brien）说："当

---

① http://www.edreform.com.

你工作两天所赚的钱比你的父辈们工作一周挣的钱还多时，大家开始渴望建立比遮风挡雨及满足物质需求层次更高的组织，而这种热望将不遏止，直到理想实现。"①这是促使人们向学习型组织迈进的深层次的社会动力。

第三，全球经济一体化所带来的前所未有的竞争挑战。当前的一大趋势是从过去的一国经济走向世界经济，各国合作生产已经成为新的全球模式，"全球相互依赖"的经济格局已经形成，一个国家可以关起门来发展经济，或者左右世界经济的局面已经结束。全球经济一体化带给一切组织的影响也是巨大的。而教育作为服务贸易的一部分，其影响也是显而易见的。

第四，组织正面临着日益剧烈的变化。当组织（如企业）的经营环境快速变动已成常态，管理者与一般员工对于传统的命令——控制典范愈来愈不满意，社会大众对企业的要求（如社会责任）愈来愈高，企业社会的主流价值朝人本主义（humanism）移动时，带有人本主义色彩的"建构学习型组织"之理想便应运而生。借用生态学的一个公式：$L \geq C$，瑞万斯（Revans，1980）指出，一个有机体要想生存下来，其学习（L）的速度必须等于或大于其环境变化（C）的速度。② 任何组织作为一个系统，其面临的环境正经历着前所未有的变化。因此，组织要想获得生存和发展，就必须增强其学习能力。

第五，个人的学习天性与对学习的渴望。每个人与生俱来都有学习的天性，对学习充满渴望。而在知识经济时代，这种天性与渴望将达到无以复加的地步。每个人不仅直接从事与知识、信息有关的工作，从工作中学习，而且要终身学习。学习成为人们的生存方式。

3. 影响学习型组织形成的基本因素

（1）领导和管理者。领导者对促成学习型组织的建立发挥着广泛的作用。因此，在学习型组织中，领导者首先必须不断地学习，其次是要有促进组织成员及整个组织学习的观念和行动。领导者和管理者通过以下五种方式以支持个人和小组的学习和发展：①建立学习行为的榜样；②提供有利于学习的系统；③鼓励员工创造新思想；④确保知识和学习的传播；⑤共享知识。

（2）文化。文化是把组织连接在一起的黏合剂。组织的文化包括整个组织共享的心智模式、价值观和员工的行为标准。学习型组织文化的内涵是：①必须支持和鼓励学习和创新行为；②鼓励员工的不耻下问，以及员工之间的交流；③提供员工的冒险和实践精神；④允许员工犯错误，并把错误看成是最好的学习机

---

① http：//www．edreform．com

② http：//www．edreform．com

会；⑤帮助员工树立正确的价值观。

（3）知识交流系统。一个自由的、开放的知识交流系统是学习型组织的血液循环系统，这样一个交流系统：①能创造有用的新知识；②能使员工接触到战略信息；③有利于外部环境的扫描；④有利于知识在组织内的传播；⑤促进员工相互支持。

（4）组织结构。学习只有在开放的环境下才能进行，因此组织结构的设计应有利于跨部门、跨组织的学习。学习型组织的组织结构应克服组织内部部门划分的障碍，有利于跨部门、跨组织的工作和学习。

（5）支持系统。良好的业绩支持管理系统，通过以下方式促进学习和知识的创造：①作为组织发展的指示器；②确定有待发展的领域；③跟踪员工个人的发展。

（6）技术。在学习型组织中，技术是至关重要的，它能改变工作和学习的方式。技术的作用在于：①使得接触商业和战略信息成为可能；②提供更有效的学习方式和过程；③促进团队的学习。

上述六个子系统是相互影响、相互作用的，他们是有机的整体，是构建学习型组织的基础，缺一不可。[①]

4. 学习型组织的发展过程

学习型组织的发展不是一朝一夕的事情，要经历一个过程。瓦肯思（K. E. Watkins）和马席克（V. J. Marsick）认为学习型组织有六项必要行动：（1）创造继续学习的机会；（2）促进探究与对话；（3）增进合作与团队学习；（4）建立学习及分享学习的系统；（5）促使成员能迈进共同的愿景；（6）促使组织与环境结合。柯莱恩（P. Kline）桑德斯（B. Saunders）认为迈向学习型组织有十个步骤：（1）评估组织的学习文化；（2）文化增进组织的积极性；（3）营造能安然思考的工作场所；（4）奖励冒险；（5）协助成员成为彼此的学习资源；（6）运用学习能力到工作上；（7）描绘组织远景；（8）将组织的远景融入生活；（9）连结系统；（10）明示组织未来努力的方向。[②]

本文认为，学习型组织的发展要经过三个阶段：学习型组织的提出阶段、克服学习障碍阶段、进行知识管理阶段。

第一阶段：学习型组织的提出阶段。

提出学习型组织是希望组织能够产生根本改变，包括人们的价值、渴望（as-

---

① 王方华等著：《知识管理论》，山西经济出版社，1999 年版第 120 页。
② 庄毅：《构建终身教育体系 建立学习型社会》，《继续教育》，2002 年第 6 期。

pirations)、行为等内在的改变，以及策略、结构、系统等外在的改变。要使组织发生根本改变，不只是做些与以往不同的事，不只是简单地改变策略、结构、系统，而且通过学习，改变形成策略、结构、系统的思维，发展创新能力。因此，这种改变是从内在思维到外在行动的改变，而具体的改变内涵包括：个人与团队层次的学习技能、对周遭环境的觉察与敏感度(awareness and sensibilities)、态度与价值；在组织层次的主导理念、基本架构的创新（innovations in infra-structure)以及提供学习与改善的理论、方法与工具。

学习型组织建构过程是通过深层学习与组织发展产生良性循环，并产生持续性的学习行为的过程。其循环的基本结构是：导入学习工具来开发组织成员的学习技巧与能力(如系统思考能力、团队学习能力、形成共同愿景的能力)——改变组织成员的知觉过程——促进感觉层次、态度层次、价值与信念层次的转变，从而改善行动——获得学习的效益——诱发人们持续学习与行为改变的动力——组织成员的价值与信念根本转变——改变组织基本的指导方针、组织结构以及提供给成员的学习工具。

第二阶段：克服学习障碍的阶段。

当经济全球化的浪潮到来，全球企业间激烈竞争及其环境的快速变化成为常态，知识工作者作为日益重要的生产要素时，组织必须有效学习，并通过创造知识，迅速改变其经营模式与解决问题的方式。此时"让组织能学习"，即由"要学习"转化为"会学习"，便成为一重要课题。

圣吉认为，建构"学习型组织"必须先认识组织的学习障碍，他列举出下列七项组织的学习障碍：(1)局限思考：由于受到组织专业分工的影响，组织成员只关注自己的工作内容，形成局限一隅的思考模式。(2)归罪于外：由于组织成员惯以片段思考推断整体，当任务无法达成时，常归咎于外在原因所造成，而不会先检讨自己。(3)缺乏整体思考的主动积极：组织的领导者常认为自己应对危机提出解决方案以示负责，而忽略与其他组织成员共同思考解决问题。(4)专注于个别事件：当组织产生问题时，大家通常只专注于事件或问题本身，而忽略事件或问题其实是经由缓慢、渐进的过程形成，只能以预测的方式提出解决方案，却无法学会如何以更有创意的方式来解决问题。(5)煮蛙效应①：意指组织成员应保持高度的觉察能力，并且重视造成组织危机的那些缓慢形成的关键因素。(6)

---

① 煮蛙效应又称青蛙现象，这是美国医学界神经科医生做的一个实验。将青蛙扔入沸腾的水中，青蛙反应灵敏并能迅速跳出；半小时后将青蛙放入冷水之中，慢慢加热，待水很热时，青蛙已四肢无力，欲跳无能了。之后，人们对这种缓缓而来的变化视而不见的现象称为"青蛙现象"。

从经验中学习的错觉：组织中的许多重要决定的结果，往往延续许多年或十年后才会出现，因此，组织成员难以从工作经验中学习。(7)管理团队的迷思：组织团队由不同部门及具有专业经验能力的成员所组成，有时为维持团体凝聚力的表象，团体成员会抨击不同意见的成员，久之，团队成员即易丧失学习的能力。①

从已有的文献看，组织学习的障碍可分为个人、团体与组织层次。在个人层次主要是信息处理过程的偏误，使得既有的心智模式难以改变，如过度自信、投射等。在团体层次主要是使用理论所造成的种种让组织的错误无法被更正的行为，如防卫、争论、过度保护自己或他人、注重外交手腕、权力的竞争、彼此不能信任、避开重要但敏感与威胁性议题、不鼓励探询等。在组织的层次便是嵌入在组织策略、结构、流程、价值、规范、组织氛围之中，难以改变的组织文化的基本假定层次，这些基本假定因为其历史上的有效性，所以会被传播给新的组织成员，作为遇到类似问题时如何去知觉、思考与感觉的方法，但是当环境改变而不再适用时，却成为组织学习的一大障碍。或者，因组织系统的动态性复杂，管理者难以知觉这些跨越时间与空间的动态反馈与非线性影响，或让组织无法觉察到环境的情境变迁，或无法理解系统内部的动态交互作用，造成归因错误，形成本位主义或彼此内耗的纠葛。

Snyder & Cummings（1998）所提出的组织学习一般模式认为：成功的组织学习的过程应包括发现（discovery）、发明（invention）、生产（production）与类化（generalization）四个过程，即，组织成员会从现状与期待状态的比较中发现错误（发现）；继而诊断出产生差距的原因，并发展出适当的解决方案，来减低差距（发明）；然后产生行动，并记录结果（生产）；最后对于行动的效果做出结论，并将该学习类化，应用到相似的情境中（类化）。因此，解决问题式学习、克服智力障碍式学习是组织发展不可逾越的阶段。

第三阶段：进行知识管理阶段。

学习是一种动态的过程，不只是随时间在发生，而且会在探索新学习与利用既有学习之间创造一种张力，这就需要对学习进行管理，即，建立组织内的各种学习活动的管理机制，这种管理的实质就是"知识管理"。知识管理是一种以知识为基础的系统、人工智能、软件工程、组织发展改良、人力资源管理与组织行为概念的综合体，它是将知识视为存量，组织学习是影响知识流量的主要因素，是改变知识存量的质与量的过程或活动。组织的知识管理就是要进行策略性学习，

① ［美］彼得·圣吉著，郭进隆译：《第五项修炼——学习型组织的艺术与实务》，生活·读书·新知三联书店，1994年版第18～15页。

增加组织的核心竞争能力，使组织完成从"适应"到"创新"的转化。

组织学习强调学习过程，而知识管理则强调知识的运作过程。两者的共同目的，在于促进个人实现、经济发展与社会进步。在终身学习时代中，发展个人与组织的知识管理能力，益显重要。知识管理能力的培养，应为个人终身学习的一项重要内涵，而通过知识管理，将能提升个人终身学习的能力，增进其学习效率，发展组织的创新能力。

如何适当的建立知识管理系统，进而有效的管理知识，是当前各类组织所面临的共同问题。知识管理是个复杂的过程，它涉及以下步骤：搜集知识、组织知识、分享知识、调适知识、使用知识、创造知识及确认知识。

知识管理涉及个体和组织两个层面。个人的知识管理涉及了七项过程：（1）知识计划：自我负责确立完善的知识计划并作好目标分析、时间分析及情况分析。（2）知识评估：个人知识管理方案的形成性自我评价及总结性的自我评价。（3）知识展现：涉及知识诊断与信息来源的鉴别过程。前者包括个人的现有知识分析及需求分析；后者则涵盖搜寻信息与分析信息。（4）知识产生：针对各类的信息形态，如文章、演讲、图画、影片、多媒体、学习软件等进行信息处理与知识建构。（5）知识传播：涉及与他人的信息与知识交流，个人必须发展与人沟通与互动的能力，而信息科技的运用亦为不可或缺。（6）知识运用：发展适当的策略以有效地运用知识。（7）压力与缺失管理：包括动机监控并能从错误中学习。

组织的知识管理是一项复杂的工作，涉及组织学习、组织记忆、转化知识、组织创造知识、建立知识分享机制、组建知识管理团队、将知识的创新与个人的生活结合等方面。其中"组织记忆"（corporate memory）系指在组织中建立知识库，以储存组织所累积的方法知识及其他知识资产，并促使这些知识资产增进知识密集的工作历程之效能与效率。"转化知识"是指持续地将个人知识转化为组织知识，使人与组织知识成为终身学习时代中最重要的组织资产。"组织知识创造"是指组织整体创造新知、将新知传播至整个组织，并且将之融入组织产品、服务与系统的能力。组织在组织知识创造过程中所扮演的角色是提供适合的情境，以利团体活动以及个人层次的知识与累积。在组织的知识管理中最大障碍，往往在于组织的知识分享机制未能完善，因此，组织有必要通过建立良好的组织文化与激励制度，促进组织成员愿意彼此分享个人经验与知识，促使知识得以不断在组织中交融与扩展，而不断发展组织知识。

一般地说，在组织创新与学习过程中实现有效知识管理应考虑以下三方面问题：首先，要建立一个能为公开的组织学习和交流提供完好基础设施的网络，以充分利用组织内部以及外部大量可编码的知识，使组织创新和学习建立在高效的信息网络基础上。其次，建立有利于组织成员彼此进行合作的创造性方式和激励组织成员参与知识共享的机制。由于组织内大量意会知识的存在，这就使得有效的部门合作、人员交流显得尤为重要，因为只有通过人员的交流与合作才能实现意会知识的共享。第三，借助组织创新形成创造型组织视野和相应的文化氛围，鼓励职能部门、项目组和组织成员之间建立广泛、及时、不间断的交流制度，以利于组织的学习与创新。

(三)学校组织的重塑

1. 学习型学校——终身教育体系中的学校组织形态

现代教育体系说到底是工业革命的产物，以学校教育为中心。尽管终身教育的价值理念使教育的触角伸向所有的社会组织，但学校依然是学习的重要场所，它愈来愈显示基础性价值。因此，要用终身思想对现有学校教育组织进行改造，让其发挥终身教育的职能。

"学习型组织理论"被普遍接受及应用，目前已成为企业组织的发展趋势。然而，可否将其适用于教育组织或学校组织，则是教育学工作者所关心的问题。美国《教育领导》(educational leadership)杂志的主编雷尔(O'Neil)1995年特别专访圣吉，并就学校组织能否成为学习型组织向他请教。圣吉的回答是，美国许多学校都已开始将系统思考的概念应用到学校的管理和课程的规划上面，而且成效惊人。中小学生特别适合学习系统思考，他们利用基本的工具和计算机仿真软件，学得非常快。然而，圣吉也承认在教育系统内推动这样的改革，困难仍然很多，必须克服许多因素，包括教师愿意在课堂上尝试新的实验；其次，需要校长等行政人员的配合，在校内提供必要的环境；另外，教育行政机关、社区人士和家长也都能够支持，学习型组织才比较容易建构成功。[①] 圣吉在教育界人士的期待之下，终于在2000年和其他几位作者共同出版《第五项修炼—学校篇》(Schools that learn：A fifth discipline fieldbook for educators，parents，and everyone who cares about education)一书，该书主要论点包括：学校经过学习引导（learning orientation），可以再创新、成为具有活力以及持续更新的场所；学习型学校和学校改革（school reform）、有效能学校(effective school)、教育革新(educational renewal)及系统思考的教室(system thinking in the classroom)均有其相通之处；五项修炼适用于学校共同愿景的形成及教室中的教学活动；影响学校学习系统成效的相关人员相当多，包含了教师、学生、家长、教育局长、校长、学校行政主

---

① （台湾）张明辉：《营造学习型学校》，http：//www.cko.com.cn/article/article/381.html.

管、教育行政人员、学校董事会董事、基金会、大学代表、社区人士等，圣吉等人也在该书中列举了全美各州有关学习型学校的运作实例。[①]

2. 发展有效性——学习型学校建构的基本策略

一定的组织模式对应着一定的效能。学校作实施终身教育的组织，其组织模式适应与否对于学校效能（School Effectiveness）起着重要的作用。分析学校的有效性或效能，对于构建终身教育组织模式具有直接的意义：通过学校有效性研究，寻求学校功能最大化的途径和策略。

美国是最先展开有效学校研究的国家。20 世纪 70 年代，开始于对大城市中学的组织特点和组织成员工作行为的研究。经过二十多年的努力，美国教育工作者在有效学校的基本假定方面达成了共识：①不论学校能够做什么，应该做什么，其中心任务就是教学，衡量成功的标准是学生的知识、技能和看法方面所取得的进步；②学校应负责提供教学和学习的一切环境；③学校必须被作为整体来看待，为满足某些学生的需要而付出的部分努力、破坏教学计划统一性的做法都可能会遭遇失败；④学校最重要的特点是教师和其他员工的态度和行为，而不是诸如图书馆规模、学校历史等物质条件；⑤或许最重要的一点，学校要为学生学业成绩的好与坏承担责任。[②]

有效学校的思想有了根本性的转变，它摒弃了传统的在学生成绩不佳时，责备学生的做法。和低效学校相比，有效学校的一个最显著特点是，它们更多地承担了满足学生需要的责任。最具说服力的研究表明，学生的学业成绩很受学校文化的影响。学校文化包括管理、交流、教育实践和方针等等。研究发现，成功学校的文化能够创造有益于教与学的气候和气质……如果学校改革目的在于，在一个有利于实验和评估的氛围中，通过协作规划、集体决策和合伙工作等策略来影响整个学校文化时，改革最有成效、最持久。

因此，有效学校研究表明，"教师和其他职员较多地参与决策，协作规划的机会增加，改革策略趋于灵活，这些都反映了每所学校的独特'个性'，目标就是改变学校文化；这些方法需要职员承担学校改革的责任。这一点在下面的事实中可以得到肯定：他们得到了必要的权力和支持"，以便设计能够满足学生教育需要的教学计划。

1997 年 1 月在美国田纳西州曼菲斯举行的第 10 届"学校效能与改善"国际研

---

① Senge, P. et al. (2000). Schools that learn: A fifth discipline fieldbook for parents, educators, and everyone who care about education. NY: Doubleday/Currency.

② 来自 http://www.ed.gov.

讨会中，人们利用面谈方式研究成功学校、次成功学校及不成功学校的不同。研究结果从以下八方面去探讨有效能学校特点：（1）机构组织。校长与教师分享管理权力。教师们常透过正式或非正式小组工作，组长与校长间联系紧密，共同协作。透过会议制订计划及实行方法。机构文化是重视解决"问题"而非作人事斗争。（2）政策确定。教师常坦诚商讨问题，提出意见，达致共识。在制定决策过程中，教师们得到满足感和自主权，解决问题能力亦有所提升，而他们的决定一般都会得到校长和校董会的支持。（3）协作精神。教师们态度开放，愿意学习和改进。校内团队精神强，教师透过互助互谅、支持和合作去解决问题和计划工作。（4）远见和使命感。校内的教职员有共同的理想，有清晰的目标和崇高的使命感，在共同目标下去解决问题。（5）学习组织。校长教师间互相信任，思想开放，愿意学习，愿意改善，敢于尝试创新，互动过程明显。（6）社区领导。学校与外界机构接触多，工作得到社区支持和认同。校方愿意透过不同渠道与家长和社区建立良好关系。（7）校长领导。校长态度开放，愿意接纳他人，因而得到各人的信任。他愿意与任何人和社区沟通，在校内能提供专业意见以支持各小组工作发展。（8）信任。校内各工作人员互相信任，不会各自为政或互相猜忌。显然，在上述特点中"学习"成为直接或间接的核心词汇。这反映出学习对于成功学校效能起着重要作用。[①]

有效学校的早期研究很快就成为改进学校的依据。这些研究表明，有效学校共同特点是：①校长强有力的领导。②教师和其他职员对学生成绩的高期望。③强调基本技能。④有序的环境。⑤对学生进行经常性的系统评估。⑥用于教学和学习的时间增多。[②] 但是，学校具备了这五或六个"互为关联的特征"本身还不足以改进学校的有效性。令人遗憾的是，有效学校研究的推广人员非常重视对这些简单因素组成的程式的解释。

最近，普奇（S. C. Purkey）和史密斯（M. S. Smith）根据已知研究确认了有效学校的 13 个特征[③]。可分为两组。第一组 9 个特征：A. 在学校实地管理和民主决策中，鼓励个别学校为解决教育问题承担更多的责任，并给它们更多的灵活余地。B. 学区赞成给学校更多的确认和解决重大教育问题的权力，包括加强学校领导层的支持和鼓励作用和协作解决问题，同时减少总办公室人员的检查和管理作用。C. 强有力的领导，这可以由行政人员提供，而且也可以由行政人员、教

---

① 来自 http：//www. ed. gov.

② 来自 http：//www. edreform. com.

③ 来自 http：//www. edreform. com.

师以及其他人的综合团体提供。D. 成员稳定性，以促进强大的具有内聚力的学校文化的发展。E. 有计划的、协调的课程安排，把学生的教育需要作为整体来看待，增加学习时间。F. 解决全校职员的发展问题，把学校的组织和教学需要与教师自身的需要联系起来。G. 特别是家长参与，使家庭作业、学生出勤和纪律得以落实。H. 全校对普通文化课成功的承认，一方面是提高普通文化课成绩，另一方面是达到优秀标准。I. 重视用于教学和学习的时间，例如，减少干扰和打扰，强调集中力量学习的重要性，重新设计教学活动。

这些特点实施起来相对比较容易，可以通过行政行为以最低成本很快得以实施，并为第二组四个特点的发展奠定了基础，但不是有效学校仅有的特点，当然也不是最重要的特点。以下四个特点对更新和增强学校继续解决问题的能力、逐渐提高有效性很有意义。

（1）协作计划和伙伴关系，可以增加团结气氛，鼓励共享知识和思想，促进组织成员达成共识。

（2）集体主义，减少教师和学生的疏远感，增强共同分享意识。

（3）明确的共同目标，可以实现的高期望，这些都来自合作、伙伴关系、集体主义，起到了通过共同目标团结组织成员的作用。

（4）秩序和纪律，表明了学校作为一个由学生、教师和职员及其他成人组成的社区的严肃性和目的性。这个社区由于对共同目标的一致看法、合作和共识凝聚而成。

显然，第二组中所列举的特点要比第一组中的更复杂，更难以实现和难以持久，但是，它们共同产生了强大力量，把提高教育有效性确定成学校内部的工作重心。当然，这一力量源于发展学校内部文化——规范、价值、信念——把学校职员团结起来，继续不断寻求教育的有效性。很多学校改进计划受到指责，正是因为它们力图简单地将第一组特点贯穿到学校中去，没有认真参与第二组特点所显示的文化重建过程。

可见，学校有效性发展的核心是形成独特组织文化，形成组织的创新机制。学校组织发展与学校的定位、开放度及其与环境的关系、学校组织内部要素的优化、学校有效性发展策略等密切相关，其中学校有效性发展策略是学校组织真正成为学习型组织的关键。

教育组织的改造和创建的最终目的是要形成彼此相连、相互沟通的、开放的、有效的终身教育组织网络，打通不同教育组织的壁垒，真正建立起教育的立交桥；实现基础教育、职业教育、成人教育和高等教育相互衔接；正规教育、非正规教育、非正式教育相互结合；职前与职后教育、培训相互贯通；学校教育、家庭教育、社会教育相互配合。为每个学习者提供充分的学习机会和学习场所，并实现教育组织的个体发展功能和组织发展功能。

四、终身教育的管理

终身教育体系的实施是一种组织行为，"终身教育的物质的、文化的结构，必须由国家制定和创建。"①终身教育组织的整合、终身教育资源的开发与合理配置、终身教育的热情的激发、终身教育权利的有效保障等等，都需要科学地管理。因此，管理工作是推进终身教育过程中面临的一个现实而棘手的问题。

(一)终身教育管理与国家职责
1. 终身教育管理的含义

当前，关于教育管理的解释，国内和国外教育管理学术界大都把它定位在学校教育及其与之相关的教育行政管理的形态上。国内的学者一般认为"教育管理包括教育行政机关的管理工作和各级各类学校的管理工作。"②认为"广义的教育管理学包括教育行政和学校管理两部分……它是以整个国家的教育系统作为自己的管理对象，以教育法令、法规为指导，遵循教育的客观规律，对整个教育行政系统及各级各类学校组织进行规划、组织、指导和控制"③。国外学者也认为"教育管理是涉及学校日常运转的实践活动"，④"教育管理研究关注的是：教育机构的内部运转，学校与环境的关系即学校与其所在社区的关系，以及对其负责的上级部门和团体。"⑤"以学校和学院的目标定向为中心是教育管理学诸多理论的共同点"。⑥ 而且教育管理理论的话语和学科逻辑体系也是适应学校教育形态而建立起来的，教育管理学的主要内容包括"教育行政"和"学校管理"等部分内容就说明了这一点。最通俗的说，教育管理是国家、政府及其教育行政人员以教育活动为对象的社会管理行为。

---

① ［日］持田荣一等著，龚同等译：《终身教育大全》，中国妇女出版社，1987年版第458页。

② 刘文修著：《教育管理学》，陕西人民教育出版社，1986年版第4页。

③ 陈孝彬主编：《教育管理学》，北京师范大学出版社，1990年版第1页。

④ ［英］托尼·布什著，强海燕主译：《当代西方教育管理模式》，南京师范大学出版社，1998年版第1页。

⑤ ［英］托尼·布什著，强海燕主译：《当代西方教育管理模式》，南京师范大学出版社，1998年版第2页。

⑥ ［英］托尼·布什著，强海燕主译：《当代西方教育管理模式》，南京师范大学出版社，1998年版第2页。

　　学校教育是古代社会和现代社会(工业社会)存在的教育形态。终身教育则是现代社会正在生长和形成的新的教育形态，它更多的是对应于未来社会(信息社会或后工业社会)的教育形态。因此，终身教育管理是人类社会教育管理活动发展的新形态。终身教育管理具备一般社会管理和教育管理的基本特点，[1] 如管理是一种社会现象；管理受管理者的价值观所支配；管理和教育管理都是社会实践活动；教育管理要实现管理育人，要解决教育教学过程中的矛盾和问题，要提高教育的质量等等。但是除此之外，终身教育管理具有与学校教育管理不同的特点：

　　一是与学校教育管理相比，终身教育管理价值观念要发生根本性变革，以全体社会成员的学习和发展为本、实现个人和社会的可持续发展、教育平等和教育民主化等观念成为教育管理的首要原则。

　　二是终身教育管理日益与社会管理趋同。针对学校的教育管理仅仅是社会管理的一小部分，除此之外还有大量的其他社会系统和社会部门如政治、经济、军事、文化等的管理活动。由于终身教育的主要特征之一就是教育社会化和社会教育化，教育和学习成为全社会的责任和义务，社会各个部门和领域都成为教育和学习的场所，终身教育管理实际上成为以人们的教育和学习活动为主要内容的面向全社会各个系统和各个部门的管理；随着终身教育的扩展，终身教育管理与整个社会管理日益趋同。

　　三是需要分配和控制的教育和学习资源的范围扩大，整个社会资源都成为教育和学习的资源而纳入教育资源分配和管理的范围。

　　四是管理主体的多样化，教育管理不仅仅是教育行政部门的事，其他非教育的行政部门、社会部门以及学习者个人都要承担教育管理的责任。

　　五是管理环境的复杂性，学校教育管理的环境基本上是以单一学校组织为中心的组织内部环境和组织外部环境的综合及其关系，而终身教育管理的环境则是以多种类型的学习型组织(包括学校组织)为核心的多样化的组织内部环境和外部环境的综合，以及各种不同学习型组织环境之间相互作用的关系；"实现综合统一的教育理念必须依靠综合行政来进行"。[2] 因此，它是一种综合行政管理。

　　六是上述因素导致终身教育形态中教育管理的日益复杂化，从而对教育管理活动提出了更高的要求，与学校教育形态中的教育管理相比，教育管理必须更加专业化和科学化才能适应日益复杂多样的终身教育管理的需要等等。

---

①　陈孝彬主编：《教育管理学》(修订版)，北京师范大学出版社，1999年版第23～40页。

②　[日]持田荣一等著，龚同等译：《终身教育大全》，中国妇女出版社，1987年版第15页。

任何的教育管理活动"都是在一个国家和地区的政治、经济与文化环境的制约下，在教育管理部门领导者的教育价值观的支配下，采用科学的方法，对所有管辖的各级各类教育组织进行预测与规划、组织与指导、监督与协调、激励与控制，使有限的教育资源得到开发和合理配置，以实现……促进教育事业发展的目的。"[1]在终身教育时代或学习社会中，教育管理应当突破工业时代相对封闭的教育体系和教育格局的局限，应在"教育社会化和社会教育化"的"大教育"背景中理解和实施。

2. 在不同教育形态中国家对教育的管理

在原始教育、学校教育、终身教育等不同的教育形态中，国家对教育的介入和管理表现不同的特点。原始教育尚未产生学校，教育活动与社会生产生活处于原始的一体化状态，是一种"在氏族和种族的共同生活中进行的无意识的、带有社会职能性质的教育"。[2] 学校教育产生以后，人们教育活动的时间和空间就主要被限定在学校范围内。在学校教育阶段，近代以前很长的历史过程中，国家和政府很少直接介入对教育的管理和控制。教育主要是一种家庭和社会的职能和权利。学校或者由教会控制和管理，或者由私人、社会自治团体来举办。而"国家是在幕后，间接地影响教育"。[3] 近代以来，欧洲宗教改革和工业革命的发展推动了公共教育的产生和发展。随着公共教育制度的建立，首先是在欧洲，逐步实现了教育权的社会化和国家化，教育权和教育管理权逐步由教会的特权转变为世俗社会的普遍权力，由民间和社会的自然权利转变为国家、政府的管理权。国家和政府开始直接介入教育管理。而保障教育权和教育管理权顺利实现社会化、国家化的前提条件之一，就是通过立法和政策制定等活动，利用政策和法律的强制性保障国家和政府对教育的有效管理。因此，现代国家"普遍通过立法手段规定全面的教育政策和目标、制订教育发展规划和计划、筹措教育经费和分配教育资源、编写和审定教科书、审批和设置教育教学机构等等来控制教育活动。"[4]当前，世界主要国家普遍建立了针对各级各类学校教育的政策与法律体系。教育政策和法律成为现代国家、政府管理公共教育事务的主要手段。

随着信息技术和知识经济的深入发展，教育形态也开始由学校教育向终身教育过渡。终身教育与学校教育是两种完全不同的教育形态。终身教育在时空、教

---

①　陈孝彬主编：《教育管理学》(修订版)，北京师范大学出版社，1999 年版第 35 页。

②　劳凯声、郑新蓉等著：《规矩方圆—教育管理与法律》，中国铁道出版社，1997 年版第 112 页。

③　劳凯声著：《教育法论》，江苏教育出版社，1993 年版第 6 页。

④　劳凯声著：《教育法论》，江苏教育出版社，1993 年版第 7 页。

育对象、教育资源、教育体系、运行特点等方面都大大超越了学校教育的范围，它把教育和学习活动推广到每一个社会成员的一生，推广到社会的每一个领域和角落，在社会各个领域体现教育资源和社会资源的共享等等。现代国家为学校教育所建立教育政策与法律体系在调整终身教育问题时将面临巨大的挑战。终身教育体系和学习社会的建立和发展更需要特殊的政策与法律对其进行调整和管理。任何一个国家终身教育体系的建立都是一个复杂的庞大的系统工程，没有国家、政府的领导和规划，没有政策和法律的保障，终身教育体系的建立只能是一个遥远的梦。也就是说，终身教育的健康发展比其他任何教育形态都更加依赖政策与法律的建设，更加需要国家和政府以前所未有的力度参与其中和管理终身教育。

3. 政策与法律是现代国家管理终身教育的重要手段

政策与法律是现代国家、政府管理社会事务包括各级各类教育事务和教育活动的重要手段。终身教育作为人类社会教育发展进程中的一种新型的教育发展形态，其发展和管理活动与国家、政府的政策和法律具有密切的关系。

（1）政策与法律

一般来说，政策和法律都是一定的阶级、国家和政党为完成和实现一定历史时期的任务和调整各种社会关系而制定行动准则或行动方针，[①] 从其根本目的上说，它们都是对社会价值和利益进行权威性的分配。[②]

政策和法律具有密切的联系。政策和法律都是社会上层建筑的重要组成部分，是国家和政府实施社会管理和政治统治的主要手段；政策与法律互相补充，共同调整和规范各种社会关系，对社会和个人的行为都具有重要的引导和规范作用；法律往往是政策的定型化和具体化，成熟的政策往往通过政策的合法化过程上升为法律。

但是，政策与法律又有明显的区别。一是政策和法律的制定主体不同。广义上，政策制定的主体可以是国家、政府、政党、社会团体乃至个人，其中公共政策主要是政府制定和执行的。法律则是由专门的立法机关按照严格的程序制定并由司法部门执行。二是适用对象不同。政策的适用对象较窄，一般仅仅适用于特定的政策问题或政策对象。法律的适用对象比较宽泛，一般适用于普遍性的社会问题或所有的公民。三是调整的社会关系不同。政策可以深入到社会生活的各个领域，对各种各类的社会关系发挥管理作用；而法律则不宜调整所有的社会关系，如民族问题和宗教问题一般很难用法律进行调整。四是法律是一种严格的行

---

① 叶海平、李冬妮编著：《社会政策与法规》，华东理工大学出版社，2000年版第9页。

② D. Easton，The Political System. New York：Kropf，1953. p. 129.

为规范，具有强烈的权威性和强制力，一经颁布实施就比较稳定，生命周期较长；而政策往往是原则性、指导性的规范，其约束力和强制性大大弱于法律，但往往比较灵活，便于修改调整。① 总之，政策与法律适合于调整不同类型和层次的社会关系，在国家和管理中共同发挥着不同程度的社会管理功能。

当代世界范围内终身教育发展的实践也说明，目前虽然没有一个国家已经建立了终身教育的体系，但不论是发达国家还是发展中国家，大都在积极利用各种手段来促进自身终身教育体系的发展。其中，建立和制定专门的终身教育政策和法律体系，通过终身教育的法制化和制度化，整合与调动整个社会的资源来推进终身教育的发展，已成为世界主要国家的普遍选择。②

(2)终身教育管理中政策调整与法律调整的关系

上述分析说明，政策和法律既有区别又有联系。在终身教育管理中，一方面，它们共同承担着分配教育和学习权利、配置和管理教育和学习资源的任务；另一方面，它们又分别承担不同的教育管理功能。从政策与法律的区别来看，关于终身教育的政策适用于调整在终身教育体系和学习社会建设过程中那些急需解决的、局部性的、不稳定的、特殊性的或新产生的、尚未定型的社会关系和问题；因此在终身教育体系萌芽和建立的初期，终身教育发展中的社会关系和各种问题应主要由终身教育的政策进行调整和管理。而关于终身教育的法律则适用于调整那些全局性的、稳定的、普遍性的、相对成熟的社会关系和问题。在终身教育的管理中，政策调整和法律调整各司其职，互相配合。在一定条件下，政府关于终身教育的政策可以通过政策的合法化或法律化过程转化为国家关于终身教育的法律。而且，只有那些经过较长时间的实施证明比较成熟稳定的政策、经过反复修改完善而效果良好的成功的政策、对于国家社会和终身教育发展具有重大的或根本性影响的政策，才有必要通过政策的法律化上升为法律。

(二)终身教育体系管理的法制基础——终身教育法

1.终身教育法的意义与法律地位

终身教育法的主要内容就是对终身教育活动中不同活动主体的教育与学习的权利、义务和相关的法律责任进行确认和规定；其本质就是国家在全体社会成员之间分配基本的教育与学习的权利、义务和责任并对人们权利、义务和责任的运用进行调整。终身教育法是现代法治国家管理终身教育发展的最主要的手段，是终身教育健康发展的法律保障。终身教育法首先表现为国家对于政府、社会团体

---

① 李成智编著：《公共政策》，团结出版社，2000年版第15～16页。
② 沈文：《国际社会推进构建终身教育体系的积极举措》，《成人高等教育研究》，2000年第1期。

和个人终身学习和教育活动的一系列法律规范，能够对从事终身教育和学习活动的各类主体的行为进行规范；终身教育法又是评价和判断不同主体教育活动行为的普遍性的标准和尺度，对人们的教育学习活动具有评价和导向作用；终身教育法对活动主体的行为还具有强制性，可以依靠强制手段保证人们对法律规范的遵守和执行。终身教育法对终身教育发展的保障作用主要是通过其对政府和全体社会成员行为的规范作用、评价导向作用和强制作用来实现的。

确定终身教育法在法律体系中的地位是终身教育立法必须首先明确的问题之一。终身教育法在国家的法律体系中具有特定的地位。首先，终身教育法属于国家教育法律法规体系的一部分。而就教育法来说，教育法又属于国家法律体系中诸多部门法之一的行政法的一部分。[①] 所以，从法律部门的层面上说，终身教育法主要属于行政法的范畴，它是行政法部门中的教育法分支的组成部分。其次，在教育法律体系中，终身教育法一般可以看做是国家专门调整和管理终身教育活动的教育基本法或者教育单行法。至于具体属于教育基本法还是教育单行法，则一方面要看不同国家法律体系和教育法律体系特点与结构，另一方面还要看不同国家对终身教育涵义和人类教育形态的理解，还要根据该国家教育体系改革与发展的状况及其特点来确定。

2. 终身教育立法的有关理论问题

我国法学界一般认为，立法是"国家机关依照其职权范围通过一定程序制定法律规范的活动"，[②] "是由特定的主体，依据一定职权和程序，运用一定技术，制定、认可、修改、补充和废止法的活动。其直接目的是要产生和变更法这种特定的社会规范。"[③]教育立法就是针对教育这种特定的社会活动及其社会规范的立法活动，终身教育立法又是教育立法的有机组成部分。从理论上说，终身教育立法活动在形式上应具有立法活动的一般特征，遵守教育立法的原则，体现教育立法的基本要求；在内容上要针对建构终身教育体系和学习化社会的一系列特殊问题。

我国的立法学理论一般认为，立法活动必须遵循三大基本原则，即超前立法原则、民主立法原则和科学立法原则。[④] 超前立法原则的基本思想是，法律的制定应该以未来社会发展的条件为依据，立法不仅要考虑现时社会的客观条件，而

---

① 关于教育法在法律体系中的地位，国内外学术界存在争论。但一般认为教育法是行政法的一个分支。参见劳凯声著：《教育法论》，江苏教育出版社，1993年版第4～14页。

② 《中国大百科全书·法学》，中国大百科全书出版社，1984年版第373页。

③ 周旺生：《立法论》，北京大学出版社，1994年版第96页。

④ 张根大、方德明等著：《立法学总论》，法律出版社，1991年版第91页。

应主要根据对社会发展的预测，做出超前的法律规定，在法律规范中充分反映法律实施时社会发展的要求。民主立法原则的基本意义是立法活动应以民主化的活动为主要形式，实现立法程序和立法内容的民主化。科学立法原则的基本涵义是要使立法活动符合社会发展的客观规律，并运用科学态度和科学的技术进行立法活动。其中，超前立法原则与科学立法原则在终身教育立法中具有特别重要的指导意义。首先，在现阶段，终身教育体系对于世界上大多数国家尤其是我国来说主要还是一种未来的教育形态，目前考虑制定终身教育法，实际上就是针对终身教育的发展问题进行超前立法。因此，终身教育立法一是必须遵循超前立法的基本要求，立足于对未来我国终身教育体系和学习社会的建设进行全面的法律规范，发挥终身教育法的规范作用和引导作用，通过立法促进新的社会和教育发展形态的建构；二是与同步立法和滞后立法①相比，超前立法必然决定终身教育立法活动是一种复杂的艰巨的活动，需要对未来终身教育的发展做出科学的预测，需要科学运用各种立法技术体现立法的超前性，特别是需要对终身教育和学习社会发展与建构的特点和规律进行全面具体的科学理论研究。否则终身教育立法就会失去依据，终身教育法就会失去其规范作用和引导作用。其次，遵循科学立法的原则，是终身教育法能够有效指导未来终身教育体系和学习社会建构活动的前提条件。科学立法原则能够指导终身教育立法活动科学地确定立法界限，防止"唯阶级意志论"、"唯意识形态论"、长官意志决定一切等不良倾向对终身教育立法活动的影响，能够防止极端化的政治因素、主观随意性等对立法活动的不良影响，提高终身教育立法的质量。

根据终身教育发展的基本规律和立法的一般要求，终身教育立法应解决的理论问题主要有：(1)终身教育的立法目的，说明为什么要制定终身教育法；(2)终身教育的法律涵义，说明终身教育及其他用语的法律意义；(3)终身教育的法律地位，说明终身教育在国家和社会教育体系中的地位；(4)实施终身教育的原则，明确国家与社会从事终身教育和学习活动必须遵循的基本要求；(5)终身教育的基本制度，阐明国家与社会发展终身教育的各级各类教育组织、管理机构的设置及其相互关系；(6)终身教育的主体及其法律责任，对承担终身教育实施的组织和团体及其任务做出规定；(7)终身教育的设施，对于用于终身教育目的的教育设施的申报与管理、使用做出规定；(8)学习者的权利与教育资格的认定，即规

---

①　滞后立法和同步立法是传统的立法原则。滞后立法要求立法活动要滞后于社会实践的发展，成熟一个制定一个；同步立法则主张立法活动与社会实践发展保持同步。到目前为止，我国的教育立法活动绝大多数是属于滞后立法和同步立法。

定终身教育权利的配置原则以及接受终身教育或从事终身学习的社会成员资格的认定及其标准；(9)终身教育的保障机制，说明终身教育实施所需要的社会保障条件；(10)其他相关问题，如终身教育法的时效、与其他法律的关系、行政法律责任的追究、相关法律的修订等等。

(三)改革现有的教育管理模式

传统的公共行政模式是19世纪末20世纪初随着西方国家工业化的完成而建立起来的，是一种适应大规模的工业生产的政府形态。其主要是：权利集中，层次分明；法规众多，职能广泛；规模庞大，程序繁杂；官员照章办事，循规而行；运用相对固定的行政程序来实现既定的目标。但20世纪70年代以来，整个世界发生了翻天覆地的变化：科技迅速发展，经济全球化趋势增强，政治民主化呼声愈来愈高，社会结构急剧变化……时代的这些变化要求政府更加灵活、高效，具有较强的应变能力和创造力，更多地使公众参与管理。终身教育是公共管理的重要内容。为此，必须转变政府的职能，妥善处理好政府、市场、学校三者之间的关系。

首先，要转变政府职能。公共管理活动是以承认组织之间的相互依存为基础的，它意味着政府提供服务的模式的转变。政府不再"划桨"，而是"掌舵"。政府在微观领域从规制走向规制与协调相结合。作为适应后工业社会的新的管理方式，公共管理旨在建立一个以相互依存为基础、以协作为特征的、纵横交错、多元统一的治理结构。它不排斥一般性的政府等级机制，也不排斥一般性的市场规则。合作与协商是建立在市场原则、公共利益和相互认同的基础上的一个上下互动的过程。政府办好事情的能力不在于运用强制、权力和权威，而是正确运用新的工具来引导和控制。今后政府主要运用立法、拨款、规划、评估、信息服务、政策指导、执法监督和必要的行政手段对教育进行宏观管理。政府部门的主要职责是创造教育健康发展的良好环境，保证国家教育方针的贯彻落实，保证正确的办学方向，规范各级各类学校办学条件标准和办学行为，保证教育的公正性和学生平等的受教育权，维护学校、教师和学生的合法权益。

其次，用公共管理理念改革政府管理教育的模式。政府对教育的管理应将它纳入公共管理的范畴，用公共管理的基本理念治理教育。①教育管理以尊重生命、自由、公正与公平、互相尊重、关怀、正直诚恳等为人类核心价值，倡导权利与义务并重的道德伦理。②坚持服务取向。公共性是公共管理的最大特征，公共管理的主体、客体及其过程都体现鲜明的公共性，公共部门的服务对象界定为顾客，其行为受顾客的驱使，满足顾客的需要，让顾客进行选择，公众对管理过程制约和参与。在目前，就是要让家长、学生、社区成员参与教育管理，使教育真正能为学生服务、为教师服务。③坚持教育管理的社会化取向，即政府改变大包大揽的做法，将一些政府职能通过向社会转移或委托代理等方式，转移出政府，通过市场化实现公共管理的社会化，从而提高公共服务的公平性和效率。教育管理的社会化取向要求政府部门，将学校的后勤管理交给物业部门，将学校评价工作、学生就业工作交给中介机构，将教育教学工作、教师队伍建设等交给学校自己管理。政府主要管教育规划、政策的制定，教育目的的确定，教育方针政策落实情况的检查，教育资源的配置，教育组织的协调与沟通，教育供给与需求的总体调节，教育市场的指导等宏观方面的事情，处理好政府与市场、与社会、与学校的关系。④从集权走向分权，权利主体多样化。从公共选择理论来看，没有任何理由证明公共服务只由政府官僚机构提供。私人企业、非赢利型公共机构，半独立型公共公司、政府官僚机构等各种类型的组织，都可以提供公共服务，公共管理是一种多中心的治理模式。现代政府体制的高度分化和权利的不断转让，使得地方、地区、全国以及国际层面上的各种各样的政府机构之间呈现复杂的局面。在某些领域，非政府组织和个人甚至比政府拥有更大的优势。

最后，在教育管理中，合理引进市场机制。终身教育体系是一项复杂的系统工程，单靠政府是无法完成的。特别是"入世"已打破了一国政府垄断本国教育市场的局面，市场因素已经实实在在地发挥它在教育资源的配置方面的作用。合理引进并运用市场机制，充分调动全社会各方面的力量和资源来举办学校，发展终身教育，是国家和政府发展终身教育的明智选择。当然，市场的准入是有条件的。目前，就是适当运用法律手段，明确规定学校、政府和市场的权利配置，区别学校举办者的举办职能、学校办学者的办学职能和政府的管理职能，政府在加强决策、立法和监督等宏观调控的基础上，及时调整现行法律中有关教育营利性问题的有关规定，放宽国内外民间资本的准入限制，给民间资本更大的政策空间。给民办学校与公立学校同等的法律地位，积极规范教育领域中的市场行为。应区别营利性法人和非营利性法人，对学校法人实施分类管理，通过税收制度对学校法人的营利性行为进行规范。①

市场在不同的教育领域发挥不同的作用。在基础教育特别是义务教育领域，以政府的作用为主，市场对教育资金的融入、教育管理体制和方式的变革（如股份制教育集团、公司式教育管理）发挥重要作用。在高等教育领域，教育经费的

---

① 中国教育与人力资源问题报告课题组：《从人口大国迈向人力资源强国》，高等教育出版社，2003年版第368页。

筹集、教育物资的采购、教育职员的招聘、教育科研开发及其成果的转化、学校的基建、后勤的管理等应尽可能地引进市场机制。职业教育，应尽可能地进行市场化运作。从以国家为主导和以市场为驱动的职业教育(见表 10)的分析对比看，后者更能体现职业教育本身的发展规律和终身教育的特点。

表 10　以国家为主导和以市场为驱动的职业教育和培训的比较

旧范式	新范式
供给为驱动力的方式	寻求以需求为驱动力的方式
为就业而培训	为提高专业能力而学习
在职培训	连续的终身学习的观念
培训，焦点在教师与被培训人	自我学习，焦点在学习者
一次性学习	连续性的经常性的终身学习
教育与培训脱离	教育与培训结合(扎实的普通教育和宽基础的起始培训，为终身继续学习打基础)
一种技能专门化	寻求多种技能
以培训时间和考试基础上的技能认可	以能力和自我学习为基础的认可
僵硬的固定的升学结业制度	灵活和多样化的升学结业制度
侧重在正规部门	根据需要，重点可在正规或非正规部门
培训为(就业部门安派的)工资就业	培训为工资就业和自我求职
中央集权化的体制	兼顾国家和地方分权制度的需求，以分权为主的体制
国家包办政策和实施	政策和实施分开，以市场为驱动
由国家进行管理	参与管理，多方面参与者认可，社会对话

当然，终身教育体系的推进还涉及发展的动力、技术、环境等一系列问题。但以上几个方面在推进我国终身教育体系中具有优先的地位。明确终身教育的目标是前提，设置足够的终身教育组织是基础，建立有效的制度与科学的管理是保障。积极创造相关的条件，稳步推进终身教育体系，应成为全社会的共识和行动。

第五章　国外终身教育的特点

终身教育思想已为世界绝大多数国家所接受，终身教育的美好理念始终激发世界各国对它的追求，终身教育的实践探索从来就没有间断过。各国对终身教育的大胆探索和积极尝试，使终身教育的实践呈现百花齐放的壮观景象，为终身教育理论的完善提供了鲜活的实践素材，也为我国的终身教育体系的合理推进提供了有益的经验。

终身教育思想在全球得到广泛普及的同时，也产生了诸多对其解释和评价的多元性。但随着终身教育实践的展开，对终身教育的理解也就更加清楚，正如意大利人艾托尔·吉尔皮所说的："终身教育这一概念所包含的模糊性，当它进入到经验、实践阶段时，就会随之消失。"[①]研究各国终身教育的实践，不仅有利于更好地把握终身教育的实质，而且有利于积累在组织建设、法制和政策、措施等方面的经验，寻找到适合本国实践的突破口。下面主要选择终身教育开展比较成功的日本、美国、英国、法国、韩国作为解剖的典型，以便从特殊窥见一般。

一、日本终身教育实践的特点[②]

日本的终身教育实践可以追溯到明治维新时期。当时，明治政府作为其文明开化政策的一部分，在实施新学制时，就开始着手图书馆、博物馆等社会教育设施的设置工作。随着日本政治、经济的不断改革，终身教育迎合了日本教育改革的迫切需要，日本成为国际上比较成功实施终身教育的国家之一。日本的终身教育实践的成就主要表现在：

---

① 饶从满：《日本终身教育政策试析》，《外国教育研究》，1994 年第 4 期。
② 参见饶从满：《日本终身教育政策试析》，《外国教育研究》，1994 年第 4 期；孙世路：《日本终身教育的进展》，《东北师大学版》（哲社版），1981 年第 5 期；袁自煌：《日本终身教育的现状与近期发展前景》，《江苏高教》，1998 年第 3 期；《推行终身教育——日本迎接 21 世纪挑战的基本战略》，《中国行政管理》，1996 年第 4 期。

(一)终身教育实践自开始就得到理论的指导

日本学术界很早就在国内宣传和普及终身教育思想，早在 1965 年朗格朗在第三届成人教育国际促进会议提出终身教育提案时，日本即派代表原东京御茶水女子大学校长波多野完治参加会议，会后波多野完治马上在国内广泛传播终身教育思想，同时组织有关人员翻译联合国教科文有关终身教育的文件、专著和资料。1967 年，联合国教科文组织日本国内教育委员会第一次以"社会教育的新动向"为题，正式出版了由波多野完治翻译的 1965 年会议的"提案书"，此书在社会上立即引起广泛反响，并由此掀起了终身教育研究与学习的热潮。

在日本推行终身教育过程中，也发展了终身教育理论，表现为产生了许多终身教育学术观点。其主流理论是以人的生命周期说为依据，对照人的各个不同年龄阶段的特有学习要求，在教育机会的提供方面给予保障的终身教育理论。这种理论把人生分为学校教育期、就职期、进修期、妇女育儿期、长期休假期、转职换岗期、退休期和再就职期等，终身教育就是针对这些人生不同时期的需要，来保障与提供相应的学习机会。这种构想可操作性强，是一种实现终身教育体系的有效办法。但也有人提出，它违背了终身教育的理念，因为社会的千变万化，终身设计应该是每个人自己的事，作为参考范例的标准化的"生命周期"如果强制执行，未免会使人们的公私生活标准化、统一化。①

(二)政府重视，终身教育成为基本国策

日本是亚洲第一个把终身教育政策化和制度化的国家。日本在 60 年代以前，使用学校外教育，启蒙、教化运动，通俗教育及社会教育(包括青少年教育、成人教育、妇女教育、高龄者教育)等各种名称推展终身教育，直至 70 年代才正式采用"生涯教育"(终身教育)一词。1971 年，中央教育审议会在一份有关咨询报告中指出："有必要从终身教育的观点出发，全面调整教育体制。"同年，社会教育审议会也发表了《关于适应社会结构急剧变化的社会教育》的咨询报告，提出为适应社会的急剧变化，必须实行终身教育，把家庭教育、学校教育、社会教育有机地结合起来。1981 年，中央教育审议会《关于终身教育的报告》提出：终身教育是为全体国民充实人生而开展的一种教育活动，社会方面要给予支持和帮助。把推广和发展终身教育作为日本全国文教政策的中心任务。这个报告奠定了日本终身教育思想的基础。1984 年 8 月至 1987 年 8 月，日本政府召集临时教育审议会进行四次讨论，并于 1987 年 10 月公布了"教育改革推进大纲"。提出了八项教

---

① ［日］持田荣一等著，龚同等译：《终身教育大全》，中国妇女出版社，1987 年版第 201 页。

育改革的重大措施，"关于终身学习体系的整备"是首要的一项改革措施。在上述文件中，日本提出要建立终身学习体系，主张整个教育体系都要推进个人的终身学习。为此，日本于 1988 年在文部省设立了终身学习局①，发表《我国的文教政策：终身学习的新发展》教育白皮书，概述了振兴终身教育的方向：①完善终身教育推进体制；②提供学习信息、完善咨询服务体制；③各种终身学习设施的网络化；④文教设施（教育、研究、文化、体育设施）知识化。在制定众多关于终身教育的政策文件的基础上，日本于 1990 年 6 月 29 日制定并颁布了推进终身教育的专项法律——《关于完善振兴终身学习政策措施的推行体制的法律》，简称《终身学习振兴法》，并于 1990 年 7 月 1 日开始生效。终身教育已成为日本政府的一项基本国策，而终身教育思想也早已深深植根于日本社会各界及国民的心目中，终身学习活动也开始在各地有条不紊地开展起来。②

日本的《终身学习振兴法》③共分 12 条和附则。主要就以下方面的问题作出了法律规定：

①立法目的。该法第 1 条规定"鉴于国民终身的学习要求，为有助于都道府县振兴终身学习的事业，就完善该项事业的执行体制及其必要事项以及为促进在特定地区综合提供终身学习机会的措施予以规定。同时，通过采取设置调查审议有关终身学习等重要事项的审议会之措施，谋求完善振兴终身学习政策的执行体制以及充实地方的终身学习机会，使之有助于振兴终身学习。"

②政府与其他团体的责任。该法第 3 条规定"国家及地方公共团体在执行本法规定的终身学习政策时，既应照顾到尊重国民对学习的自发意愿，也应努力有效地执行这一政策"。

③都道府县教育委员会的责任。该法第 3 条规定都道府县教育委员会要收集整理终身学习的有关学习信息，调查研究住地居民的学习需求并评价其学习成果，开发适合本地的学习方法，培训终身学习的指导与咨询人员，组织、协调和帮助与本地终身学习有关的各方面的活动等。

④振兴各地终身学习事业的标准与基本设想。该法的第 4、5、6、7、8 条对各地开展终身学习活动的基本设想的内容、审批标准、基本设想的修改和基本设想的实施等做出了具体规定。首先明确了文部大臣必须制定关于地方推进终身学

---

① 即撤销原日本文部省的社会教育局，设立终身教育局，在终身学习局下改设社会教育课。

② 胡蓉、李雅春：《终身教育思想在日本的推进及对我国的启示》，《北京成人教育》，2001 年第 6 期。

③ 李响译、张立校订，《完善振兴终生学习政策执行体制的法律》，《教育参考资料》，1991 年第 7、8 期。

习活动体制的标准；其次具体规定了都道府县推进终身学习的基本设想的内容，如提供终身学习机会的方针、学习活动的适用范围、活动的种类和内容、保障学习活动运转的有关事项及其他重要事项等，并根据这些内容规定了文部省和通产省的审批标准；再次，对上述基本设想的实施做出了规定。

⑥终身学习审议会的设置。该法的第 10、11、12 条具体规定：在文部省设立终身学习审议会，在都道府县设立终身学习审议会，在市町村（含特别区）建立终身学习有关机构和团体的联合协作体制。

⑦振兴终身学习的财政措施。该法第 9 条对有关财政支持措施作了规定。

⑧附则。规定了该法的生效日期以及根据该法对于《社会教育法》、《文部省设置法》和《通产省设置法》的部分修改。

日本是亚洲乃至世界上第一个针对"完整意义上的终身教育"制定专门的"终身教育法"的国家。日本的《终身学习振兴法》是日本针对终身教育的专门立法，是与日本的《学校教育法》、《社会教育法》相并列的一部教育基本法律。

（三）办学机构和设施比较完备

为适应终身教育需要，日本从学校教育、社区教育、职业教育三个领域加强了组织建设和扩充了设施。其主要的办学机构和设施有：

1. 公民馆

日本的公民馆是根据 1946 年制定的《社会教育法》创建的社会教育设施。它是按照实际生活的需要，开展多种教育、学习、文化、艺术、体育、娱乐活动的综合性的社会教育机构。公民馆有适量的专职人员。配置有各种用途的设施，如谈话室、小会议室、和式室、阅览室、展览室、实验实习室、大会议堂、婴幼儿室、保育室、视听室、音乐室、手工工作室，大公民馆还有体育运动室等。公民馆的营运管理要听取社区居民的意见，设有"公民馆的营运审议会"、"公民馆利用者恳谈会"等组织，并定期开会。公民馆主要围绕社区居民的终身学习开展活动。到 1993 年 10 月，日本共有公民馆 17 525 所。1996 年共计 17 819 个，因此，公民馆成为日本终身教育的中心机构。

2. 开放学校

学校向社会开放，为社区服务，扩展了学校教育的社会化功能。主要表现在：①为了将大学的学术研究成果及教育功能直接开放给社会，大学开办"公开讲座"，提供一般民众较高水平的学习机会。讲座内容，有以在职者为对象实施专门技术性教育者，有以一般民众为对象，课程涵盖生命科学、医药卫生及环境问题等，也有一般素养、外国语文、体育及休闲活动等课程。为了有组织、有体系且能持续提供大学开放讲座，许多大学也开始设置"终身学习中心"，除设计学习方案外，亦提供一般成人学习信息及学习咨询等服务。②建立学分制高级中等学校，广泛提供不同学习经验及不同生活环境之学生接受高级中等教育的机会。③建立各种补习学校、职业学校。④各种综合性大学、短期大学、中小学等教育机构的体育设施、图书馆等向社区开放。一般学校常把体育馆、运动场、音乐教室、劳作教室、会议室、图书馆、视听教室等不直接影响教学的场地，开放给社区民众使用。

3. 广播电视大学

为了利用广播电视等多媒体向社会成员提供更多学习机会，在 20 世纪 80 年代，日本建立广播电视大学，从 1985 年开始招生。开设科目多种多样，学生类型多样，① 学生的社会职业有公司职员、银行职员、家庭主妇、教师、公务员、自由职业者等。自 1986 年开始，广播电视大学还积极地与其他大学互换学分制度。

4. 各种妇女教育设施

为推进妇女教育，日本终身学习局下设妇女教育科。1979 年，文部省开设一所大型的综合性的妇女教育设施——国立妇女教育会馆。各地设立妇女会馆、妇女活动中心。到 1993 年，这类设施共有 224 个。

5. 青少年校外教育设施

1993 年，日本青少年校外教育设施 1225 个，其中"少年自然之家"294 个，住宿型"青年之家"249 个，非住宿型的 162 个，"儿童文化中心"71 个，其他设施 449 个。

6. 终身学习村

这是一种有各部门共同参与、协力合作创建的，将住宅区与终身学习结合在一起的教育设施②。其结构如下：

7. 计算机化的情报信息网络

为了促进社区居民的终身学习，1995 年 39 个都道府县建立了终身学习信息提供系统，利用电子计算机使学习信息数据化和网络化，向学习者提供学习信息和进行交流的条件，并进一步将社会教育设施、文化信息机构、民间文教团体用网络联系起来。文部省资助地方教育部门按其规划建立计算机化的情报信息网

---

① 日本广播电视大学的学生类型有：有以毕业为目的的全科生，学习期限为一年的选科生，学习期限为一个学期的科目生，以全科生为目标的特修生。

② 胡晓松、马超、贺宏志：《当代社区教育比较研究》，中央民族大学出版社，2001 年版第 67 页。

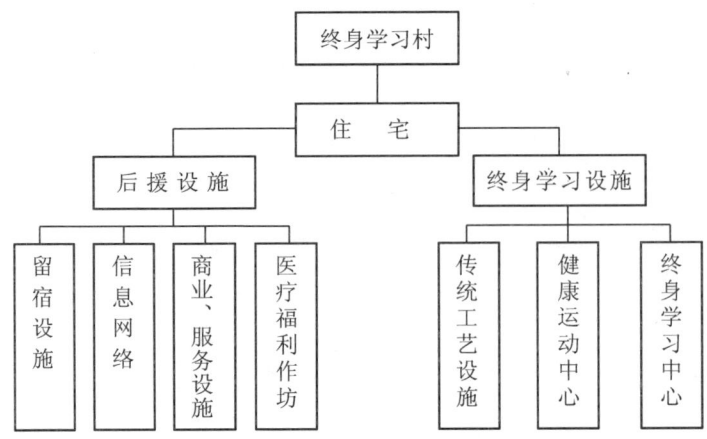

图 8　日本的终身学习村

络。主机一般设在"地区学习中心"，微机终端分布在各城市或有关机构（即社会学习中心）。此类网络提供的情报信息有：具体的学习活动和计划；各类教育、运动和文化设施；有关的组织；各区现有的专家和教师等等。

(四)灵活、务实的教学系统

日本的教学改革是频繁的，每次改革的目标都增加了时代特色，体现了灵活务实的特点。如 1985 年 6 月，完成教育改革报告书，针对教育制度过于僵化、升学竞争过于激烈、父母忙于工作、疏于管教子女、大众传播内容不当、校园暴力、社会问题层出不穷的弊病，提出尊重个人尊严与个性作为此次教育改革的基础，并以建立终身学习体系，培养自立自助、尊重别人及富有责任感的国民。终身学习法颁布后，提出学校首先要培养终身学习者，全面改善初等教育、中等教育体系及课程，以培养积极向上的学习欲望及学习新知的能力。为保证终身教育的时代性、适应性和有效性，终身学习审议会的最终咨询报告《关于适应今后社会变化的终身学习振兴方策》，要求充实有关现代课题的学习机会，课题即指为适应这种社会的急剧变化的需要，过上人性丰富的生活而需要人们学习的课题，如生命、健康、人权、丰富的人性、家庭、消费者问题、地区连带、交通问题、高龄化社会、男女共同参与企划型社会、科学技术与信息的利用、知识产权、国际理解与贡献、开发援助、人口、粮食、环境、资源、能源等。

1999 年 3 月完成新课程改革的目标是：鼓励学生参与社会和提高国际意识，提高学生独立思考和学习能力，使学生掌握本质的基本内容和个性发展，创造宜人的教育环境，鼓励每所学校办出特色和标新立异。

日本教师的地位之高、素质要求之高是世界闻名的。日本的教师队伍除了专职的教师外，还有非正式教师、兼职教师等。自 1988 年起，日本修改教职员资格许可证制度，实行"非常勤教师"制度，一些在特定领域有特殊才能的人，经过都道府县教育委员会的审批许可，可以在学校担任教师，据 1994 年统计，这类教师已达 2328 人。日本人由于普遍接受了社会教育的思想，许多人踊跃参加志愿者活动，利用自己的特长，主动、积极地为社区教育服务，保证了终身教育的师资队伍。

（五）健全的行政管理机构和科学的管理措施

日本在推进终身教育的过程中积极加强终身教育的管理。具体内容是：为了建设人人都能自觉、自然地进行学习活动的终身学习社会，在组织行政结构上，把原来分散于各个不同部门，由政府各省厅、部门分管的各种教育活动首先用终身教育的理念统合起来，然后再试图在分工负责的基础上进行互相协调、渗透，最终实现各种教育的一体化，建立终身教育体系。

1. 建立终身教育局统管终身教育

文部省于 1988 年 7 月设立了"终身教育局"，成为它 12 个主要局级机构之一。这个局的任务是协调文部省其他司局有关终身学习的措施和部一级政策的规划。该局对开展全国的终身教育运动做出了很大的贡献。

2. 赋予政府各部门进行终身教育管理的职能

除文部省对终身教育进行专门的管理外，其他省也负有终身教育的职责。如日本劳动省按照每个劳动者的能力、性向、希望等进行培训晋级的原则，在劳动者职业生活的全过程中，为其提供适时的必要的职业能力开放机会，完善"官民一体"的终身职业能力开发的体制；实施终身职业能力开发补助金制度，并建立产业人职业能力开发体系。还建立了产业人的职业能力开发体系审核委员会，以完善各种职务的人员的教育培训，使教育训练机构网络化。日本的建设省为了使人们的生活充实、有朝气，并确立以终身学习为核心的生活模式，对于住宅设计与建设采取了与终身学习相联系的政策，即同时确保宽敞的住宅和终身学习的机会，为此推进典型的终身学习社区——"终身学习村"的建设。日本厚生省为了迎接日本社会的高速老龄化，致力于使老年人安心生活的利于三代交流的居住环境，即建造健康福利综合街，使人们都能以经济的心态迎接老年期。

3. 在地方教育机构设立有关的科室管理终身教育

文部省一直鼓励地方教育部门设立负责开展终身学习的司、处、科等机构。所有地方政府早已完成了此项任务。

4. 成立中央和地方终身学习审议会

1990 年 8 月建立了全国"终身学习理事会"，作为文部省的咨询机构。此外，许多地方政府也设立了"地区终身学习审议会"。截止 1995 年，有 33 个都道府县都设置了终身学习审议会，其中 20 个都道府县的审议会都提出了咨询报告。

5. 完善地方性终身教育设施

所有的都道府县都设立了主管终身学习事业机构，并建立了"终身学习推进会"，促进行政及有关机构、团体的协力合作。1995 年，有 42 个都道府县制定了振兴终身学习计划或基本构想。市镇村一级，有 58.6％，共 1877 个市镇村设置了"终身学习推进会"，有 32.3％，共 1036 个市镇村制定了"振兴终身学习计划"或"构想"。[1] 文部省一直为各地区建立"地区学习中心"给予财政和技术上的支持。

日本在终身教育的管理中，非常重视实效性。如 1991 年文部省修改大学设置标准，各大学可以预先设定招收来自短大和高等专门学校的学生；为满足学生的不同需要，实施白天、夜间两个时间授课的开课制，并设置了进行夜间教学的夜间研究生院，为社会成员入学提供方便；60％以上的大学引进了允许学生修特定科目和课程，并授予学分的科目生制度；创设学位授予机构，对非大学毕业的学习者开辟了取得学位的途径；在专门学校学习所获得的成绩，在文部省认定大学以外的多种学习成绩，经大学判断，其学分可以认可。从而，建立大学、短期大学与专修学校之间的学分累积承认或交换制度。日本为扩大一般人就读学校机会，除增设放送大学、专修学校等新类型学校，采取大学入学资格检定制度、插班入学制度、夜间部、听讲生与研究生制度外，并实施"社会人入学制度"。

综观日本终身教育的展开过程，可以说"首先是在民间以多种形式展开，而当形成一定基础之后，政府的有关责任部门则介入其中，并深入基层展开调查研究，而调查结果最终以报告形式上报中央。中央政府的有关部门在汇总各方意见和实践成果报告后，由文部省，必要时甚至由内阁总理大臣亲自出面成立各种形式的教育审议会。对终身教育面临的各项重要课题进行答辩和审议。答审报告的内容通常会在今后形成政府的文教方针或政策。"[2]因此，审议会受到社会各界的重视和注目，其内容也表现了日本终身教育的发展状况。

当然，日本在推行的过程中，也存在许多问题，例如抽象的理论多，实际有效和可行的计划措施少。但日本是世界最早推行和发达的终身教育的国家之一，为世界做出的表率和贡献是不可否认的。

---

[1] 胡晓松、马超、贺宏志：《当代社区教育比较研究》，中央民族大学出版社，2001 年版第 47 页。

[2] 吴遵民：《现代国际终身教育论》，上海教育出版社，1999 年版第 101 页。

二、美国终身教育实践的特点

与日本一样，美国也是世界上最早发起和积极推行终身教育和终身学习的国家之一，不仅"终身教育""终身学习"等术语广泛传播，其实践也十分富有成效。终身教育在美国的发展是与其成人教育的发展紧密联系在一起的。早在 50 年代，美国的成人教育集团和慈善组织就努力寻求发展成人教育的契机。60 年代的社会政治运动促使美国联邦政府开始重视成人教育，并将成人教育作为向贫穷宣战和反对种族歧视，从而实现社会公正的手段。并于 1966 年通过了《成人教育法案》，到 1984 年，这个法案经过了 7 次修改，成为发展终身教育的主要法律。成人教育专家林德曼和诺尔斯(M. S. Knowls，1913—　)的理论对推动美国的终身教育实践起到了推波助澜的作用。1976 年，联邦政府就颁布了《终身学习法》(Lifelong Learning Act)①，积极推行终身教育。从 20 世纪 80 年代起，历届美国政府都致力于规划建立美国终身的体系，特别是在克林顿总统的推动下，美国于 1994 年通过《目标 2000 年：教育美国法案》，提出了教育改革的六大目标，要求增进美国人的终身学习能力。克林顿还针对终身教育提出了以下方案：协助每个儿童入学前作好充分准备，对想入高等院校的青年开放学习机会，把事业救济系统改造为再就业体系，社会各部门担负起创造终身学习环境的责任，建立完善的社区学院系统等等。1997 年克林顿总统提出了《关于教育的十点计划》，该计划是关于美国国家教育目标与任务的宣言。计划强调了终身学习的重要性，提出要加强教学、发展学生独立阅读、改善家庭中的早期教育、制定两年制高中后教育的标准、改善成人教育与技能培训、2000 年前使所有学校和图书馆上网等政策措施。其终身教育的发展具有以下几个特点：

(一)用市场运行机制来推动终身教育

美国是一个典型的发达的市场经济体制的国家，其教育体制具有开放性、多样性和实用性很强的特点。在 20 世纪 60—70 年代，与所有发达国家一样，科技的进步推动这些国家的经济飞速发展，人均收入上升，人们的闲暇时间增多；而且这个时期，美国社会掀起了巨大的民主化浪潮，要求社会平等，反对种族歧视、性别歧视以及年龄歧视的社会民主运动都对教育机会平等起到促进作用，迫使政府出台相应的政策措施，向各类人群提供平等受教育机会。作为典型的市场

---

①　该法又称《蒙代尔法》，当时美国联邦政府关于该法案的财政预算在议会遭到否决，因而该法案当时并未获得实际法律效力。

经济国家，美国十分注重"职业资格证书"，社会对就业人群的学历要求越来越高，这些也促进美国很早就成为高学历化国家，成人的求学愿望十分强烈。所有这些原因和条件都使得终身教育一经提出，很容易在美国得到实践，政府和市场都积极地为教育需要者提供各种受教育机会。

由于以市场机制调节为主，美国的终身教育体系与美国原来的教育体制一样，带有多样化和实用性的特点。在整个体系的运作中，市场运作机制和美国政府的政策支持作用是非常重要和有特点的。图 9 是美国的终身教育市场结构模型。市场结构的首要部分是资金供给者，通常他们都是由财团组成。州政府对这些资金的使用都有约束规则，但由于是支持终身教育，在这些资金的使用上，政府采取的是有力的鼓励政策。第二部分是调整者，即资金的提供者与各种学习机构在市场中相结合时所需要的第三者。具体作用是①保证与鉴定教育的质量；

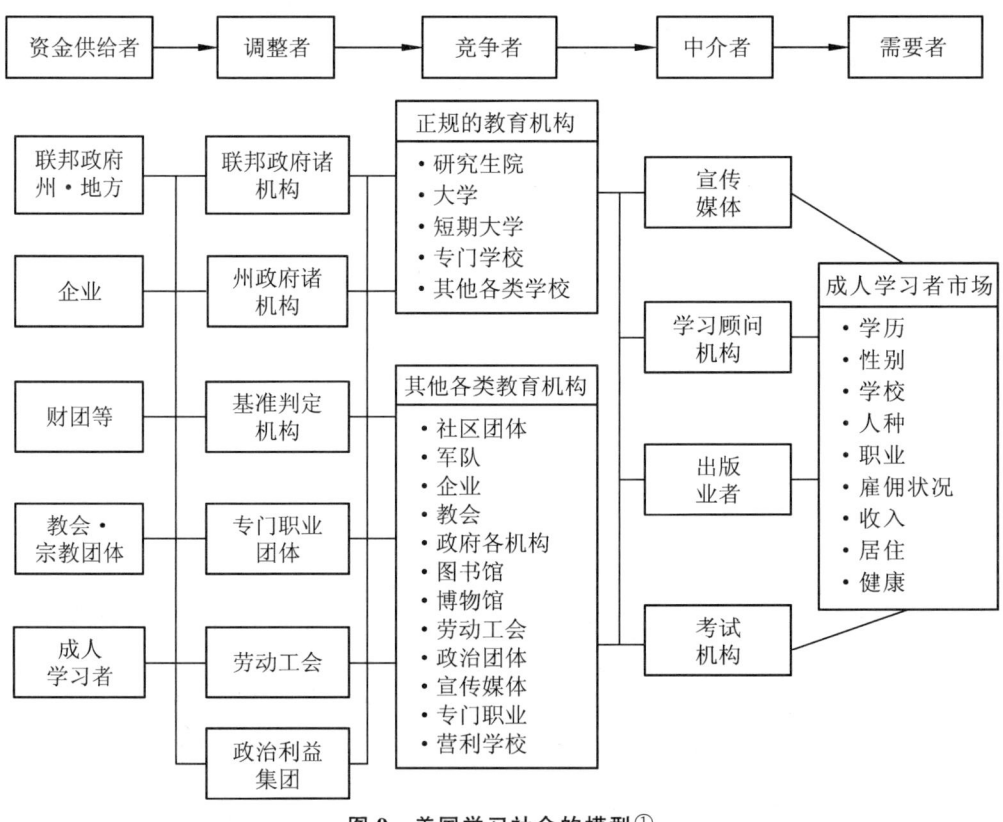

图 9　美国学习社会的模型①

---

① "Lifelong Learning Papers"1978，Date Base：FDLS(C-8)。转引自吴遵民《现代国际终身教育论》，上海教育出版社，1999 年版第 123 页。

②保障学习者能够受到最适合其本人需要的教育。第三部分是竞争者。在资金供给者寻找愿意实施终身教育的组织时，必然会出现竞争。竞争者包括正规的教育机构和各种学习机会提供者。第四部分是中介者。当各种教育机构获得资金后，还要通过新闻媒体等中介者将这些学习信息快速、准确地提供给消费者。最后一部分是要求受教育的需要者，称为"自由学习者"。他们参加学习是自主的，选择学习也是自主的。由于这些学习者有各自的职业属性，参加学习的目的，取得资格与否的必要，以及年龄、学历背景，所希望参加课程种类和时间等也是五花八门，各种教育机构为其提供了多种学习机会。美国联邦政府也对他们给予行政方面的帮助，如①就终身学习的财政援助方法进行研究；②对阻碍终身学习的不利条件进行分析；③对政府应该发挥的作用进行检讨等；期望通过这些切实的调查研究，来取得政府与学习者之间的沟通和默契，实现终身教育的推进计划。

(二)终身教育机构的多样性和开放性

美国的终身教育机构多种多样，正规的教育机构有：研究生院、大学、短期大学、专门学校和其他各类学校；非正规的教育机构有：社区团体、军队、企业、教会、政府各机构、图书馆、博物馆、劳动工会、政治团体、宣传媒体、专门职业、营利学校等。其中，比较有特色的教育机构有：

1. 社区学院(community college)

它是美国特有的一种高等教育机构。1892 年，芝加哥大学首任校长哈柏首先在实施大学一、二年级与三、四年级分段，分别称为"学术学院"和"大学学院"。以后又改为"初级学院"和"高级学院"。20 世纪上半叶，初级学院迅速发展。第二次世界大战后，公立初级学院改称为社区学院。由于社区学院的出现，为成人教育、职业教育和高等教育的结合开辟了一条新途径。60 年代后，由于其特有的功能而在全美推广。到 1988 年，这类学校增至 1500 多所，在校学生达 950 万人之多。社区学院作为为社区居民提供教育服务的公立短期大学，往往是免费的。其课程大致包括：职业教育课程、综合性的一般课程、专为转入大学后期学习的课程等。

2. 大学开放部(university extension)

它是利用大学的资源对"非传统型的学生"进行教育的机构。一般采取学分制，学习的方式包括面授、通信、专题演讲、咨询、利用移动图书馆等。学员取得学分、学位和"重新资格证明"。与其他的成人学校和社区学院相比，它往往在较高层次上为一些已经取得学历及具有一定经济、社会地位的人提供多种知识补充性质的学习机会。

3. 成人学校（adult school）

一种专门为成人开设的教育机构。不如社区学院正规，教师全部为来自正规教育机构的兼职教师，主要对象是学校周围的居民，没有入学限制，付费听课，学习的内容主要与日常生活相关的知识和技能。由于其教学具有家庭气息，它往往成为中老年人白天摆脱孤独之所。

4. 放送大学（university of mid-America）

它是由大约 7 个州的 11 所州立大学组成的以播放录像为主的远距离教育机构。通常自己开发和设计教学机会，制作教育节目。所提供的录像课程均接受免费的电话答疑。UMA 不认定学分，也不授予学位。其资金主要来自政府的补助。

5. 没有围墙的大学（university without wall）

它是指完全以学习者为中心，提供专门的学习计划并能授予学位的高等教育的总称。到 1980 年，全美共有 29 所。其中小部分没有校园，但大部分为所属大学的一部分。这些大学设有全国性的联合组织，但各校不受其控制，各自独立运作。无墙大学实施"契约学习"（contract learning），学习完全由学生根据自己的计划进行弹性学习，教师虽然与学生结成一对一的关系，但只提供帮助，不提供具体指导；对学生的评估包括个性、能力、经验等，评定时学生一起参加。

（三）灵活的学习成就认定制度和自由的学习者

美国的大中小学普遍实现学分制，可以自由地进行学分累积和学分转移。有的州还实行了"校外学位制"，根据学习者通过自学考试等形式获得的累积学分进行学位认定并颁发证书。美国州一级政府，还制定"非大学教育计划"（non-collegiate education programs），规定企业内所进行的各种教育及培训活动，如果属于大学水平的，可以由州有关机构认定，被认定的这部分企业内教育，如学习者学习期满，可向有关大学（州属）申请，将学习成绩作为大学的正规学分而予以承认。这一制度 1974 年起开始实施，1978 年就有 81 家企业提出了申请。每年参加这类课程训练的可达 5 万人。

在美国，根据市场的需要选择学习机会的成人学习者成为"自由学习者"。选择何种学习机会，利用何种学习方式，在何时参加学习，个人拥有绝对的自主权和自由度。

（四）发达的社区教育

美国的社区教育的内涵极为广泛。在 1976 年出版的《联邦任务》一书中列举了社区教育的六个要素：①利用学校之类的公共设施；②参加者包括所有年龄、所有阶层、所有种族集团；③人们认识自己的需要和问题；④发展多种计划以适应这种需要；⑤社区内的各种机构和部门相互协作；⑥多方面的资金来源，包括公共的和私人的，地方、州和联邦各级的。

美国的社区教育的主要机构是社区学院。社区学院教育不同于其他高等院校的特点，它把自己看做是社区的一部分，办学的目的是为社区服务；它具有职业技术教育、补偿教育、社区教育、大学转学教育和普通教育五大职能，尽量满足社区各方、各界的多种教育需求，具有非凡的适应能力。美国的高等教育分为三类，第一类是社区性学院，第二类是州立学院和州立大学，第三类是有博士授予权的研究性大学。社区性学院是美国高等教育中公立院校的一类，是在全美覆盖面最广，在校就读学生人数最多的一种高等教育形式。社区性学院分为社区学院、初级学院、技术学院三种类型，学制最长为两年。现在已成为这一类高校中的主导类型，几乎在全美所有的城市或城郊都建立起了社区性学院。绝大多数的美国人都能走读上社区性学院。许多学院还设立分校，以便让远离校本部的学生就近上学。据统计，20 世纪 90 年代末，全美有数百万学生在社区学院上学，约占全美大学生总数的近 50％。

社区教育的主要特点是：(1)学校教育社区化。其载体是依托社区内的普通大、中、小学校开展社区教育，或直接创办服务于社区的社区学校(community school)或社区学院(community college)。表现为学校向社区开放(学校师资、设施为社区和民众需要服务)、学校功能拓展(为已经离校的成年人提供继续学习的场所，为在校学生创造更多学习、成才的机会)、学校与社会的紧密联系与合作(如学生体验社会生活、家长参与学校管理等)。(2)社会活动教育化。社区卫生、福利、青年等机构借助于男女青年会、和平工作团、邻里青年队等公私组织，利用社区活动中心等公共场所为居民提供教育服务，教育内容涉及生理、心理健康，种族关系，就业训练，公害防治，抵制犯罪，公民权益等，其目的是帮助居民提高适应环境、优化环境和解决社会问题的能力。社区内的工商企业和相关的扶轮社、青商会等工商人士也积极组织开展对会员、雇员、顾客的教育服务，内容主要有工商管理、职业技术、人际关系、休闲活动等。(3)公共事务群众化。美国各级政府注意运用社区教育的方法来保证各项公共政策的推进，并把这一教育过程包容在实施计划之中，给予足够的重视和必要的经费保障。

美国的社区教育与其社会经济、政治、文化的变革是紧密联系在一起的。社区性学院为美国经济、社会发展发挥了重要作用。它们作为教育的基础结构，为社会培养了有技术、能适应职业需要的职工。在目前竞争激烈的经济环境里，全美各地的社区性学院都在努力扶植新企业，同时也努力帮助地方维持与发展现有的企业。社区性学院在这些经济发展活动中扮演了一个重要的角色。^① 美国的社区教育发展至今，已经成为影响广泛的社会活动，成为社区生活的不可缺少的组成部分，生动地体现了教育社会化和社会教育化的本质内涵，已经进入社区教育发展的高级阶段。

美国终身教育实践展开的范围之广，层次之高，内容之普及，以及各种教育计划、教学课程设计之新颖和实用，都已经达到令人叹为观止的程度。当然问题也存在，由于教育"商品化"的特征，使得教育机会的提供者仅仅是为了满足"顾客"的需求，带有强烈的企业和职业色彩，而没有从终身教育原则——满足人自身对人生充实的要求出发，造成了教育秩序的混乱，影响了终身教育的质量。另外，教育的商品化，还使得有钱才能接受教育，自由的市场竞争机制与理想的终身教育实践之间产生了尖锐的矛盾，众多的学习机会和优质的教育服务只是对有钱人开放，因而，孕育着新的教育不平等。

三、英国终身教育实践的特点

在英国，虽然终身教育理论没有像日本、美国那样很早就得到宣传和普及，但"教育是一个终身的过程"的思想却早已被一般民众接受，因为继续教育和成人教育活动在英国有着漫长和独特的发展历史。英国很早就形成了以成人教育为特色的完备的教育制度，在这种制度化的教育体系中，各类教育逐渐演化，并辅之以一系列具体的立法措施实现终身教育所提倡的各项原则。如 1998 年英国教育雇佣部发表名为《学习时代：为了新不列颠的复兴》的绿皮书。该文件提出，政府的作用是保障公民承担应有的终身学习的责任，并提出了扩大继续教育和高等教育、创办"工业大学"（University for Industry）、建立个人学习账户、大力发展 16 岁后教育和成人识字教育、提高劳动者的技能水平、提高教师的教学水平与学习标准等具体的政策目标。因此，英国的终身教育实践有其独有特征。

（一）终身教育体系主要依托成人教育

以市民的自我教育、相互教育而发展起来的成人教育活动很早就在英国兴起，1838 年英国宪章运动引发的全国性的市民讲座和讨论会，发展至 20 世纪初，成为规模巨大的市民和劳动者的自发学习活动并遍及全国。1919 年由成人教育复兴委员会提交的一份"最终报告书"号召各地方教育行政当局和民间团体应

---

① 张凤英：《美国社区性学院漫谈》，《中国教育报》，2002 年 2 月 9 日第 4 版。

齐心协力，共同推动成人教育制度的建立。到了 1924 年英国就制定出了"成人教育章程"，其中就政府通过补助金的方式对成人教育予以援助的事项具体做出规定。1944 年英国《教育法》，确定了以继续教育为中心任务的成人教育活动，在各地方教育行政当局机构中的正式地位。从此，成人教育作为国家教育制度中继续教育的组成部分在全国展开。

在英国，法律上规定青少年和成人在学校教育结束后的教育全部属于继续教育。因此，在英国比终身教育使用更为普遍的术语是"继续教育"和"回归教育"，80 年代以后，终身教育和终身学习才在英国频繁使用，这几个词汇是同义词。但在实施中，继续教育与成人教育活动还是有明显的区别。英国的继续教育主要是提供职业技术教育，而涉及个人教养、趣味的学习，以及体育、余暇等活动实际属于青少年教育或成人教育范围。青少年的教育与继续教育是贯通的。现在，英国的成人教育与继续教育不再"貌合神离"，二者在逐渐靠拢(见图 10)。原来

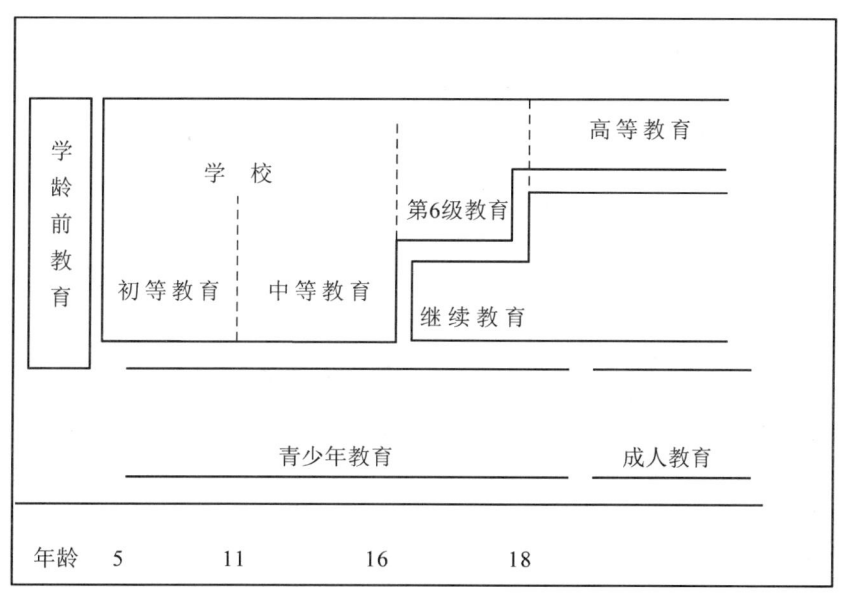

注：各类教育的主要实施机构
　　高等教育：大学、高等工艺学校、高等教育学院；
　　继续教育：继续教育学院、开放大学等；
　　青少年教育：青少年俱乐部、童子军等；
　　成人教育：成人教育中心、大学成人教育部、劳动者教育协会（WEA）等。

图 10　英国教育制度图解①

①　改编自吴遵民：《现代国际终身教育论》，上海教育出版社，1999 年版第 145 页。

的成人教育真正的服务对象明显偏重中产阶级，现在的成人教育在众多批评意见下，注意关心"社会弱者"，为他们提供维持生计所必需的、与职业直接有关的职业技术教育。大学在英国历来被视为培养"绅士和学者"等社会精英的神圣殿堂，但在现代社会的压力下，高等教育呈现出多元化和弹性化的趋势，也正好顺应了终身教育的潮流，成为推进继续教育或成人教育的重要力量。但实施继续教育的机构仍然是继续教育学院和开放大学。

(二)正式的机构在终身教育推进中发挥重要作用

由于英国比较重视学术标准，并把继续教育主动纳入国家教育体系中，对终身教育的机构的设置受到国家的重视，并得到政府的资助，正规的教育机构占有主导地位。这些机构主要有：

1. 全国推广学院

创立于 1963 年，其宗旨是为在家中的成人提供学术及职业进修的"第二次机会"。该院发展专门设计的函授教材、应用广播及电视教学，并获得了地方上的导师支持。"弹性研究"是其最成功的创举之一，由它与地方上的扩充教育学院合作，由后者提供全国推广学院面授教学、教学设施及开始评价。目前有超过 200 所以上的扩充教育学院参与了此项弹性研究计划。

2. 开放大学

开放大学即广播、函授教育机构。1972 年开始实施。主要方法有：①通过印刷教材进行函授教育；②利用无线电和电视广播教学教育；③由地方的学习中心教师进行面授。这类大学主要为 21 岁以上的成人提供大学学士水平的教育，入学不受资格限制。

3. 开放技术方案

由英国人力服务委员会（Manpower Services Commission，简称 MSC）于 1983—1987 年间投资 4500 万英镑，奖励 140 项开放学习的职业训练计划。至 1987 年，该方案已制定了 2.8 万小时的学习教材，并有 2.7 万名学生受惠。

4. 开放艺术学院

创立于 1986 年，开设绘画、雕刻、织品、摄影及创造写作等课程，该院的学生在家中从事艺术工作，研读由学院设计的教材，并接受函授指导及不定期参与地方中心的面授教育。

5. 开放学院

创立于 1987 年。政府拨款一亿英镑，供学院购买或自行开发各种类型的高品质的课程和教材。

6. 开放学习基金会

创立于 1988 年，其前身为开放多科技术学院。由 20 所以上多高等教育机构组成，其宗旨在投资生产科供使用的"开放学习教材"，这些教材基本上与校园的现行课程相关。

7. 基本技巧开放学习中心

1988—1992 年间，英国政府提交 700 万英镑，在英格兰和威尔士地区设立了 83 个基本技巧开放学习中心，推动成人基本技巧的开放学习。基本技巧包括：读、写、说英语的能力和将数学运用于工作及社会生活达到某种程度的能力。开放学习中心向学习者提供受过训练的专业人员、电脑及视听设备，使其可以在中心或家中接受基本技巧的训练。

8. 开放学校

创立于 1988 年。旨在为有特殊需要的学习者提供学习机会，如医院的患者或在一般学校中没有专业教师的某些领域。它属于一种补偿性及专门性的开放学习机构。[①]

（三）重视中小学生的人文精神和生存能力的培养

重视人文精神培养是英国教育的传统。在学校中，一直把公民教育、环境教育、理解教育等作为重要的教育内容。1999 年颁布新国家课程标准，并提出四项发展目标：①精神方面的发展：自我成长，发展自己的潜能，认识优缺点，具有实现目标的意志；②道德方面的发展：明辨善恶，理解道德冲突，关心他人，采取正确行动的意志；③社会方面的发展：理解作为集体和社会一员自身的权利与责任，人际关系的能力，为了共同的利益，与他人协作的能力；④文化方面的发展：理解文化传统，具有理解和欣赏美的能力。同时要求学生掌握六大基本技能：交往、数据的处理、信息技术、共同操作、改进学习、解决问题。

（四）不断完善社区教育体系

英国的社区教育体系是不断完善的，主要经历了三个阶段：

一是以救世济贫为主要目的的社会教育自发阶段（1699—1902 年）。前期是由宗教界一些人士和组织发起，目的是向贫苦人民宣传教义、启蒙扫盲，由此建立起大批贫民学校和小型图书馆。后来，由于工业革命带来城市人口膨胀、贫民窟的大量涌现，以及对熟练技术工人的急切需要，引起了职业教育和文化教育的迅速发展，工艺学院、人民学院、工人学院大量出现。

---

① 参见胡梦鲸：《成人教育》，台湾：1995 年 10 月号。

二是以满足社会需要为目的的立体社会教育网络的形成阶段(1902—1967年)。1902年,英国通过《新教育法案》,将地方教育行政机构合并为318个,并赋予很大的权利。地方当局可以支持技术教育、师范教育和成人教育,负责各类教育的协调。同时中央也增加了对地方教育经费的补助,有力地促进了社区教育的发展。特别是第二次世界大战后,英国经济发展迅速,人民物质生活水平提高,闲暇时间增多,追求精神生活的丰富多彩和生活质量的改善成为时尚,非职业性课程大量涌现,各种乡村学院、社区学校纷纷建立。随着科技的发展,远距离教育在英国得到迅速发展,开放学习系统形成。

三是社区教育发展的自觉阶段(1968年以来)。表现为政府高度重视,学校和社区紧密结合,专职社区教育工作队伍的形成,社会活动教育化,立体的社区教育网络的形成与社区教育效果明显。英国的许多中央部门如内政部、就业部、卫生和社会保障部、环境部、工业部、能源部等,都设有教育项目或计划。70年代开始,英国的学校加强了与社区的联系。1980年的《教育法修正案》和1988年的《教育改革法》中都加入了"学校—家庭—社会"之间联系的条款。为了有效开展社区教育,英国还进行社区教育人员的培训。在很短的时间里就发展了一套适应英国国情的社区工作教育内容和方法,形成了自己的特色。[1] 英国实施社区工作教育的主要机构有:英国政府认可的大学或综合技术学院的社会工作系、社会行政学系等,得到英国社会教育工作教育训练委员会认可的社会工作训练机构,地方政府主办的社区工人训练场所。目前,英国已拥有一支相当规模的社区教育专门队伍。

不难看出,英国作为高福利的国家,对终身教育是非常重视的,继续教育、成人教育作为国家的一种义务,政府将它纳入整个社会发展规划中,并从财力、机构设置、质量标准等方面予以保证。

四、法国终身教育实践的特点

法国在世界上率先提出"终身教育"术语,也是第一个为继续教育立法的国家,其建立的关于终身教育的严密而科学管理体制和法规被称为"法国模式",在各国广泛借鉴和传播。其主要特点是:

(一)有效的终身教育法规

早在200年前,法国教育思想家孔多塞就提出了公共教育制度,建议继续教

---

① 杨应崧等著:《各国社区教育概论》,上海大学出版社,2000年版第72~80页。

育应该组织化和义务化的思想。受此影响，19 世纪末，法国开设了面向大众的民众大学。第二次世界大战后，法国的郎之万—瓦龙教育改革方案根据社会"正义原则"，提出对一切市民展开"通过终身的方式提供继续教育发展智力的、审美的、职业的、公民的及道德教养"的民众教育。之后，法国又出台了许多改革政策，1956 年的教育部长方案就首次提出了"终身教育"的术语，并对终身教育的具体目标和方法提出明确解说。法国终身教育的实践和研究始于 1967 年，教育部在大学建立了教育科学系。那时起，学生或成人（教师、培训者、社会工作者等）都可以得到该学位证书（硕士学位）。目前，教育科学的实践和研究涉及不同的领域和水平（从硕士到博士）。教育科学研究以社会学、人类学、语言学、教育哲学、心理学、心理教学法、认知过程、行为研究和教学法为基础，涉及教育和培训的各方面，如课程教学目标、课程方法论、知识和技能、成人教育教学目标、教学法、评价等。[①] 1968 年开始促进和推动以成人的发展为目的的继续教育，1971 年通过的《终身职业教育法》[②]，是一部比较完善的成人教育法。

法国的《终身职业教育法》首先明确了法国职业继续教育在法国国民教育体系中的作用和地位，并明确指出，接受终身职业教育是每个国民的一项基本权利。其次，该法律规定职业继续教育的创办和实施必须本着自由参与和平等竞争的原则，任何人不能以任何形式对职业继续教育进行垄断和控制。在此基础上，《终身职业教育法》具体规定了两个重要的发展职业继续教育的政策措施即建立了"1‰事业"的制度和"带薪教育休假"制度。

1. 职业继续教育的经费与"1‰事业"制度

法国的职业继续教育经费一般是由政府预算、地区资助和企业纳税三个部分组成的。为保证职业继续教育资金充足来源，法国《终身职业教育法》建立了"1‰事业"制度。该法规定，凡雇佣 10 名以上职工的企业，雇主每年必须交纳占上一年职工工资总额的 1‰作为"职业继续教育税"，用于对企业从业人员进行职业继续教育，这是企业必须履行的一项法律义务。该法规定，如果企业所交税额低于法律规定，雇主必须补交所欠差额并接受处罚；如果所交税额高于规定标准，超出部分则可冲顶以后三年的税金。在该制度的实际执行中，1972 年该规定实际执行的比例为 0.8‰，后来上升到 1‰。到 1976 年，这个比例则上升到了 2‰。[③] 而由企业出资发展终身职业教育事业的制度，就被人们称为"1‰事业"制度。

---

① Bernard Fernandez, Ph D.《法国终身教育概要》，《开放教育研究》，2001 年第 1 期。

② 该法案的正式名称为《在终身教育的范围内有关继续职业教育组织的法律》。

③ 梁晓华：《当今法国教育概览》，河南教育出版社，1994 年版第 155～156 页。

2. 企业职工的教育权益与"带薪教育休假"制度

为了保证企业职工接受职业继续教育的权利,《终身职业教育法》规定实施"带薪教育休假"制度。该法规定,①工作年限在 2 年以上的雇员有权申请带薪休假。休假期限为每年带薪休假不少于 100 小时,在至退休为止的期间内,可享有合计 1200 小时的带薪休假的权利。②申请要符合一定程序。申请者要根据要求培训休假的长短,提前一至两个月提出申请。③雇员可以自由选择接受教育培训的课程,但是其申请参加的课程必须都是政府认可的课程。④在拥有雇员 100 人以上的企业中,如果申请教育休假的人数超过全体员工总数的 2%,或者一年之内因教育休假所失去的劳动时间超过该年总劳动时间的 2%,雇主可以暂缓批准休假申请;但企业方必须对所收到的员工申请在 10 天内予以答复,暂缓期限也不得超过 9 个月,否则将受到处罚;此外,如果认为教育休假可能会对企业生产带来重大障碍,经过双方协商,雇主可以拒绝申请要求。

1972 年,法国通过了《终身教育法》,对 1971 年的《终身职业教育法》中关于带薪参加学习和接受培训的假期问题做出了若干限制性的补充规定。另外,1984年 2 月 24 日,法国国民议会又制定并通过了新的《职业继续教育法》,对 1971 年的《终身职业教育法》中关于"带薪教育休假"的制度进行了补充规定。该法规定,①员工参加教育培训的时间,全日制连续培训不得超过一年,部分时间的累计培训总数不得超过 1200 小时。②至少在本行业工作 24 个月,在企业工作 6 个月以上的员工,才有资格申请带薪教育休假;同时参加休假培训的人数,不得超过本企业职工总数的 20%等等。

严格地说,法国的《终身职业教育法》并不是一部完整意义上的终身教育法,它的法律调整对象并不是目前人们所理解的完整的终身教育体系的建立和发展,它的具体调整对象只是法国职业继续教育体系的建立和发展,只不过在这部法律中是把职业继续教育放在终身教育的背景中进行思考的。所以它实际上是一部比较完善的关于成人教育或继续教育的立法。但是,由于从终身教育的意义上来理解职业继续教育,所以《终身职业教育法》可以说是世界上第一部有关终身教育的立法,它的颁布实施标志着法国终身教育开始走上制度化的轨道。

(二)用终身教育理念改造现有的学校教育制度

终身教育应从人的诞生就开始,法国在学前教育的条件保障方面作了一系列有成效的努力。如 1977 年的法律规定,父亲或母亲在孩子未满 2 周岁之内,可以享受育儿休假,法国的地区行政机构还有义务为 2 周岁至 6 周岁的孩子设置保育学校,以切实实施"幼保一体化"学前教育体制。而 6 周岁至 16 周岁的教育则完全由国家实施义务教育。因此，法国实际上已经实现了从人生之初就接受教育的理想。法国政府为学校教育适应终身教育的需要也做了许多改革的努力。具体来说主要反映在以下 5 个方面：

第一，确立学生是学习主体的地位。为体现学生学习的自主性，学校特别设置学生自主学习的时间，并且让学生参加学校运作管理事项。

第二，为促进学生身心的全面发展，学校编制了均衡性课程。特别为形成学生终身学习所必需的基础学习能力，学校尤其重视学生表现能力的形成。

第三，在教育方法上，大量采用讨论、观察、调查、实验、实习等以学生为主体的学习活动。

第四，为切实加强学校与社区的联系，学生实际的生活与学校的学习、教育活动相结合，学校通过地方新闻的教材化以及校外学习、企业实习等方法加强学校与社区的交流。

第五，积极开展回归教育，鼓励校外成人包括本校毕业生在内返回学校学习。

(三)建立特殊的终身教育组织

1. 地区高等中学群(GRETA，法语 Groupment d'Etablissement 的简称)

以原有的地区性教育体系为基础，在同一地区的各种学校(以中学为主)中，选择 10 所左右愿意为继续教育的开展提供协助的学校组成一个 GRETA，每一个 GRETA 又在继续教育专门顾问的计划和指导下，为本地区成人继续教育的需要和发展提供人力的、物质的和设备资源方面的援助。到 1984 年，全国已建立 GRETA400 个，参与的地区学校共有 5 000 余所，而为此提供继续教育方面专门指导意见的顾问有 1 200 多人。

为了对 GRETA 的具体运作提供帮助，由所在地区的大学等学术机构，还创立了两个专门机构：继续教育专门委员会(DAFCO)和继续教育专门中心(CAF-OC)。前者作为所在地区的营运主体对该地区所进行的继续教育活动负全部的责任，该委员会的主任由大学等学术机构的行政主管担任。后者主要负责开发继续教育计划，承担为继续教育培养和训练教育指导者的任务。它们属于教育部管辖的终身教育开放机构(ADEP)。

2. 法国国立高等工艺学院(CNAM)

法国国立高等工艺学院(Conservatore Nationale des Arts et Métiere)是法国历史悠久的业余高等技术教育和社会培训机构，建于 1794 年，校址位于巴黎市中心。该机构始称"国立工艺博物馆",主要用来陈列工艺品,还以讲解的方式向全国介绍新机器、新技术和新工艺,后来逐步发展成为专门的成人学校,设有从工程到经济管理的近400门课程,并且在国内外100多个城市开设51个合作教育中心、150所分校,拥有23个实验室及3个研究所的综合理工学院。该学院招收的学生不需入学考试,也不附加任何入学条件。唯一的入学资格仅是需要具有一定的职业经验。为了方便成人学习,教学一般在夜间进行。其培养目标是为接受过一定程度职业训练的成人提供进一步提高技术和技能水准的机会。教学内容以职业教育为中心,同时开设一些人文课程。该学院的教师都由具有实际职业经验,并且能发挥出卓越指导能力的职业人员担任,但资格方面没有特别的任用条件。

(四)公众教育一直受到重视

以社会成人为对象,以提高成人的教养与素质水平为目的的社会公众教育,在法国已有很长的历史。有众多的公立、私立机构和团体,为推动社会民众的业余学习、文化活动、体育活动的开展,提高民众闲暇生活质量,而展开了丰富多彩的教育活动。近年来,法国各界开始重视"学校外终身教育"活动的展开,青少年文化馆等公共教育设施的建设和扩充,民众教育管理人员的培养和配备,使学校外教育的开展有了物质和管理的保障。

尽管法国政府为终身教育的大力开展做了大量的富有成效的工作,取得了令人注目的成就,但在终身教育的推进过程中,也面临一些困难,如带薪休假制度,在社会失业日益严重的情况下,申请休假者可能面临失业的危险,另外以职业教育为中心的成人教育模式也受到终身教育理念的挑战。因此,法国的先进的终身教育制度的实践还有一个过程。

五、韩国终身教育实践的特点[①]

韩国接受终身教育理论较迟于发达国家,早于多数发展中国家。从20世纪60年代,韩国教育界开始引入终身教育思想并进行深入研究。70年代,从终身教育制度化角度,强调适应经济发展所需要的技术教育和教育为地区社会服务。从此,产生了适应社会的教育活动。80年代是终身教育迅速发展时期,许多反映终身教育思想的教育形式发展起来。例如,"休闲教育和教养增进型"的教育在

---

① 参见[韩]朴福仙:《韩国终身教育的现状及其发展方向》,《成人高等教育研究》,1997年第5期;方正淑:《韩国终身教育的现状与课题》,《外国教育研究》,1997年第4期。

大学附设的终身教育学院、各种社会团体附设的文化中心展开，主要对象是受过正规高等教育的城市居民和经济较富裕的中层阶层，帮助人们自我发展和改善生活质量，但具有较浓厚的消费、娱乐和商业性，受到社会的指责。从 70 年代末期开始，以少数人为中心的教育体制受到批判，促进教育服务范围扩大和教育多样性，"市民意识涵义型教育"兴起。政府开始对过去被教育疏远或政策性原因受忽视的人群，从社会福利方面给予具体的关心落实，使其接受教育。从社会教育的角度，建立了多种活动设施，为幼儿、青少年、妇女和老人提供教育机会。90 年代以后，韩国致力于建设开放的教育体系，促进终身学习社会的目标实现。韩国的终身教育的基本特点是：

(一)以立法形式推动终身教育

1. 韩国的立法过程和主要法规

韩国的终身教育改革与立法同步进行，这些法规和政策是对韩国学者和决策者在终身教育理论和实践探索过程中取得的成果的肯定，也是终身教育稳步发展的保证和指针。这些涉及终身教育的主要法规和政策的内容大致如下：

(1)1983 年颁布修订的《韩国宪法》第 31 条规定："国家提倡终身教育"。明确政府对发展终身教育具有提供必要支持的责任。政府的目标是为每一位公民提供更多的机会帮助他们开发其潜在的能力，为社会做贡献。

(2)1985 年成立直属总统的"教育改革审议会"，经过 3 年的调查研究，提出了"十大改革方案"，其中提出了建设终身教育体制，具体规定有：加强大学生的继续教育课程；开设非正规和非学位课程；确立继续教育委托教育体制；扩大单位、住宅小区文化空间和青少年余暇文化设施；专设教育广播电视台等。

(3)1989 年，政府为了建立适应现代的教育制度，又成立了直属总统的"教育政策咨询会议"，强调要大力加强继续教育和社会教育，普遍提高国民素质。具体是：确立专设教育广播电视台体制，制定自学学位的认可制度，建立各种社会教育机构等。

(4)1992 年 12 月第 34 次修订《韩国教育法》，其第 9、10、11 条都体现了终身教育理念。第 9 条规定："为使在职人员便于学习，采取夜间制、季节制、学时制等特殊教育方法。"第 10 条规定："国家和地方自治团体，采取适当教育措施对未能接受义务教育的超龄者进行民主国家公民所必要的教育。"第 11 条规定："工厂、企业及其他教育所能够利用的一切设施，在不妨碍其本来用途的条件下，都可以用来办学。"

(5)1995 年 4 月，韩国全国教育大会提出题为《实现世界化的新教育》的新教育构想十大课题,第一课题就是建设一个人人都可以终身学习的社会,以保证国民根据自己的意愿在工作单位和学校之间自由出入进行学习。根据这一构想,韩国教育改革委员会制定和公布了5.31教育改革方案。该方案以建立开放的教育体制为改革的改变目标,实现何时、何地、多种形式的终身教育学习。下列措施为开放教育制度的基础:①个人在接受客观评价条件下,实行学分累计制,即学分银行制;②简化大学入学手续,允许转系;③满足成人多样的学习要求,开设满足社会的职业技术再教育、成人教养教育、父母教育等;④运用现代化科技提高教育质量,节省经费。为此,需要建立专职机构,如"国家支持教育中心",使多种教育形式互相联系支持。

近年来韩国"在宪法中增加了政府有责任为推进终身教育提供一切支持的规定,制定了《学前教育振兴法》和《社会教育振兴法》"。[①] 1996年韩国总统教育改革委员会发布《为构建新教育体系的教育改革》的文件。该文件提出要建立韩国国家的教育政策框架及其稳固的基础;提出增大学习机会与参与,加强对学习的支援,建立新的学分认证体系,为人们提供学习机会等具体政策措施。1999年8月,韩国国会通过韩国的《终身教育法》,开始以法律制度的形式推进终身教育的发展。并于2000年3月起开始生效。

2. 韩国的《终身教育法》的基本内容

韩国的《终身教育法》共分五章32条以及附则7条组成。其主要法律规定是:

第一,总则。该法的第1—8条,对终身教育的目的、术语、原则、课程、方法及教育设施作了规定。特别是确定了终身教育的内涵和原则。认为终身教育是指"除学校教育以外,有组织的教育活动";确定终身教育的原则是①全体国民均享有接受终身教育的权利;②终身教育以个人自觉、自愿学习为基础;③终身教育不得被用于宣传政治和个人偏见;④对于已完成一定学业者,应给予其相应的社会待遇。

第二,国家及地方自治团体的任务。该法的第9—16条,对国家及地方自治团体发展终身教育的任务、终身教育协议会和终身教育中心的组织运作、终身教育的经费与资助、终身教育工作的指导、地区终身教育信息中心的运作及终身教育的信息化以及终身教育对人力资源的开发等问题作了规定。

第三,终身教育的资格评定:终身教育士。该法的第17—19条,规定国家向修满规定终身教育课程学分者授予终身教育士资格,并对终身教育士的培养和

---

① 国家教育发展研究中心:《对韩国和日本教育政策的考察报告》,《教育参考资料》,2001年第7期第4~5页。

使用做出了规定；该法第 20 条则对终身教育士的资格进行了具体限定。

第四，关于终身教育的设施。该法第 20—27 条，对于建立类似学校性质的终身教育设施、企业的终身教育学校、远程终身教育、事业单位设立终身教育团体、社会团体设立终身教育团体、学校附设终身教育团体、舆论机关附设终身教育机构、知识人力开发事业机关附设终身教育机构等做出了具体规定。

第五，补充规则。该法的第 28—32 条，对于终身教育学分的认定、行政处罚、终身教育管理权力的配置、经济处罚等做出规定。

第六，附则。共 7 条，对于《终身教育法》的生效日期、终身教育与社会教育的关系等作了说明。

(二)重视非正式教育的发展

为了满足社会对教育的要求，特别是曾错过接受正规学校教育机会并已就业的年轻人和成年人对教育的要求，学校在数量和多样性方面都有所增加。已经建立了广播通信高中、广播通信大学以及多科技术大学，此外还有由社会机构和宗教团体举办的大量的私人教育机构和学校，也是一种补充。"非正规教育发展法"建立了承认非正规教育机构等同于正规教育各个层次的标准，使私人教育机构和学校的毕业生在进入更高一个层次的学校接受教育时，拥有正规学校毕业生的同等资格。

韩国所理解的非正规教育是指除了学校教育以外的所有的教育形式。它构成了终身教育的体系。非正规教育课程被认为是对学校教育的辅助，职业培训，大众的或普通的教育。

1. 辅助学校教育

这类学校包括公立学校、公立高中、商业高中、工业附属学校(初中和高中)、附属学校的夜校(初中和高中)、广播通信高中。像广播通信大学和多科技术大学一样，通过自学来获得学院学历。

2. 职业培训

由劳动部所属的技术学院和职业培训中心及私人机构负责实施。农业技术培训课程由农业指导署和农林部实施。航海渔业培训课程由海事与渔业部实施。

3. 大众的文化教育

它是推进各个社会经济群体公民的终身教育。公共图书馆、博物馆、国内外文化中心、国家剧院、各种妇女组织举办的活动和公开讲座、大众媒体，如报纸、电视、广播和有线电视，都提供文化教育。

4. 广播通信教育

建于 1974 年的广播通信高中招收未能继续正规学校教育的初中毕业生。

2000 年共有广播通信高中 40 所,在校学生数约 13 998 人。除了广播课程以外,还要求学生隔周上周日的辅导课,并交作业。在完成了 3 年的课程并通过合格考试之后,这些毕业生则拥有与高中毕业生同等的资格。两年制的韩国广播通信大学建于 1973 年,于 1982 年被批准可授予学士学位。现在它已发展为拥有 18 个系的 4 年制大学,在校生总计 360 051 人。学习期限从 4 年到 10 年不等,教学的方式多样化。此外,远距离教育系统于 1995 年 11 月启动。有线电视系统于 1996 年 9 月投入使用,学生可以通过各种媒体学习。还可以通过 EPS 电视、卫星广播和收音机等播放讲座。韩国广播通信大学正在为提高公民的知识水平和在职培训作出贡献。

5.多科技术大学

多科技术大学为已就业的年轻人和成年人提供接受高等教育的多样性的途径。自从 1982 年 Kyonggi 技术开放学院成立以来(后更名为 Seoul 技术大学),目前已经建立了 20 所多科技术大学,拥有在校生达 260 158 人。多科技术大学的招生条件与普通大学相同。但是,对拥有工业部门的经历、国家技术资格的人、职业高中和普通高中职业班的毕业生,根据学校的具体规定,优先录取。在课程设置上没有学术性课程安排。50% 以上的学生都是通过夜校来提高他们的业务能力并使他们的教育不被间断。实验和实践课是多科技术大学课程的中心,着重强调教育的实际能力方面。为了提高对工业部门的适应能力,多科技术大学雇佣了具有工业部门教师证书的教职员作为补充师资。

(三)别具特色的学分库制度和自学制度

以前,由于高等教育被认为是正规教育系统的独立王国,非正规的高等教育不被承认或给予学分。因此对大学的需求过度,导致学生竞争激烈。而且,非正规教育的价值和能量也被严重地低估了。

韩国总统教育改革委员会(PCER)于 1995 年 5 月提出了学分库制度的改革建议,促进开放的和终身学习社会的发展。根据这一提议,1997 年 4 月 13 日通过一项法案,学分库制度获得政府的承认。在 1997 年 5 月至 12 月间,制定了认证制度和标准化课程,PCER 对第一份教育机构和课程认证的申请进行了评估。1998 年 3 月,开始了第一阶段的实施。作为开放和终身教育建设的基础,这种制度能够使每一位学生在完成了经过主观评估和批准的课程后,获得大学的学分。当学分积累到一定的标准时,他或她就能够获得大学学历。

每一位公民都可以使用学分库制度,但是,如果一个人想要选修有学历的课程,他应该是高中毕业生或具有同等资格。获得学历的途径有:①已经完成被评估和承认了的教育课程，②已经通过了自学考试，③拥有证书法规定的证书，④通过业余学习获得的学分。在完成所要求的学分后（学士学位 140 学分，两年制副学士学位 80 学分，三年制副学士学位 120 学分），学生向 KEDI 或省教育署提交学位申请书。KEDI 学分认证审查委员会对这些申请进行审查，然后上交教育与人力资源开发部最后审批。学生可以由教育部授予学位，也可以从大学或学院直接获得学位。后者，学生必须符合授予机构的具体学位要求（如大学的课程 85 学分以上，学院 50 学分以上）。为了给第一线工人增加受教育的机会，鼓励与企业的教育合作，并为企业制定了相应的教育制度。

年轻人和成年人在获得高中文凭后，由于经济困难或缺少时间而错过了上大学的机会，他们都把自学，通过政府举办的标准考试的办法，看成获取学士学位的一条新的可选择的途径。自学制度作为获得学士学位的选择办法是从 1990 年根据《自学作为获得学士学位的选择办法法律》开始实施的。

获得学士学位过程中的每一个阶段都有考试。但是，拥有《国家技术资格法》所承认的技术等级资格的人，在各种国家考试中获得资格证书的人，以及学完大学和企业部门开设的教育课程的毕业生，都视为具有获得学士学位的同等学力资格。因此，自学制度使他们免去了在每一个阶段参加的或某些课程要求的考试。这种学士学位的选择办法，使自学制度具有与正规学校教育制度同样的重要性。

当然，韩国终身教育发展到现在，仍然有许多问题有待完善。例如，在韩国还没有形成比较统一的终身教育思想哲学基础和理论基础，终身教育实践多是反映时代环境的变化；其次，由于侧重于技能和现实的要求，终身教育并没有与社区、市民等切实联系起来，扩大为多元化的教育体系；再者，韩国的终身教育没有提供一般国民的教育机会，还没有形成制度化教育体系。

第六章 国外终身教育实践比较

一、国外终身教育实践的共同特征

尽管存在多样化的政策取向多样化的措施，但各国的终身教育实践发展也呈现一定的共性。从各国终身教育的实践发展来看，终身教育也有自己的共同特点：

(一)在理论上，加强终身教育思想的宣传普及和研究

联合国教科文组织作为第一个提出终身教育思想的国际组织，从终身教育思想提出一开始，就不遗余力地积极推动终身教育思想的普及和终身教育实践的发展。其努力主要体现在历年来联合国教科文组织所组织的国际性教育会议或教育活动所宣示的关于终身教育的政策当中。如 1965 年 12 月，联合国教科文组织在法国巴黎召开成人教育促进国际会议，通过"关于终身教育"的提案，这"标志着以联合国教科文组织为中心的各国际性组织及机构对提倡终身教育理念的努力已取得了完全一致的成果"。[①] 1968 联合国教科文组织召开第 15 届大会，大会确定了全球教育发展的 12 个重要目标之一就是发展和建立终身教育体系。1972 年 5 月，在《学会生存—教育世界的今天和明天》中，第一次明确指出建设学习社会的教育改革目标，并认为"终身教育是学习社会的基石。"[②]并建议把终身教育作为世界各国教育政策的指导原则，该报告书以建议的形式向世界各国政府提出了教育改革的 21 项基本方针[③]。其中第一项建议就是关于"教育政策的指导原

---

① 吴遵民：《现代国际终身教育论》，上海教育出版社，1999 年版第 4 页。

② 联合国教科文组织：《学会生存—教育世界的今天和明天》，教育科学出版社，1996 年版第 223 页。

③ 联合国教科文组织：《学会生存—教育世界的今天和明天》，教育科学出版社，1996 年版第 223～264 页。

则"——"我们建议把终身教育作为发达国家和发展中国家在今后若干年内制订教育政策的指导思想。"①1976 年，联合国教科文组织通过了一项名为《关于发展成人教育的劝告书》的宣言。第一次明确阐述了终身教育的涵义，认为"终身教育及终身学习，是作为现行教育制度的再构成，或者是对教育制度范围以外的所有教育的可能性予以开发，这是以实现双方面的目标而建立起来的综合体系。"并就开展终身教育的基本原则和具体策略方面提出了建议，"在实际上已使它成为了各国在展开各自终身教育活动过程中必须予以参考并遵循的原则。"②1990 年 3 月，世界全民教育大会通过的《世界全民教育宣言》中也指出，"每一个人——儿童、青年和成人——都应能获得旨在满足其基本学习需要的受教育机会。"③而能够满足这些基本学习需要的基础教育"是终身学习和人类发展的基础"。④ 1996 年，《教育——财富蕴藏其中》要求"把终身教育放在社会的中心位置上"，指出"终身教育的概念是进入 21 世纪的关键所在"。⑤ 1997 年 7 月在德国汉堡第五届世界成人教育大会确定的综合主题是"成人学习，在作为通向 21 世纪的枢纽和工具的同时，它还应该成为世界上所有人的权利、快乐和共同责任"。⑥ 这次会议在其题为"为了成人学习的未来"的行动计划报告书中，对在终身教育背景下各国成人继续教育的未来政策提出了具体建议。⑦ 1999 年在德国科隆举行的第 25 届世界主要国家首脑会议通过了名为《科隆宣言——终身学习的目标与展望》的宣言，分别从教师培养与管理、教育培训投资、信息技术的使用、学习成果评价技术的开发、专业资格的认定、外语教育、大学与企业间的合作等方面提出了发展终身教育的关键性具体的政策措施。⑧ 虽然联合国教科文组织的教育宣言或文件对各成员国并没有法律约束的意义，但实际上联合国教科文组织倡导的终身教育发展的

---

① 联合国教科文组织：《学会生存—教育世界的今天和明天》，教育科学出版社，1996 年版第 223 页。

② 吴遵民：《推动终身教育理论发展的若干重要国际会议（上）》，《成人高等教育研究》，1998 年第 3 期。

③ 赵中建编：《教育的使命——面向二十一世纪的教育宣言和行动纲领》，教育科学出版社，1996 年版第 15～16 页。

④ 赵中建编：《教育的使命——面向二十一世纪的教育宣言和行动纲领》，教育科学出版社，1996 年版第 16 页。

⑤ 联合国教科文组织：《教育——财富蕴藏其中》，教育科学出版社，1996 年版第 8、102 页。

⑥ 吴遵民：《推动终身教育理论发展的若干重要国际会议（下）》，《成人高等教育研究》，1998 年第 4 期。

⑦ 吴遵民：《推动终身教育理论发展的若干重要国际会议（下）》，《成人高等教育研究》，1998 年第 4 期。

⑧ 国家教育发展研究中心编：《研究动态》，2001 年第 6 期。

政策已成为世界各国制定其终身教育发展政策的政策基础。

终身教育思想的宣传和普及是终身教育科学化、普及化的必要措施。无论是终身教育开展得较早的美国、英国，还是终身教育实施得较晚的韩国，都非常重视终身教育思想的引进、宣传和研究。如日本早在 1965 年朗格朗在第三届成人教育国际促进会议提出终身教育提案时，日本即派代表参加会议，会后马上在国内广泛传播终身教育思想，同时组织有关人员翻译联合国教科文有关终身教育的文件、专著和资料。据 1975 年的统计，当时仅日本国内翻译出版及发表的各种有关终身教育的文献、译著、评论就达 1000 册以上（每年平均出版 100 册左右），而目前每年的数量至少达到了当时的三倍以上。[①]

（二）在推进的具体措施上，提出比较务实的计划和行动方案

1. 提出明确的发展目标和时间表

把终身教育纳入国家的社会发展规划和教育改革计划，提出明确的发展目标和具体的时间表，是世界各国发展和管理终身教育的普遍做法。20 世纪 80 年代中期，日本临时教育审议会所提交的四个咨询报告中，明确提出了构建日本"终身学习体系"的目标。前苏联也在 80 年代提出教育改革的一项重要内容就是发展"连续教育"。泰国政府在 90 年代则提出建设"以学习者为中心"终身学习社会。特别是英国，于 1998 年 2 月发表了绿皮书《学习时代》，提出要在英国进行"学习的革命"，建立英国的终身学习体系。绿皮书承诺"到 2002 年，使 70 万年轻人接受进一步教育和高等教育；创建产业大学使之更容易满足企业和个人的技能需求；""到 2002 年，使 50 万以上的成人提高它们的基本文字能力和数字能力"等。[②]而且还提出了建立"产业大学"的具体的时间表。[③]

2. 以成人教育和职业教育为突破口

目前，世界各国发展终身教育往往首先重视的是成人教育的发展，试图通过成人教育的发展促进终身教育体系的建立。因而各个国家所制定的终身教育发展政策往往主要是以成人为教育对象的，成人教育越来越成为推动终身教育发展的重要的先导力量。一是在终身教育思想和理念的指导下，各国开始把成人教育作为终身教育体系中的一个重要组成部分，而不再仅仅把成人教育作为补偿性的教育；二是促进成人教育机构的协调与整合，扩大成人教育的外延，建立新的综合性的跨行业、跨学科、跨区域、多功能的成人教育机构，并不断扩大成人教育在

① 吴遵民：《现代国际终身教育论》，上海教育出版社，1999 年版第 100～101 页。

② 沈蕙国、陆养涛主编：《终身教育理论与实践》，中国纺织大学出版社，2000 年版第 268 页。

③ 沈蕙国、陆养涛主编：《终身教育理论与实践》，中国纺织大学出版社，2000 年版第 276 页。

整个教育体系中的比重；三是在全民教育思想的影响下，主要保障所有成人的学习权利和满足所有成年人基本的学习需要。

另外，职业教育作为现代成人教育的一个重要组成部分已成为各个国家推动终身教育发展的重要手段。实现职业教育的终身化，通过大力发展职业教育推动终身教育发展，已成为许多国家发展终身教育的鲜明特色。在这个方面的一些主要做法有，一是把职业教育推广到在职人员的整个职业生涯，职工工作一天就要学习一天；二是实现职业教育内容的多样化，越来越重视学习者个人的教育需求；三是建立完善的"回归教育制度"和"带薪教育休假制度"，作为推动职业教育终身化发展的制度保障；四是积极促进学习型组织的发展，通过把企业建设成为"学习型企业"或学习型组织，使所有工作的场所成为学习的场所。[①]

3. 把扫盲教育作为终身教育持续发展的基础

这个特点主要体现在发展中国家中，"如果说注重职业技能的培训是发达国家终身教育的一个特点，那么，对于发展中国家来说，终身教育的重点则表现在成人扫盲教育，以及与之有密切关系的基础教育的发展上面。"[②]与发达国家相比，发展中国家具有严重得多的文盲问题。而文盲往往严重影响人们的基本学习能力，从而影响到他们终身学习的兴趣和能力。因而扫除文盲是人们获得基本学习能力的基础，也是"终身学习和人类发展的基础"，从而也成为发展中国家发展终身教育的一项重要内容。孟加拉国、印度、巴基斯坦、印度尼西亚、埃及、尼日利亚、巴西、墨西哥等发展中人口大国都在为消除文盲而不断努力。而对于发达国家来说，除了消除少量的传统性文盲之外，20 世纪 70 年代以后，越来越重视解决扫除"功能性文盲"的问题。

4. 重视利用现代信息技术

各国政府特别是发达国家的政府都十分重视运用信息技术实现学习设施的智能化和网络化，建立现代远程教育网络促进终身教育的发展。例如，在美国，大部分中小学已经实现了校内联网、每个教室都能上网的目标；日本政府近年加大了用于新教育媒体的研究、开发和利用的投入，先后实施了以学校设施的网络化、综合化和多媒体化为主要目标的"学校设施智能化推进项目"、"多媒体大学实验项目"等。[③]

---

① 沈文：《国际社会推进构建终身教育体系的积极举措（一）》，《成人高等教育研究》，2000 年第 1 期。

② 陆有铨：《躁动的百年——20 世纪的教育历程》，山东教育出版社，1997 年版第 678 页。

③ 国家教育发展研究中心编著：《2001 年中国教育绿皮书——中国教育政策年度分析报告》，教育科学出版社，2001 年版第 179 页。

(三)在组织建设上，重视教育组织的扩展、整合和创新

进行终身教育需要统一的管理机构与一定的载体和办学组织与设施，建立多种多样的办学机构，充分挖掘、整合各种现有的教育资源，建立教育信息网络或学习中心，给学习者提供充分的学习场所和多样化的学习机会是终身教育顺利开展的必要条件。美国、法国、韩国的终身教育组织也各有特色，充分体现了其国情特点。

1. 建立国家管理终身教育的机构

终身教育首先是政府的行为。只有各级政府将终身教育纳入国家、地方和社区的总体规划中，学习化的社会才有可能真正到来。设立国家管理终身教育的机构是推进终身教育的主要举措。1972 年 2 月，玻利维亚、哥伦比亚、智利、厄瓜多尔、秘鲁和委内瑞拉等国家的教育部长会议提出：在各国教育部中设立终身教育办公室。[1] 其他国家如法国 1973 年成立了全国终身教育发展署。日本文部省于 1988 年将"社会教育局"改组扩充为"终身学习局"，并将该局提升为"首席局"，于 1998 年设立了终身学习审议会，并且按照法律要求各地都要成立相应的机构，如法律规定在都道府县一级要设立地区性终身学习审议会；目前在市町村一级，到 1995 年为止，也已有 85.6％的市町村设立了终身学习推进会议。[2] 近年来，韩国也在教育部设立了终身教育政策局。

2. 建立各种社会教育机构

日本除各级学校之外，尚有许多社会教育机构。如图书馆、博物馆、青年之家、少年自然之家、儿童文化中心、妇女教育会馆、空中大学及公民馆等重要设施，其中尤以"公民馆"最受瞩目。公民馆是一种综合性的社会教育机构，充分发挥公民学校、图书馆、博物馆及产业指导所的功能，成为各地区终身教育的中心。英国、美国的社区学院教育成为其推动终身教育的主要力量。

3. 把社区作为发展终身教育的基本单位

当代主要的发达国家都把建设学习化社区作为教育改革的长远目标，学习化社区和学习型组织已成为终身教育发展的基本形态。主要表现在：各国政府对社区教育的影响力不断增强；大都重视以人为本的社区发展模式；拓宽社区教育的课程领域，提高社区教育质量；建立和完善社区学习网络；重视对社区教育工作

---

[1]　沈文：《国际社会推进构建终身教育体系的积极举措(一)》，《成人高等教育研究》，2000 年第 1 期。

[2]　驻日使馆教育处：《日本终身教育的发展以及对我们的启示》，《教育参考资料》，1998 年第 10 期。

者的培养等。① 其中，美国在教育改革中特别突出了社区建设的价值与意义。1989 年提出的《美国 2061 计划》中，有专门章节论述了"社区对教育改革的持续支持是改革必不可少的条件"。1991 年布什总统签发的《美国 2000 年教育战略》强调了四个方面的改革内容。其中，第三个方面指出：美国人必须学习不止，把美国建成"全民皆学之帮"；第四个方面则强调：教育改革要超越课堂，把眼光放到社区和家庭上。使每个社区都成为可以进行学习的地方。另外，美国社区学院未来委员会的报告《建设社区——对一个新世纪的展望》中，明确提出了终身学习的观念。认为社区学院比其他教育机构承担更多的终身学习的义务。要求"把教学当做社区"、"把学院当做社区"。社区学院实际上已成为美国实施终身教育，建设"人人皆学之帮"的重要形式。另外，日本和秘鲁也都十分重视学习化社区的建设。

(四)在制度建设上，重视法规建设的及时性和实效性

终身教育的推进需要教育外的制度环境，打破已有管理体制的条条框框，实现教育内部制度创新。许多国家为有效推进终身教育，都加强了制度环境建设和教育制度创新。

1. 将教育法制建设与终身教育的推进紧密结合在一起

政府在终身教育发展中发挥强大的影响力，利用国家与政府的行政力量，通过政策和立法来推动终身教育体系的建构，是世界各国的普遍做法。20 世纪的"80 年代中期以前，虽然有极少数国家在法律和政策上确立了终身教育的地位，但没有一个国家制定出综合的、全面的终身教育发展规划。直到 80 年代末以后，才在世界范围内掀起了一个终身学习制度化的高潮，使得终身学习在政策实践方面有了较大的进展。"②但总体上看，是发达国家走在了终身教育制度化的前列，而发展中国家"在教育法律和政府文件中涉及终身学习的还不多"。③ 20 世纪末期以来，世界主要国家的政府大都致力于发挥国家和政府的力量介入终身教育的发展和管理，极大地促进了终身教育的发展。1998 年，世界经济合作发展组织（OECD）对世界主要国家发展终身教育的政策措施进行了概括和比较，基本反映

---

① 沈文：《国际社会推进构建终身教育体系的积极举措（二）》，《成人高等教育研究》，2000 年第 2 期。

② 国家教育发展研究中心编著：《2001 年中国教育绿皮书——中国教育政策年度分析报告》，教育科学出版社，2001 年版第 173 页。

③ 国家教育发展研究中心编著：《2001 年中国教育绿皮书——中国教育政策年度分析报告》，教育科学出版社，2001 年版第 178 页。

了当代国外关于终身教育的政策状况。①

目前，许多国家和地区如澳大利亚、奥地利、法国、芬兰、意大利、日本、韩国、荷兰、挪威、英国、美国、欧洲共同体等都通过制定相应的教育政策法规来推进终身教育体系的建设。从法、日、韩三国关于终身教育的立法来看，有其共同点：(1)立法目的明确，都是为了建构国家的终身教育体系；(2)确立了政府在推进终身教育总的法律地位和责任；(3)都明确了员工或国民享受终身教育或终身学习的权力。特别是法国在终身化的继续教育领域确定企业员工的教育权利和企业的教育义务的同时，也充分照顾到了企业的权益和企业生产的全局利益，并作出了十分详细的规定；(4)制订了一系列发展终身教育的制度和措施；(5)对终身教育的机构和设施也做出了具体规定。

2. 建立有效的财政支持制度

财政支持是发展终身教育的根本与基础，没有强有力的物质基础，终身教育的发展始终会是一个空想。世界各国在发展终身教育时大都重视提供相应的物质支持。英国和日本是两个非常典型的国家。英国在 1998 年发表《学习时代》绿皮书之后，进一步加大了对终身教育的支持力度。"向学习者投资"是英国政府发展终身教育的基本原则之一。1999 年，在成立英国新的"学习和技能委员会"时，政府提供 50 亿英镑的启动资金。为建立个人学习账户，政府对最初的 100 万个账户投入 1.5 亿英镑；而且英国政府承诺将在政策和资金上全力支持和帮助建立国家终身学习框架与创建全国性的能适应各种学习需要的 UfI(即产业大学)和远距离学习网络。② 日本则采取了系统的政策措施保障终身教育发展的物质基础。一是增加文部省终身学习局的预算，从 1990 年到 1993 年，终身学习局的预算从占整个国家教育费的 0.89% 增加到 0.96%；二是对终身学习事业实行税制上的优惠，根据终身教育团体及其设施的不同性质对其实行免除或减免所得税，免除或减免法人税，免除赠与税与遗产税，免除地产税等等一系列优惠措施；三设立用于终身学习事业的国库补助金，为支持地方政府开展终身学习活动，日本中央政府特设了"地方终身学习振兴费补助金"，1996 年就设置预算为 136.1 亿日元，专门用于地方建立终身学习推进体制，开展终身学习事业等方面。③ 法国的"1%事业"制度更是从法律的角度赋予企业终身教育的经济义务。

3. 建立健全促进终身学习的一系列弹性教育制度

为了扩大学习机会，方便和保障人们参与终身学习，许多国家都尝试建立促

---

① OECD, *Education Policy Analysis* 1998, Center for Educational Research and Innovation.

② 沈惠国、陆养涛主编：《终身教育理论与实践》，中国纺织大学出版社，2000 年版第 268～269 页。

③ 驻日使馆教育处：《日本终身教育的发展以及对我们的启示》，《教育参考资料》，1998 年第 10 期。

进终身学习的一系列保障制度。一是大力发展弹性学习制度，实行就学机会的开放化和多样化，以方便更多的人参与学习，如日本的"学分制高中"、大学的"昼夜开课制度"和"科目选修生制度"，北欧国家的"半工半读制度"、远距离学习制度和"三明治"课程等都是弹性学习制度的重要形式。二是建立新的学习成果评价体系，许多国家都在改革传统的特别重视正规学历和知识考试的教育评价制度，如韩国实行"学分银行制"和"教育账号制"，瑞典尝试"把成人的职业经历折合成学分的制度"，而且出现了国家之间学制协调和学分互认的趋势。三是实行学习费用分担制度和带薪教育休假制度，要求雇主承担一部分在职人员的学习与培训费用，以保障人们特别是在职人员的终身学习权利。

二、国外终身教育实践的差异

由于目前国际上对终身教育和终身学习概念的理解还存在差异，各国发展终身教育和终身学习的政策目标、侧重和优先顺序也不尽相同，它们在对终身教育的理解和理论建设、办学机构与管理机构的设置、教育立法与执法、经费保证、管理模式、教学模式、资源整合等方面各有千秋。根据经济合作发展组织（OECD）分析，各国终身学习的政策重点是不同的，有些国家注重通过实施终身教育目标来加强学校层次的教学环节，另一些国家则重点从宏观上增加中学后教育和成人教育的机会。[①] 这也体现了终身教育多样化的发展趋势，它们都为终身教育体系的完善做出了自己的贡献。下面就日、美、英、法、韩五国推进终身教育的基本情况进行简单的对比（见表11）。

（一）在办学组织方面，存在正式组织与非正式组织、国家组织与地方组织的差异

日本比较重视国家组织、正式教育组织建设，美国和英国比较重视社区性教育组织和网络性教育组织建设，法国在建立特殊的终身教育组织（如地区高等中学群、法国国立高等工艺学院）外，还注意对现有的学校教育组织进行终身教育改造；而韩国则更重视非正式教育组织（如辅助学校教育）的建设。

（二）在组织管理、运行机制方面，存在计划机制与市场机制的差异

不同国家的终身教育管理体制也与其政治、经济体制有着密切关系，美国对终身教育进行分权管理，各州拥有管理的自主权，并用市场运行机制来推进终身

---

① OECD，*Education Policy Analysis* 1998，Center for Educational Research and Innovation。

教育；而日本、法国、英国则更注重用行政和法律手段来推进；特别是法国，在1971年通过的《终身职业教育法》中创设了企业将职工工资的1％作为职业教育的经费的规定和带薪教育休假制度，使终身教育有了制度保障；韩国的学分库制度和终身教育的学位授予制度更是一种创造性的措施。日本将发展终身教育作为一项基本国策予以重视，并在政府各部门设置相应的机构和赋予相应的职责，终身教育组织与所有社会组织紧密相结合；美国政府在充实公共教育基础设施的同时，政府大量投资并鼓励企业、民间、个人投资教育，使终身教育处于一种完全开放的状态；韩国的终身教育改革与立法同步进行，终身教育的研究成果和立法成为其推进终身教育的重要条件。

（三）从立法来看，存在立法重点和立法风格的差异

终身教育的法规建设是许多终身教育发达的国家发展终身教育的共同趋势。但各国的侧重点和立法风格是不同的。一是不同国家对终身教育涵义的理解是各不相同的，法国《终身职业教育法》主要关注的是终身化的职业继续教育，并不是完整意义上的终身教育；日本则把终身教育理解为"终身学习"，一方面强调终身教育"以学习者为中心"的特征，另一方面体现了打破文部省垄断终身教育管理的倾向；[①] 韩国则把终身教育限定在学校教育以外的教育领域。对终身教育理解不同，法律调整的对象和范围就有差异。二是不同国家在制度和措施方面有明显的差异。法国与韩国关于终身教育的立法比日本更为具体明确，可操作性更强。法国的立法规定了具体的实施终身职业继续教育的制度，韩国对终身教育机构设置和及其实施作了比日本更为专门、全面的规定。三是体现了各自的立法特色。日本关于终身教育的立法有一个重要特点，就是"建议私有企事业单位拨出专款并直接参与终身学习的各项工作"以及"通产省介入终身学习事宜"。[②] 这种情况与法国企业对继续教育的参与还不一样，它涉及终身教育的市场化问题。韩国的终身教育立法非常鲜明的特色是：强调接受终身教育的人要享受一定的社会待遇，可以广泛调动人们参与终身教育的积极性；设置"终身教育士"制度，有利于对终身教育活动的管理和评价；明确规定了对终身教育机构违反法律规定的行为进行行政处罚和经济处罚的规则，有力地保障了终身教育法的实施和执行。四是国外有关终身教育的立法并没有得到全面有效的执行。如法国的"带薪教育休假"制度

---

① 卞奎、常立学主编：《成人教育与社会发展——中英成人教育国际会议论文集》，山东教育出版社，1995年版第4页。

② 卞奎、常立学主编：《成人教育与社会发展——中英成人教育国际会议论文集》，山东教育出版社，1995年版第4页。

由于对于教育内容、实施的场所、带薪的条件、审批手续以及休假人员工资和教育培训经费等方面的有关规定还不够具体和明确，使该制度在实际应用中受到很大的限制。[①] 日本的终身学习振兴法也因为条文抽象，在实施中大打折扣。

（四）从教学来看，存在教学的要素、结构和功能方面的差异

日本非常重视终身教育的师资队伍建设；美国重视终身学习资源和机会的提供，特别重视学习者学习权利的保障；英国特别重视学生的人文素质的培养；法国重视将学习内容与社会实践结合；韩国则重视学生的创造精神的培养。

（五）从发达与欠发达国家比较来看，存在数量、速度、规模、质量等方面的差异

发达国家的终身教育更重视教育的投入、教育的基础设施建设、教育的正式组织建设；欠发达国家在推进终身教育的过程中，重视利用民间的力量办学、行政手段的使用；发达国家推进终身教育的重点已从权利的保障发展到质量的提高；而欠发达国家则把重点放到权利的保障和量与规模的拓展。这些差异与它们各自的政治、经济基础有着一致的关系。

表 11　五国终身教育实践比较表

系统\国别	办学组织系统	教学活动系统	组织管理系统	环境支持系统
日本	具有比较完备的办学组织与设施：专门的组织（公民馆）、社会化的学校组织、教育化的社会组织（终身学习村）、网络教育组织（地区学习中心等）	灵活务实的教学体系：非常勤教师制度；现代性、社会性、公共性学习课题；现代性、民族性的教育目标	健全的管理机构：文部省设终身学习局，道府县设终身学习审议会，市村镇设终身学习推进会；完备的终身教育制度：国家制定《终身学习振兴法》(1990)，地方制订"振兴终身学习计划"；学分累积和转移制度，灵活的入学制度和学习制度	终身教育作为基本国策；终身教育纳入各级政府的编制中；劳动省、厚生省、建设省等都制定了与终身教育相关的政策；政府拨专款对终身教育有关的委托事业给予资助

---

① 吴遵民：《现代国际终身教育论》，上海教育出版社，1999 年版第 162～163 页。

续表

系统 国别	办学组织系统	教学活动系统	组织管理系统	环境支持系统
美国	终身教育的机构多种多样，既有正规的，也有非正规的；社区学院备受重视；网络教育组织和跨文化教育组织发达，许多企业组织都成为学习组织	学习者拥有选择学习实践、内容、方式和参与学习活动的绝对自由权；课程设计新颖实用；追求教育生活性、职业性目标；提倡个性化的教育方法	对终身教育进行分权管理，各州拥有管理的自主权；政府颁布《终身学习法》(1976)；政府、财团、企业、社区、学习、中介组织以不同的角色参与管理；实施灵活的学习成就认定制度	政府兴建大量的公共教育设施；政府大量投资并鼓励企业、民间、个人投资教育；学校与社会双向结合；终身教育的理论研究多元化；丰富的网络资源
英国	重视正式的终身教育机构；大力发展社区性教育组织和网络教育组织	重视专门的教师队伍建设；重视学生职业性课程与非职业性课程结合；重视教学质量和学术水平	政府将终身教育纳入整个社会的发展规划中，并从财力、机构设置、质量标准等方面予以保证；完善的成人教育制度；对社区教育人员的培训	终身教育作为国家的福利，强调政府的责任；政府的许多部门都设有教育的项目和计划；开放的学习系统
法国	学校成为终身教育的机构；特殊的终身教育组织：地区高等中学群（地区性的学校组织联合体），国立高等工艺学院（专业性的教育集团）	以学生为主体；重视学生基础学习能力的形成；加强学校教育内容与社区、学生实际的联系，重视教师的选拔	完善的公共教育制度；《终身职业教育法》、《终身教育法》、《职业继续教育法》；带薪休假制度；成立管理终身教育的专门机构	终身公共教育设施的扩充；终身教育管理人员的培养和配备；成立教育科学系，开展终身教育的研究
韩国	重视非正式教育组织；社会机构和宗教团体纷纷举办私人教育机构和学校	倡导自学，重视自我教育；教学方法的多样性	政府通过制定宪法和修订《教育法》、颁布《终身教育法》等措施推进终身教育；学分库制度、自学制度	建立多种教育设施，提供多种教育机会；重视教育理论研究与教改结合

　　国外终身教育的实践发展经验表明：发展终身教育既要遵循教育发展的一般规律，又要重视本国的国情，不能照搬国外的发展模式，同时在推进终身教育的过程中不断进行观念、思想、组织、制度、管理、方法等方面的创新。中国的终身教育体系建设只能走借鉴、创新的渐进的发展道路。

三、国外终身教育实施过程中的矛盾与困惑

　　当然，各国在终身教育实施的过程中也存在许多矛盾和困惑，表现在：

　　1. 在教育的价值取向上，是社会为中心，还是个体为中心，还是两者的结合？

　　2. 在教育组织形式上，是以学校为主，还是以社区为主？是先学校社会化，还是先社会教育化？

　　3. 在教育的管理模式上，是中央集权好，还是地方分权好？

　　4. 在教育经费的筹措上是政府统筹，还是引进市场机制，进行市场化运作？

　　5. 在终身教育的推进中，是运用政策法规强制推进，还是政策法规与宣传舆论相结合逐步推进？

　　6. 在教育内容上，是以职业教育为主，还是以生涯教育为主？

　　7. 在教学方式上，是教授为中心，还是自学为中心？

　　8. 在学习方式上，是个别学习为主，还是合作学习为主？

　　9. 在学习成就的评价上，是统一的标准，还是多样化？等等。

　　各国对这些问题的处理方式是不一样的，但其正确处理的前提是将终身教育的终极需要与本国的现实可能性结合起来。这也说明终身教育的实践绝不是一朝一夕就能成功的事情，终身教育是每个人、每个国家和地区甚至是全人类永恒追求的目标和不懈的践行过程。

第七章　我国推进终身教育体系的条件分析

　　发达国家不仅在终身教育政策与实践方面占有先行优势，而且其教育标准与模式对发展中国家的影响也不容低估。这不得不使人们产生对终身教育模式的疑虑。如何使终身教育的政策与模式适合本国的国情，有效地保持和发展本民族的文化特色，是发展中国家建构终身教育体系时需要认真考虑的问题。一些发展中国家强烈感到，随着经济全球化的进展，在教育领域中需要借助发达国家的经验、技术和帮助。但是，由于教育在本质上是形成国民素质、延续社会文化的基础工程，如果简单地套用发达国家的终身教育政策模式、人才培养模式和评价标准，不仅不适应本国国情，而且可能对民族文化造成负面影响。"真正多元文化的教育应当既能满足全球和国家一体化的迫切需要，又能满足农村或城市具有自己文化的特定社区的特殊需要。"①

　　我国终身教育发展的社会政治、经济、文化背景是独特的，终身教育体系推进不应照搬国外的实践模式。例如，美国的终身教育（学习社会）是以市场机制为主要的资源配置机制，其前提是美国社会已经形成了相当成熟的市场经济形态。目前，在我国，社会主义市场经济体制初步形成，但还没有形成完全成熟的市场经济形态，所以市场领域难以承担建设终身教育体系的主要责任；而且尽管在近20年的改革过程中我国的公民社会（或称为市民社会）也有了可喜的发展，但与政府和市场相比，其力量还是很薄弱的，因而也不可能像英国那样从市民社会的自我教育和自我学习活动中催生出终身教育的思想和实践。我国终身教育体系的建构和实施应以当代我国的社会转型和社会结构的变迁为背景，充分发挥政府、市场和社会的多方面积极性，建立以国家和政府为主导的，市场领域、社会领域和广大公民个人广泛参与的发展终身教育体系的模式。政府干预、市场机制和社会参与应该是我国终身教育资源配置和推动终身教育发展的三种主要动力。

　　本文以终身教育的理论分析为指导，借鉴国外终身教育发展的经验，在对我

---

　　①　联合国教科文组织：《教育——财富蕴藏其中》，教育科学出版社，1996 年版第 225 页。

国推进终身教育的有利与不利条件的基础上，提出了推进的基本原则和基本策略。

　　和许多终身教育发达的国家相比，我国的终身教育实践虽然起步晚，但是我国具有终身学习的传统，在现代终身教育思想的影响下，终身教育实践出现迅猛发展的趋势，在办学思想、办学形式、办学模式、组织管理等方面已呈现出自己的特色。然而，中国众多的人口、薄弱的教育基础、不太发达的国力等，成为终身教育发展的不利条件，在推进终身教育的过程中还存在大量的障碍。分析有利和不利条件与障碍是正确寻找我国终身教育发展道路的前提条件。

一、推进终身教育体系的有利条件

(一)终身教育思想正在转化为政策和社会发展目标

　　相对于发达国家来说，在我国，终身教育(学习)从概念的引入、思想的转化到政策的制定和实践的全面展开，都经历了一个长期的过程。我国对终身教育的了解和接触是在十一届三中全会以后，特别是《学会生存》一书翻译介绍到我国后，才引起教育界的广泛关注。尽管人们开始大量使用"终身教育"这一术语，但对终身教育的本质尚缺乏深刻认识，在很多人看来，终身教育不过是成人教育的代名词而已。我国在教育政策文件中第一次使用终身教育的概念是在 1993 年党中央和国务院发布的《中国教育改革和发展纲要》中指出："成人教育是传统学校教育向终身教育发展的一种新型教育制度，对不断提高全民族素质，促进经济和社会发展有着重要作用。"[1]至此，成人教育才被纳入终身教育的范畴。

　　随着我国社会的迅速发展和教育改革的深化，终身教育的理念也日益深入人心，对终身教育的概念理解逐渐明晰，终身教育的法律地位逐渐确立。1995 年颁布的《中华人民共和国教育法》第 11 条明确规定："国家适应社会主义市场经济发展和社会进步的需要，推进教育改革，促进各级各类教育协调发展，建立和完善终身教育体系。"第 19 条还规定："国家鼓励发展多种形式的成人教育，使公民接受适当形式的政治、经济、文化、科学、技术、业务教育和终身教育。"[2]这里，对终身教育的理解仍然是狭义的。真正对终身教育的内涵进行深刻阐述的是 1999 年颁发的两个重要文件——《面向 21 世纪教育振兴行动计划》和《中共中央、

---

　　①　《中国教育改革和发展纲要》，载《新的里程碑》，教育科学出版社，1994 年版第 70 页。

　　②　国家教委政策法规司编：《中华人民共和国教育法规实用要览》(1949—1996)，广东教育出版社，1996 年版第 44、46 页。

国务院关于深化教育改革全面推进素质教育的决定》。《面向 21 世纪教育振兴行动计划》指出："终身教育将是教育发展和社会进步的共同要求"，到 2010 年要"基本建立起终身学习体系"。《决定》中提出："建构与社会主义市场经济体制和教育内在规律相适应、不同类型教育相互沟通、相互衔接的教育体制，为学校毕业生提供继续学习深造的机会……高等学校和中等职业学校要创造条件实行弹性学习制度，放宽招生和入学的年龄限制，允许分阶段完成学业。大力发展现代远程教育、职业资格证书教育和其他继续教育。完善自学考试制度，形成社会化、开放式的教育网络，为适应多层次、多形式的教育需求开辟更广阔的途径，逐步完善终身教育体系。"[①]2001 年第九届全国人大四次会议通过了"十五"计划纲要，确定在今后 5 年及更长一段时间内"逐步形成大众化、社会化的终身教育体系"的奋斗目标。[②] 在党的十六大报告中提出了全面建设小康社会的目标之一是"形成全民学习、终身学习的学习型社会，促进人的全面发展。"并把"加强职业教育和培训，发展继续教育，构建终身教育体系"作为教育的发展目标。[③] 在国家和中央政府的推动下，各级政府纷纷制定了发展终身教育体系，建设学习型社区、学习型城市、学习型政府的规划，建立学习型企业的呼声也正在成为企业发展的自觉要求。

(二)办学主体和办学模式由一元向多元转化

随着终身教育思想的宣传与普及，我国的终身教育的办学组织呈现多类型、多样化的趋势，主要是政府举办的正规的普通学校、职业学校、成人学校和培训机构，以及在政府统筹规划、综合协调、宏观管理下，行业、企业、事业单位和社会各方面联合办学。具体来说有：

(1)政府举办的普通教育：包括各级各类普通学校、职业学校。

(2)政府举办的正规的成人教育：如农民文化技术学校、农民中专、农业广播电视学校、农村电视中专、成人中等职业技术学校、各种成人中专班、职工业余大学、走读大学、全国广播电视大学、各地的成人教育学院等。

(3)企事业单位和社会团体举办的教育。企业为了提高员工的素质进行的各种培训，宗教组织、民主党派等举办的各种学校或培训班。

---

① 教育部：《深化教育改革，全面推进素质教育——第三次全国教育工作会议文件汇编》，高等教育出版社，1999 年版第 6、8 页。

② 《人民日报》，2001 年 3 月 18 日。

③ 江泽民：《全面建设小康社会开创中国特色社会主义事业新局面——在中国共产党第十六次全国代表大会上的报告》，人民出版社，2002 年版第 20、40 页。

(4)文化部门利用文化体育设施举办的教育：影剧院、体育场馆、展览馆、文化馆、图书馆、俱乐部、公园、舞厅、社区服务中心等提供的教育服务。

(4)私人举办的教育：私立的小学、中学和大学，私人举办的各种培训机构。

目前，随着《民办教育促进法》的颁布实施，我国民办教育的规模不断扩大，民办学校的办学模式也呈现多样化的趋势，有公民个人办学、若干人联合办学、企业办学、事业单位办学、社团办学、公办学校改制、中外合作办学、股份制教育机构等。特别是民办高等教育的发展，逐渐成为中国高等教育的一个重要组成部分。截止到 2000 年，民办高等教育机构达 1321 个，注册学生 98.17 万人，民办与公办学生之比为 1∶9.3。① 截至 2001 年底，经各级教育行政部门审批的全国各级各类民办学校和教育机构已达 56274 所，在校生 923 万余人，教师达 42万。全国民办幼儿园共 44526 所，占全国幼儿园总数的 39.9%；民办小学 4846所，占全国小学总数的 1%；民办中学 4571 所，占全国中学总数的 5.7%；民办高等教育机构 1202 所，其中，经教育部或教育部授权省（区、市）批准的具有颁发学历文凭资格学校 89 所，学历文凭考试试点学校 436 所。② 民办教育的快速发展不仅给整个教育系统注入了活力，而且扩大了教育机会，不断满足了人们享受优质教育的需要，提高了公民的素质，对形成人人学习的社会风气也有一定的推动作用。

(三)高等教育自学考试制度——我国终身教育实践创新

1981 年 1 月 13 日，国务院批转了教育部的《高等教育自学考试试行办法》，在京、津、沪、辽等地试行自学考试。到 1988 年，高等教育自学考试事业获得了极大的发展。为了进一步推动发展，国务院颁布了《高等教育自学考试暂行条例》，明确高等教育自学考试是对自学者进行以学历考试为主的高等教育国家考试，是个人自学、社会助学和国家考试相结合的高等教育形式。1998 年 8 月 29日，全国人大通过了《中华人民共和国高等教育法》，确定了自学考试的法律地位和它在我国高等教育体系中的地位。

自学考试是以个人自学、社会助学和国家考试三结合的特殊的教育形式，是一种对自学者进行以国家组织的学历考试为主的新型教育制度。其主要任务是通过国家考试促进广泛的个人自学和社会助学活动，推进在职专业教育和大学后继

---

① 国家教育发展研究中心编著：《2001 年中国教育绿皮书——中国教育政策年度分析报告》，教育科学出版社，2001 年版第 134 页。

② 《全国新增 17 所具有高等学历教育资格民办高校》，《中国教育报》，2001 年 7 月 14 日。

续教育,造就和选拔德才兼备的专门人才,提高全民族的思想道德、科学文化素质,以适应社会主义现代化建设需要。自学考试自开办起就受到社会的热烈欢迎,参加考试的人数呈逐年上涨的趋势。截止 1997 年底,全国共开设专业 460 余种,在籍建档考生 2700 余万人,已为社会选拔造就了 200 万专门人才。

高等教育自学考试是我国高等教育改革的一项基本制度,它的独特意义是,以国家考试为主,实行宽进严出,通过大规模的社会化考试,有效地扩大了高等教育的开放度,这不仅是我国高等教育发展史的一个创举,也是世界高等教育发展史上成功实现开放办学、合理地充分地利用高校资源的范例。它突破了传统学校教育的时空局限,使教育的空间由学校扩展到社会,使教育的触角伸向社会的每一个角落,使学习的时间延伸到人的生活、休闲时间,极大地丰富了教育的内涵,满足了人们对知识和受教育的渴求,也满足了迅速发展的经济社会对人才的需求,极大地发挥和调动了国家、集体、企事业、社会团体和个人的多方面积极性,有利于对现有的教育资源进行合理开发和利用,为高等教育的开放化、多样化、大众化提供了一条确实可行的发展思路,大大拓展了高等教育服务社会的功能,从而,有利于教育处于社会的中心位置,推动了教育主体由一元化向多元化方向发展。

(四)社区教育正在兴起

我国的港、台地区开展社区教育比较早,取得了许多成功的经验。大陆的社区教育主要在 20 世纪 80 年代后期,其发展经历了三个阶段:最初的社区教育是从教育系统内部引发的,是教育部门为了争取广泛的社区支持,改善自身的生存条件和环境,壮大自身的力量的"公关"行为,具有较大的自发性、单独性;同时,学校也希望为青少年健康成长创造良好的社会环境和教育氛围,通过开办家长学校和成立关心下一代协会等方式,动员社会力量关心、帮助青少年健康成长。所以,这一阶段的社区教育近似于青少年的校外教育。其后,社区内的支教实体希望从教育部门获得知识、信息、人才等方面的相应回报,社区政府也意识到教育在社区建设和发展中的巨大作用,于是开始自觉地干预和协调社区教育,在组织社会力量大力支援教育的同时,明确引导社区各级各类教育为社区建设服务,从而,形成双向参与的互惠性的社区教育。在这一阶段,教育的对象从青少年扩大到其他社会成员,教育内容丰富了,教育的功能也扩大了,社区教育向大教育发展。然而,以支教、互惠为出发点的社区教育在社区发展中日益显得不足,于是不少地区开始酝酿教育与社区相互融合、相互渗透的社区教育模式。这样,以终身教育为指导思想、以社区全体成员的全程教育为基本思想,力求创建一体化、综合性的教育体系、教育格局，教育和社会的协调发展的终身性、综合性，社区教育形态便随之轮廓渐显、曙光初露了。[①]

我国的社区教育的大规模开展在 20 世纪 90 年代后。开展得比较早的地方主要是经济和教育都比较发达的地区，如上海市、北京市、南京市、苏州市等。其基本做法是：成立社区教育委员会或社区教育办公室并落实有关责任制；形成了以学校为中心的辐射型模式、以街道社区教育委员会牵头的统筹型模式、以城乡结合部的新村或居委会为主体的协调型模式等；教育对象从青少年群体扩大到婴幼儿、成年人、老年人；教育内容从重视德育到终身公民教育、家庭教育、职业教育、技术教育、闲暇教育、外语教育、环境教育等；教育的方法主要是讲座和专门的训练。很多地方出现了"政府统筹、地区协调、学校为主、社会参与、共育人才"的局面。但是，从全国的情况来看，社区教育在很多地区才开始起步，贫困地区、边远山区还根本没有意识到。

（五）终身教育思想向普通中小学渗透

自 1993 年，《中国教育改革与发展纲要》颁布实施以来，我国的基础教育领域积极推进素质教育，特别是第三次全国教育工作会议召开后，全面推进素质教育已经进入一个新阶段。素质教育的基本特征是：面向全体学生，促进学生的全面发展，重视学生的创新精神和实践能力的培养，发展学生的主动精神，注重学生个性的健康发展，着眼于学生的可持续发展。为了全面推进素质教育，我国采取了许多政策措施，如狠抓"两基"，积极发展义务教育后的非义务教育，建立相互沟通、相互衔接的教育体制和教育结构体系，加快招生考试和评价制度的改革、课程与教学的改革，加快教师队伍建设等。这些改革已经被政府纳入终身教育的整体规划之中。特别是新一轮基础教育课程改革，把终身教育的思想完整地体现在其中。如改变课程过于注重知识传授的倾向，强调形成学生积极主动的学习态度，使获得基础知识与基本技能的过程同时成为学会学习和形成正确价值观的过程。关注学生未来发展，强调培养学生搜集和处理信息的能力、获取新知识的能力、分析和解决问题的能力、交流与合作的能力、探究精神与批判性思维、创新意识与实践能力、人生规划能力；加强课程内容与学生生活以及现代社会科技发展的联系，关注学生的学习兴趣和经验，精选终身学习必备的基础知识和技能；变革学习方式：改变课程实施过于强调接受学习、死记硬背、机械训练的现状，倡导学生主动参与、乐于探究、勤于动手；改革评价理念和方式：改变课程

---

① 《教育与社会的协调发展——全国教育社会学研究暨全国社区教育委员会年会综述》，《教育研究》，1995 年第 8 期。

评价过分强调评价的甄别与选拔的功能，发挥评价促进学生发展、教师提高和改进教学实践的功能等。

在基础教育领域贯彻终身教育思想具有重要的意义：首先，发挥其宣传作用和辐射作用，让终身教育的观念影响到家庭教育、社会教育、高等教育，从而形成全社会都关系支持终身教育的局面。一方面，终身教育的推进需要社会对学校的广泛支持；另一方面，终身教育的成果促进了人们对终身教育价值的深刻认识。其次，激发学生的学习愿望，培养学生的学习能力，有利于每一个学生成为终身学习的实践者和推进者。

(六)高等教育的开放拓展了终身教育的对象

全教会《决定》指出："高等学校和中等职业学校要创造条件实行弹性学习制度，放宽招生和入学的年龄限制，允许分阶段完成学业。大力发展现代远程教育、资格证书教育和其他继续教育。完善自学考试制度，形成社会化、开放式的教育网络，为适应多层次、多形式的教育需求开辟更为宽阔的途径，逐渐完善终身学习体系。"[1]为了落实全教会的精神，我国高等学校连续 4 年扩招，1998 年全国普通高校本专科招生数为 108.4 万人，1999 年为 159.7 万人，2000 年为 220.6 万人，2001 年为 268.3 万人，每年递增 35.8%。[2] 成人高校招生也大幅增长。高校扩招，为应届高中毕业生和在职人员提供了更多的接受高等教育的机会，受到社会的广泛欢迎。高校的扩招推动了我国高等教育大众化的历史进程，加快了高等教育体制的改革和社会观念的创新，适应了经济发展和社会进步以及学龄人口受教育的需要，促进了教育与社会的双向联系，从而，加快了终身教育的发展进程。

(七)成人教育、职业教育成为终身教育的主要形式

终身职业能力开发是终身教育的重要内容。1987 年 6 月，国务院转发国家教委《关于改革和发展成人教育的决定》明确提出：把开展岗位培训作为成人教育的重点。各类从业人员走上岗位以前，都按照岗位规范的要求进行培训，走上岗位以后或转换岗位，还要根据生产和工作提出的新要求，经常地培训提高。1987 年 10 月，国家经委、国家科委、中国科协联合发出《企业技术人员继续教育暂行规定》；同年 12 月，国家教委、劳动部又和以上部门联合发出《关于开展大学后

---

① 《中共中央国务院关于深化教育改革全面推进素质教育的决定》，《深化教育改革，全面推进素质教育——第三次全国教育工作会议文件汇编》，高等教育出版社，1999 年版第 6 页。

② 国家教育发展研究中心编著：《2002 年中国教育绿皮书——中国教育政策年度分析报告》，教育科学出版社，2002 年版第 94 页。

继续教育的暂行规定》，对继续教育的对象、内容、培训目标、组织实施、政策措施都做了明确规定。1993 年 2 月中共中央、国务院正式公布的《中国教育改革和发展纲要》，进一步提出"把大力开展岗位培训和继续教育作为重点，重视从业人员的知识更新。国家建立和完善岗位培训制度、证书制度、资格考核制度和考试制度、继续教育制度"。上述种种制度化、规模化职前职后的经常性的岗位培训和继续教育，是开发在职人员终身职业能力的基本模式，是实施终身教育的重要政策。

改革开放 20 年来，我国的成人教育事业取得了长足的发展。目前，农村成人教育共有县、乡、村三级成人文化技术学校 65 万余所，93％的县、94％的乡（镇）、82％村建立了成人文化技术学校，"九五"期间共培训农村劳动力 4.56 亿人次，推广、普及、传授了大量的生产实用技术和科学文化知识。成人高等教育目前在校生人数达 305 万人，每年毕业近 90 万人，培养了大量的各类专门人才。全国职工（干部、工人）参加岗位培训和继续教育每年达到 3000 多万人，占当年职工参加各类学习培训总数的 85％以上。现在，许多企业都与大学建立了联系或自己办学培训员工。岗位培训从任务转化为自觉的行动，自学考试已蔚然成风。

进入 21 世纪，成人教育、职业教育面临着非常好的发展机遇。人们越来越清醒地认识到：随着我国社会主义市场经济体制的建立和不断完善，以及加入世界贸易组织进程加快，各行各业劳动者素质的高低和人力资源开发的程度，越来越具有重要的战略意义，提高广大劳动者的素质和技能水平，成人教育有着不可替代的作用与影响，是实施"科教兴国"战略的需要；构建终身教育体系，建设学习化社会，成人教育、职业教育成为十分重要的一个方面。

二、推进终身教育体系的现实障碍

虽然由于科技的进步，人类寿命的延长，人口数量的增长，社会形态的改变，休闲时间的增加，教育需求激增等因素使终身教育成为人的发展和社会发展的迫切需要，也有不少国家将终身教育和学习化社会作为教育改革和社会发展目标，但迄今为止，还很难说哪一个国家已经实行了完全的终身教育，哪一个社会已经是学习化社会。

由于历史和现实的原因，我国在推进终身教育的过程中将会遭遇到比一般国家更多的困难。有人认为我国发展终身教育的难点有：终身教育管理机构的设置、终身教育的立法与法治、终身教育的保障机制、终身教育民间组织的建立与完善、构建终身教育体系的实施策略、终身教育监督机制的确立等。① 有人认为，从国际经验看，实施终身教育要满足下列基本条件，即人均国民生产总值达到 2500 美元以上，公共教育经费占 GNP4％以上，普及九年义务教育，成人文盲率在 8％以下，大学入学率在 20％以上，人均受教育年限在 9 年以上；国家要有相应的立法制度和实施部门；除现有教育资源外，还应有社区性终身教育中心或机构，应由一批终身教育（成人教育）专业学位的人来管理和指导。我国的终身教育仍面临诸多困难，主要体现在：（1）虽然制定了终身教育目标，但缺乏具体规划措施，教育部门没有专门机构指导终身教育；（2）政府对终身教育思想的认识有待提高，相当一部分人只是作为一种口号（或讲话和文章的装饰），社会上对终身教育的认识更显薄弱；（3）我国教育体制结构、教育内容方式和教师的水平，与终身教育的要求还有很大的距离；（4）部分地区还没有达到小康水平，社会成员负担教育费用的能力有限；（5）即使在发达地区成人教育也没有达到成熟阶段，主要注重经济功能，而转向促进人的全面发展和社会进步还有很大距离；（6）财政性教育投入尚有很大困难，政府很难对终身教育有大的支持；（7）国内缺乏一批终身教育领域的学士、硕士和博士来从事科研和管理工作。实施终身教育，必须建立开放性、多样性的教育体制，使正规教育和非正规教育沟通，公民普遍认同终身教育的必要性和重要性，教育需求不受内容、方式、方法和时空的限制，可从家庭或社区终身教育中心的计算机网络上接受教育，同时还应有相应的监督制度。②

　　分析并超越我国终身教育的现实障碍，是促进其有效发展的前提条件。本文认为实施终身教育的主要困难来自观念的、组织制度的、资金的、教学等方面，既有来自教育体系外的要素，也有来自教育体系内部的要素。下面根据前文建构的终身教育体系框架进行简要分析。

（一）落后的办学观念

　　落后的办学观念主要表现为急功近利的办学目的和行为。长期以来，我国中小学存在片面追求升学率、忽视学生的个性和可持续发展能力培养的现象；近年来有些高等学校的盲目扩招，或多或少暴露出浮躁的形态。落后的办学观念特别体现在成人教育中。我国成人教育办学机构虽然发展很快，从终身教育视角来反思，许多成人教育办学机构的出现和继续存在是建立在纯政治需要、经济需要的基础之上的。有的学者认为："我们目前的成人教育的目的仅仅关注了成人学习

---

① 　徐明祥 李兴洲：《构建我国终身教育体系的难点及对策》，《教育研究》，2001 年第 3 期。

② 　国家教育发展研究中心编：《研究动态》，1999 年第 18 期。

的知识性的需要，关注了他们的学历需要，而忽略了成年人完成公民角色的实践提升的需要。"①事实上，我国成人教育发展过程中，成人教育行为与其生产、生活目标偏离的现象时有发生。例如，在扫盲教育过程中，突击扫盲，单纯的识字，追求脱盲的数量和比例，而忽视扫盲的质量，忽视扫盲后的继续教育，忽视人们生活质量的提高。尽管脱盲的人数增多了，文盲的比率下降了，然而文盲在物质和精神方面并没有得到更大的改进。再如在成人学历教育中，学习者满足于拿到一张毕业文凭，以作为提升、晋级的"敲门砖"，而不能将此作为不断完善自己的一个阶段，不断发展自己的一个新的起点。这正是成人教育领域出现的盲目追求学历文凭现象不得纠正的一个根本原因。值得注意的是，在开展岗位培训制度以来，满足于一张岗位合格证书的现象常常出现，这种思想认识和终身教育所倡导的由一次性教育向多次性循环往复的教育相比，显得多么浅显和狭隘。从成人教育发展的整体性来看，片面强调成人教育的经济功能，而忽视成人教育的社会文化教育功能，也是目的性偏差的一种表现。这种倾向的直接后果是使人的技能得到增长而使人心灵空虚，感情疏远，道德水准下降，而间接的后果会引起人口素质的下降，社会的动荡等等。教育目的不仅影响了教育者和受教育者个人，而且作为教育活动的出发者和归宿，影响着整个社会和社会教育的发展。因此有必要对成人教育行为的目的性加以反思。

（二）封闭的办学系统和僵化的行政管理体制

现行教育体系存在某些功能失调与一定程度的制度缺陷，具有相当的封闭性。表现为教育系统内部组织之间相互独立和隔离，教育系统与它的外部系统脱离。基础教育、职业教育、成人教育和高等教育"四大块教育"划分，人为地割裂了教育体系的内在联系，相互之间又交叉重叠。随着我国社会主义市场经济体制的建立，社会对教育的需求更加多元化，维系教育体系的制度环境如办学体制、管理体制以及投入体制等也发生了根本性的转变，教育体系社会化的倾向越来越明显。这样过去"四大块教育"，已经不适用现代化教育管理和学习化社会的教育理想，制约着教育的进一步发展。如成人教育，仍然像普通教育一样被限定在一定的范围内，成人的学历教育需经过像普通学校一样的全国性的统一考试，而不能根据成人学习的需要，宽进严出，发挥成人特定的优势，去获取学历文凭。学习中还需按部就班学习通过全部课程，而不能根据成人学习条件，学习能力，及个性差异让所有受教育者对学习内容，时间地点和方式进行自由选择，使自己尽

---

① 金生鈜：《成人教育与公民素质的培养——对成人教育目的的哲学思考》，《教育研究》，2002 年第11 期。

快成才。成人学校一旦成立，便开始构建"小而全"的自我封闭的模式，而不是努力沟通成人学校之间的联系，把成人学校教育"扩大到学校以外的，与人们实际生活的各种环境中去。"

相对封闭的教育体系在其内部暴露出许多问题：①我国各级各类教育的发展不够协调稳定，出现各级各类教育竞相发展、自成体系而造成的学校重复设置、学制交叉重叠、层次和类别区分不明显、结构不合理等问题，影响教育体系整体效益的发挥。②现行教育体系还保持一定的封闭性，社会教育包括各种成人教育，也采用学校教育方式，忽视社会各种培训和继续教育的要求，忽视了社会组织形式多元化发展对社区教育形式的需求，学校教育与社区教育、远距离教育与课堂教学、岗位培训与文化教育等各种形式的教育之间，没有构筑起立交桥式的互通沟通。③教育管理体现在教育结构中过于学历化的倾向，以学历教育规范或组织各类教育，使许多本应由非学历教育承担的各类培训和教育活动采取了学历教育的形式，造成教育结构的混乱和教育资源的浪费。④过分悬殊的二元经济社会结构形成了教育资源在城乡和东西部地区分布上的显著差距。越是经济落后地区，教育发展速度和水平越落后，人才资源开发建设能力越低，弱势地区教育结构体系对社会人才结构和社会需求不能充分发挥调适功能。①

终身教育体系不是孤立的，是与市场化程度、职业准入制度、劳动用人制度等相关制度体系密切地联系在一起的。教育体系对社会主义市场经济的适应程度依赖于其"生存环境"。但目前，教育体系与社会发展体系存在人为的阻隔。由于受长期计划经济体制和区域封闭性的影响，市场体系发育不健全，教育体系调整与发展遇到体制性障碍和不利的政策环境。没有依据市场经济规律划分教育与劳动行业管理部门的职能，导致职业技术教育和职业资格证书不能有效地衔接。职业教育与职业培训以及职业资格鉴定尚未形成整体系统。产业部门、劳动管理部门、行业组织(协会、学会)与教育部门尚未很好地建立起沟通联结，条块分割的现象还十分突出，教育、就业、培训之间相分离。

政府对教育管理的僵化性表现为"失位"、"错位"、"不到位"现象，调控教育体系的有效手段不够，没有形成灵活的终身教育运行机制。具体体现在：①缺乏必要的终身学习激励机制和鼓励社会力量办学的有效措施。②过于依赖或迷信"计划"的作用，对市场的介入信心不足。③对学科专业调整，层次、布局结构优化，以及人才市场运行状态(就业机会)，缺乏灵敏的监测系统、信息反馈预警系统，缺乏有效的适应性调整调节手段。例如，我国人事部门公布的数据，全国人

---

① 《构建终身教育体系是一项重大现实课题》，中国网 2002 年 6 月 21 日。

才市场总体形势供大于求，对 37 个城市 2001 年 1—7 月的统计，求职人数是招聘职位总数的 3.41 倍。北京、上海、深圳三地的人才供求比例超过全国平均值 4.5 倍以上。除在数量上供大于求外，各专业在供求比例上也存在较大差距。人才市场中的经济专业职位的求职者居多（约 49 万名），而社会能够提供的这类职位不多（约 14.9 万个），中高层专业型的营销人才缺口较大，计算机、管理、广告类专业人才供需两旺。上述情况说明，职业教育的层次规模、科类、专业结构需要进行相应的调整。像这类人才市场监测预报，才刚刚起步，全国性的预测预报体系还没有完全建立起来。这项统计并没有包含小城镇以及农村的人才需求状况，不足以说明全国人才结构的合理程度。① 究其原因，社会主义市场经济体制建立需要一个过程，社会中介组织发育缓慢，仅仅依靠政府是难以做到的。这需要政府、行业组织、社会中介机构、企业、各种教育机构等形成共同需求，完善教育体系调控机制。

能否为各种不同潜能的人提供平等的、能最大限度地开发自己才能的机会和途径，是终身教育制度与传统教育制度的分水岭。目前，虽然实行弹性的学习制度，放宽了招生和入学的年龄限制，允许分阶段完成学业，建立了在职攻读申请学位的制度，并正在探索正规高等学校认可自学考试学分、插班学习的制度，但这种开放度非常有限。

总之，封闭的办学系统和僵化的行政管理体制无法对社会的动态的变化作出灵活的快速反应。表现为，决策的时宜性差，在提供社会服务方面不能实现资源的优化配置，制度缺乏弹性和灵活性，不适应终身教育实践发展的需要。

（三）真正的终身教育组织机构尚未建立

终身教育的组织包括管理组织和办学组织。目前，我国还没有建立全国或地方的终身教育协调管理的机构、终身教育的研究组织，现有的学校教育组织还没有实现向学习型组织的转换。就成人教育组织来说，80 年代以来，随着社会经济的发展，成人教育经过恢复发展整顿提高等阶段，已经进入一个新的成熟发展时期，教育已初步形成了一个多形式、多规格、多层次、多渠道的办学体系。但是就教育整体而言，普通教育的发展规模还跟不上教育发展的需求，成人教育还做不到"学者有其校"这一终身教育思想所提倡的理想境地。

近年来，尽管"学习型组织"提法很热，但就全国的情况来看，真正的学习型社区、学习型政府、学习型企业还很少。因此，现有的教育组织机构需要改革，

---

① 《构建终身教育体系是一项重大现实课题》，中国网 2002 年 6 月 21 日。

成人教育要进一步开放，学习型组织要建立健全。只有真正形成了终身教育的组织网络体系，为人们成才构筑多条"阳关道"，这样，才能真正实现"学者有其校"。

(四)终身教育的财力没有得到保障

近年来国家财政性教育经费支出虽在不断增长，但占 GDP 的比例一直处于不发达国家的水平，教育经费投入不足仍然是制约我国教育发展的一个重要因素。根据教育部财务司及 OECD、联合国开发计划署（UNDP）等机构的相关教育财政统计数据分析表明，2001 年，我国教育经费总投入占 GDP 的比例只有4.83%，而 OECD 国家 1998 年就达到 5.8%，韩国、美国、加拿大等国家都超过了 6%，有的甚至达到 7%；2001 年我国财政性教育投入占 GDP 的 3.19%，低于美国 1997 年 2.2 个百分点，由于中国 GDP 的总量与美国差距悬殊，人口又大约是美国的 5 倍，所以，人均教育经费的差距更为明显。即使与 1998 年巴西、马来西亚、泰国等发展中国家 4.63%、4.49%、4.27%的财政投入相比，也存在很大差距。

低水平投入造成教育事业发展经费的巨大缺口。2000 年全国中小学事业经费拨款尚不足以支付教职工的工资，缺口达 141 亿元，近 2 亿中小学生公用经费缺口有 256 亿元，普通高校三年来净增在校生规模 380 万人，按应投入的标准计算，应达 1600 亿元，但三年投入总额仅占一半，缺口为 800 亿元。[①]

目前，我国教育经费投入严重短缺，其中由于国家总体经济实力不足而造成政府投入不足是最重要的因素。但是，从制度层面看，政府经费的转移的非均衡化、多元筹资制度不够健全以及成本分担等制度上的缺失，同样也是加剧教育经费短缺的重要因素。

(五)教育服务质量不高

从终身教育思想原则来看，教育教学就是一种服务，一种为人的发展和社会的发展提供的服务，其服务的质量越来越取决于教育者给学习者提供的课程内容、使用的方法和师生关系。然而，我国现有的学校教学目的主要以获取知识为目的，课程结构单一、内容陈旧、方法原始、教学信息化水平低，师生关系停留在"主体—客体"关系中，教学评价侧重于知识内容和标准化。教学目的、内容、方法、评价等不适应终身教育发展的需要，教学不能给社会和学生提供优质的教

---

① 中国教育与人力资源问题报告课题组：《从人口大国迈向人力资源强国》，高等教育出版社，2003年版第 312 页。

育服务，导致学生学习兴趣不浓，终身学习能力差。

以成人学历教育的课程为例，总体上说有三点不足：其一，现阶段成人教育课程往往是以"学科为中心"，以传授知识为指导思想，忽视课程设计对象的智力结构及其经验。其二，成人教育课程内容陈旧，不能及时反映日新月异的科学成就和社会经济的发展变化。其三，课程结构单一，无特色，课程设置则基本上是必修课，忽视了成人的个性差异和需求差异。正是由于上述不足，成人教育往往难以实现质的突破，难以适应社会主义市场经济体制的新形势。以终身教育思想为原则进行课程改革，就应从社会经济发展的总目标，从当代科学技术革命给人们带来的新知识新技能，从成人的心理特征、自身学力、实践经验、个人需求等特点出发，将基本知识和基本技能，知识的稳定性与灵活性，学科性与职业性等有机结合，使课程内容更贴近现代生产和生活。而这方面的改革，我们似乎还做得很少。

随着基础教育的普及和素质教育的推进、高等教育大众化的出现，人们更关注教育的发展规模、速度和数量，教育质量往往是被遗忘或忽视的领域。教育改革虽然高潮不断，但改革的主体多从功利的角度出发，沉湎于局部的成功，各种教育改革也流于形式。到 2000 年，我国还有 520 多个县未"普九"，其中未"普六"的县有 100 个，全国尚有 8500 万成人文盲，其中青壮年文盲还有 2000 多万。同时，农村初中辍学率居高不下，再加上初中学龄人口高峰的到来，使教育需求与供给的矛盾更加尖锐。扫盲教育课程和教学还不能满足农民的学习要求，不能有效调动广大学员的学习积极性。随着高校的扩招，高等教育的质量也出现令人担忧的局面。

总之，观念落后、理论支持不足、发展极不平衡、经费严重短缺、机构设施不全、法规不健全、管理体制僵化、效率低下是我国实施终身教育的现实障碍。分析并超越我国发展终身教育的现实障碍，是有效发展终身教育的前提条件；我国的终身教育的实施只能是在克服阻碍其发展的因素、发挥自身的优势中渐进的。

第八章　我国推进终身教育体系的基本原则

推进建构我国的终身教育体系，必然涉及众多的理论与实践问题，但首先必须有明确的指导思想。无论是终身教育政策法规的制定，还是终身教育策略的选择，还是实际活动的开展都必须在一定原则的指导下进行。终身教育体系的原则就是推进终身教育顺利实施的指导思想和基本要求。以人为本、社区本位、可持续发展、依靠科学技术、国家和政府起主导作用是推进我国终身教育体系的基本原则。

一、以人为本原则

从字面意思看，"以人为本"是指把人的利益和要求作为考虑问题的"根本"出发点，作为各项活动的"根本"目标。从逻辑上看，"以人为本"存在以什么人为本，以人的什么为本，怎样以人为本等问题。具体来说，推进教育发展的"以人为本"原则就是以学习者为中心，相信、尊重、理解和关心学习者，调动他们学习的积极性和创造性，以自我管理为基础、以学习型组织共同愿景为引导，使学习者个体和组织获得持续的发展，最终获得最优化发展。

建设终身教育体系首先必须遵循以人为本的原则。因为终身教育的根本特征是以人的成长为核心，人的需要的合理满足，人的生活质量的提高是终身教育的根本宗旨。通过"对待人的方式"才能把人培养成为人，这不仅是由人自身的特点所决定的，同时也为成功的教育实践经验所证明。

遵循以人为本的原则在我国建设终身教育体系过程中具有特殊的意义。因为一方面这是终身教育和学习社会的理念所决定的。按照联合国教科文组织的观点，学习社会就是一种终身教育的社会，是一个人人皆学习、时时皆学习和处处皆学习的社会。在这样一个社会当中，"教育处于社会的核心地位"①，"教育虽

---

① 联合国教科文组织：《教育——财富蕴藏其中》，教育科学出版社，1996年版第96页。

然建立在从最近的科学数据中抽取出来的客观知识的基础上，但它已不再是从外部强加在学习者身上的东西，也不是强加在别的人身上的东西。教育必然是从学习者本人出发的。"①从联合国教科文组织提出"学会认知、学会做事、学会共同生活、学会生存"到"学会关心"，其教育目标也越来越体现出人本精神。此外在社会发展过程中，"人是发展的第一主角，又是发展的终极目标。"②而另一方面，恰恰我国的教育传统中以人为本的观念相当薄弱。如果不能够从人的发展的角度来理解和确定教育的意义，社会和教育的发展方向就有可能与终身教育和学习社会的理念背道而驰。终身教育体系的建设就无法达到预期的目标。

　　坚持这条原则，就要求在社会和教育的发展规划和制定其发展目标时，以人为中心。"以人为本"的终身教育是以人的全面的、自在的发展为核心，应创造相应的环境、条件，开发人的潜在能力为个体与相关的组织的生存与发展服务。社会发展应摈弃"以物为中心"的发展观，从工业社会中过多地重视"经济增长"目标转向兼顾"经济增长"与人的发展的双重目标，最终使经济增长的目标服从于人的发展的目标。教育发展应摈弃传统的以"知识为中心"和"以教师为中心"的教育模式，确立"以学习者为中心"的、"个别化"的、"自我指导性"的教育模式；克服教育运行过程中的专制的、不平等的做法，确立人道主义、民主化的教育观；更加重视每个学习者的归属需要、自我发展需要；使学习者由被动地接受教育到积极地参与教育活动和社会活动，引导其做社会、教育和学习的主人。

　　坚持以人为本的终身教育原则要求在各级各类教育活动中，把学习者个人学习特征（学习动力特征、时间选择与安排、需要类型、兴趣特征等）的培养作为学习社会形成的根本动力之一；克服传统教育（包括学校教育、社会教育和家庭教育）中仅仅重视知识和智力发展而忽视学习者情意系统发展的缺陷，注重学习者非智力因素和学习动力系统的培养；降低学习者对教师和教材的依赖，充分发挥学习者的能动性和创造性。

二、社区本位原则

　　社区本位原则要求终身教育体系和学习社会建设以社区为基本单位、处理好社区发展与学校发展的关系。学习化社区和学习型组织是有效地实现教育社会化

---

　　①　联合国教科文组织：《学会生存——教育世界的今天和明天》，教育科学出版社，1996年版第200～201页。

　　②　联合国教科文组织：《教育——财富蕴藏其中》，教育科学出版社，1996年版第71页。

与社会教育化的基本单位，是把终身教育思想加以具体化的最有效的单位。建设众多的学习化社区和学习型组织是创建终身教育体系和学习社会的核心措施。在建设过程中，通过教育与社区和企业活动相融合，最有效地实现教育的社区化、社区的教育化以及教育的组织化、组织的教育化。

从当代国外建设终身教育体系的努力来看，绝大多数国家都是通过以社区为单位的教育和社会改革来推动终身教育和学习社会的成长。例如，美国的以"社区学院"、"无墙大学""芝麻街计划"等为基本形式实施终身教育，推动把美国建成"人人皆学之邦"。与发达国家相比，我国现代化社区发展的水平相对较低。新中国成立以来，计划经济体制下的"城乡二元发展模式"①造成我国城乡社会发展水平的巨大差距。在经济发展水平较低的小城镇特别是广大的农村地区，由于经济条件的限制和文化观念的落后，社区建设仍然是举步维艰，传统的封闭性的社区控制系统和文化观念仍然在很大程度上左右着社区的发展，社区功能单一。这种状况与建设终身教育体系和学习社会的要求极其不相适应。所以社区特别是欠发达地区的社区的培育和成长对我国终身教育体系建设显得尤为紧迫。

社区本位的原则有三个方面要求：

一是树立社区教育是终身教育的基础的观念。社区是构成现代社会的基本单位。终身教育体系的建设不可能设想通过社会整体性的、统一性和剧变性的改革活动来实现，这样一个进程必然是部分的、多样的和渐进的。因此，建设终身教育体系要立足以社区为基本单位，通过建设学习化社区或学习型组织（企业）来达到建设终身教育的目标。

二是因地制宜。学习化社区的建设要依据社区发展的需要，社区文化与教育的发展在内容、形式和组织实施等方面应从社区本位出发，根据特定社区发展的规划和需要展开。因为，不同类型的社区在发展指标体系方面大体上是一致的，但在发展的具体内容和需要上却是千差万别的；即使同一类社区彼此之间也有很大的差异。所以，学习化社区的建设必然是具有各自的特色，具有强烈的"个性"。

三是社区整体发展与教育发展高度统一。在一般的社区教育发展过程中，往往存在两种倾向：社区经济本位和社区文化本位。社区经济本位强调社区的经济发展的需要、目标和利益；社区文化本位强调社区的文化发展的需要、目标和利益，并且教育的发展往往具有超出本社区发展需要的更为宏大的目标。这两个方面都会影响到社区教育的健康发展。而学习化社区建设应把社区发展和教育发展

---

① 袁方等著：《中国社会结构转型》，中国社会出版社，1998 年版第 131 页。

高度统一起来。因为学习化社区不等同于社区教育。社区教育仅仅是学习化社区的一个方面或一个部分。社区教育往往要求社区与学校的相互配合，互相参与对方的活动，以促进社区或学校的更好的发展，但社区与学校彼此还保持相对独立性。学习化社区则应具备学习社会的基本特征，即社区与教育融合为一体，形成教育社区。完成共同的社区和教育目标，同时尊重和支撑教育和学校所具有的更为宏大的社会与文化目标。

三、可持续发展原则

可持续发展是当代人类一种新的发展观。可持续发展观倡导社会和人的可持续发展，追求社会、个人与环境的和谐统一的发展。建设学习社会的可持续发展的原则是指以教育和学习为纽带，把个人学习、个人需要与社会教育、社会发展有机结合起来，在人的整个生命范围内最大限度地利用、开发社会资源和每一个人自身的自然资源和智力资源，从而最有效地通过教育和学习手段推进人与社会的可持续发展。

终身教育体系和学习社会的建设是一项复杂的系统工程。学习社会实际上是一个以文化教育系统为核心，由具有教育功能的政治、经济、文化、国防等系统构成的复合性教育社会。其中的每一个方面的发展都需要遵循可持续发展的原则。在建设终身教育体系和学习社会的过程中应加以综合的系统的考虑。主要应综合考虑以下几个方面：

1. 在制订计划时，坚持均衡发展与重点发展有机结合

传统的教育体系是条块分割、彼此联系松散、界限分明的，并且学校教育内部体系的发展水平远远高于学校外部教育体系的发展，二者发展极不平衡。学习化社会需要一种新的更高水平的"无体系"教育形态。因此，需要改革传统的教育体系，构建"纵向一体化"和"横向一体化"的开放性的教育体系，即在纵向上，综合规划幼儿教育、初等教育、中等教育、高等教育、大学后继续教育以及老年教育，为人生的每一个阶段都提供高质量的教育和学习机会；在横向上，打破学校教育、社会教育、家庭教育之间、普通教育与职业教育、成人教育之间、正规教育与非正规教育、社会学习与娱乐之间的界限，使它们彼此相互连通，在制度上具有相互衔接的机能和特征。同时，着手改变教育体系发展不平衡的状况，使学校教育内部和外部体系在时间和空间上一体化的基础上尽可能协调均衡发展。为此，必须全面改革我国现有的教育结构，建立职前教育与在职培训相结合、学历教育与非学历教育相结合、学历证书与职业资格证书相结合的、有弹性的、开放

性的教育制度；探索和研究不同教育系统之间的连接和接口问题，建立包括家庭教育、学校教育、企业教育、社会教育、网络教育等在内的互相沟通的教育结构体系。目前，要重点发展农业技术教育、企业职工教育、贫困地区的义务教育、中小学素质教育、信息技术教育、公民教育。

2. 合理配置文化、教育资源

可持续发展要求要优化文化、教育资源配置，避免有限资源的浪费；充分利用现有的教育资源，最大限度地提高教育质量；合理地处理平等与效益的关系。民主化和教育平等是终身教育和学习社会所坚持的核心价值观。实现教育平等，使每一个人具有学习的条件和机会是终身教育和学习社会的一个首要的理想目标。但是在目前我国教育资源相对十分有限，我们却面临着改变落后的学校教育面貌和建设终身教育体系的双重任务。在这种情况下，片面地追求绝对平等的目标是不现实的，这样做只能延缓创建学习社会的进程。只有合理使用和配置有限的文化教育资源，分出轻重缓急，才能使现有的文化教育资源发挥最大的经济效益、社会效益和发展效益。

3. 建立社会或社区教育系统与其他系统的资源交流与共享的机制

终身教育和学习社会的一个重要特征就是全社会的资源都可以作为教育资源而共享，政治、经济、文化、国防等系统的资源都可以充分发挥其教育的功能，教育内部的资源也可以服务于社会。所以，在建设终身教育体系和学习社会的过程中，应建立社会不同系统或社区不同部门之间资源共享的运作机制，保证社会资源的全面共享。其本质是实现知识的生产、传播、消费一体化。

4. 科学规划，分地区、分步骤实施

终身教育有两个显著的特征：终身性、全员性。让一个人甚至一部分人一生坚持不懈地接受教育和学习是比较容易做到的，但若是让全体社会成员都能一生坚持不懈地接受教育和学习却是一个很难的问题，这仅靠愿望或强迫是远远不够的，还必须具备必要而又充分的条件（如时间、空间、财力、社会教育资源、教育机会等）。由于地域、传统等诸多方面的差异，各地区的发展极不平衡，造成了东部沿海地区比中西部内陆地区发达，中部内陆地区比西部内陆地区发达的局面；而且即使同一区域（如东部沿海地区、中部内陆地区、西部地区）内部各地区之间也有相当大的差异（如珠江三角洲与黄河三角洲、长江三角洲之间有较大的差异）。这就决定了全面建构终身教育体系这一宏伟战略不可能按同一标准在全国各地区统一实施，应根据不同地区的社会、经济和教育发展水平采取因地制宜、分区规划和分步推进的策略，对不同地区必须采取有针对性地措施。对于经济发达地区和欠发达地区应提出不同的发展目标和时间表，根据各地方的实际条件和社会教育需要发展的特点设计和建设适应本地区需要的终身教育体系、标准和模式。

第一，国家要有推进终身教育体系的总体方案或总体目标。目前可采取先城市后农村，由东向西、分片推进的办法解决各地区之间的差异难题。具体可先在东部较发达的地区进行试验试点，待试验成功后先在本地区推行建立终身教育体系；在东部沿海地区大面积推行之时，可在中西部选取条件较好的地区进行试验试点，待东部沿海地区推行建立终身教育体系取得成功之后，再依据其经验并结合当地的试验分别在中西部地区进行推广，以期最终在全国建立终身教育体系。

第二，全国要制定分步骤实行的战略指导方针，具体规定在某一段时间内应完成或达到的目标；各地要根据国家的指导方针，结合本地情况制定相应的分步实施对策。

第三，遵循先易后难的原则，先从比较容易解决的问题入手，在条件较好的地区推行，逐渐过渡到难度较大的问题和条件较差的地区，在条件好的地区建立社区教育学院和教育中心；在条件比较差的地区，建立以学校为中心的终身教育体系，从扫盲教育、普及 9 年义务教育开始抓起。

第四，坚持先建立后完善的指导思想，在起始阶段不应求全责备、过分追求完美、追求模式化，而应当采取实事求是的态度，先建立后完善、先普及后提高。

5.进行发展性评价

建设终身教育体系和学习社会首先要依据终身教育的理想的要素或特征构建一个蓝图或标准体系。例如在适龄儿童受教育年限、接受高等教育的人口比例、成人参与教育和学习的比例、在职人员岗位培训的比例、老年人参与学习的比例、文盲和功能性文盲的比例、文化娱乐设施与人口的比例、学校数量与人口的比例、社会成员的学习时间、教育民主化程度、学习内容的类型、社会成员学习动力的特征等等方面要有完整的量化或定性指标。最初应依据社会或社区基本情况在上述每一个方面制定一个最低的量化指标。然后，在最低的量化指标的基础上，依据社会发展状况，不断地提高，用动态化的标准体系有序地、循序渐进地引导终身教育体系和学习社会的建设。特别是在学习化社区建设的意义上，不同的社区应根据国家基本的标准制定自己的标准体系并使之动态化，以适应本社区具体的发展状况。

四、依靠现代科学技术原则

现代教育的技术基础是现代科技。依靠现代科技，建立教育网络和实现网络化学习，是终身教育和学习社会的一个重要特征，又是建设终身教育体系的一个重要条件。因为人类社会已开始进入知识经济时代，社会、经济发展的根本特征就是信息化、网络化。网络化将彻底改变人类传统的学习方式和行为方式，导致人类阅读方式、写作方式和计算方式的根本性变革。这种变革是以互联网络和信息高速公路为背景展开的，可以真正实现"以学习者为中心"的学习理想。网络化学习可以为学习者提供多层次的全方位的良好学习环境，学习者可以通过网络自由选择自己感兴趣的内容而不受时空的限制，这就为人人、时时、处处皆学习的社会理念提供了一个物质基础；网络化学习可以充分地实现文化教育资源共享，教育网络能够在瞬间提供大量的信息资源，保证信息在终端网中快速地传递和交流，每一个终端机都可以随时面对网络中的任何一条信息和任何一个交互对象；网络化学习通过临境性交互式学习，利用多媒体技术、虚拟现实技术和仿真技术使学习者产生身临其境的效果，大大激发学习者的学习兴趣和创造冲动，为学习者持久的学习奠定动力基础。

我国作为一个现代化的后发外生型国家，在网络化和信息技术方面中国作为一个发展中国家，向世人展示实现教育跨越式发展的进程，[①] 但仍落后于发达国家。建设终身教育体系和学习社会必须坚持高起点，立足于实现网络化教育以推进终身教育体系建设。具体说，就是要依托互联网络和信息高速公路，建立由电脑通信网、资料中心库网、教育信息源网和学习终端网所组成的教育网络；在学校教育领域，建设把大中小学校联系起来的校园教育网络；在社会范围内，建设以互联网络和虚拟现实技术为基础的远程教育网络，并把它们连接起来形成整体性教育网络。依托教育网络进行以网络开放性为基础、以网络传播为主要途径、以学习者利用网络进行创造性学习为主要方式的开放性教育。

---

① 仅就基础教育的统计，1999 年我国有近 6 万所中小学校开设计算机课，到 2001 年底已增加到 1 万所；计算机校园网与 1999 年的统计相比，从 3000 多所增加到 11071 所，全国中小学已装机百万台，上千所学校建立了教室局域网，百余所学校建立了校园网。另外，还有 450 所高校实现了与中国教科网及 Internet 联网。中国教育和科研计算机网的网络已经通达全国 160 多个城市，联网的教育机构和科研单位达 900 多个，联网主机 120 万台，网络用户 800 多万，成为国内仅次于中国电信的第二大互联网络。

五、国家与政府主导作用原则

建设终身教育体系和学习社会需要全社会的努力，但在市场经济还欠发达、市民社会和民办教育体系还不健全的国家，国家和政府应发挥主导作用。因为国家权力是最有效的推动力，政府是建设学习型社会的"第一推动力"，是终身教育、终身学习的发起人；政府建立一定的机构，规划、启动学习型社会的建设，指导和管理学习型社会的各项创建工作，可以保证学习型社会建设的有序、高效；政府运用法律、财政等手段，可以多方促进学习型组织的发展；政府可以整合各种教育资源，汇合各方力量，促进终身教育体系和学习型社会的成长。总之，合理科学的政府行为能够缩短终身教育体系和学习社会"生长"和演进的过程，克服和纠正其在发展过程中的错误和偏差，通过宏观调控和微观管理，保证终身教育和学习社会的良性发展。

我国在体制上是中央集权制国家，国家和政府具有绝对的权力和财力，而市民社会还没有得到充分的发展，民办教育体系也尚未健全，国家和政府有能力、也有义务担负起创建终身教育体系和学习社会的任务，同时也有责任对社会和社区的未来发展进行宏观规划和调控；在社区发展的意义上，重要特色就是"行政力量融于社区之中，……社区规划的制定和实施，都是由政府主持的。"[1]这个特色决定了在目前我国建设学习化社区的过程中，各级政府扮演着特殊的角色。它必须在学习化社区的规划、发展、投入、管理和协调等方面发挥主导作用。而各级政府作为主体首先认识到建设终身教育体系和学习社会的必要性、紧迫性，并利用政策对整个社会和社区进行引导，规划并启动这样一个进程是至关重要的。更为重要的是，在建设终身教育体系的过程中，国家权力对于实现教育的公平性，解决社会弱势群体如老年人、残疾人、少数民族、妇女与女童、失业者等等的学习和教育问题，负有直接的责任。国家与政府的主导作用是有效满足社会弱势群体终身学习需要的根本保障。

国家与政府发挥主导作用并不意味着忽视社会、企业和个人在建设终身教育体系过程中的作用。国家与政府之外的民间组织是建设终身教育体系和学习社会的重要力量。国家与政府的主导作用之一就是给予民间组织（非营利性或营利性的）一定的活动空间，同时加强对他们的监督和管理，引导他们在终身教育体系的建立过程中发挥积极的作用。

---

[1] 袁方等著：《中国社会结构转型》，中国社会出版社，1998年版第97页。

　　以上几条原则是相互区别、相互联系的。以人为本的原则是终身教育推进的根本原则；社区本位原则对终身教育工作的起点和微观组织进行了基本规定；可持续发展原则是妥善处理在终身教育推进过程中的当前与长远、理想与现实、此地与彼地、重点与一般等矛盾的指导思想；依靠科技原则强调了现代科技在终身教育推进中的不可替代的巨大作用；国家和政府主导作用原则强调了国家和政府作为主体在推进终身教育过程中的不可推卸的责任。

第九章　推进我国终身教育体系的基本策略

根据我国教育发展的现实条件和发展终身教育的基本原则与终身教育体系的构想，我国终身教育的推进可以采取一系列策略。如成立足够的多样化的办学组织机构，使学习者有其"校"；提供优质的教学资源和较高的教学服务水平，使学习者学有所获；确立比较科学的有效的管理体制和管理方法，使学习者有学习选择的自由，并享受到教育机会的平等；建立比较有效的激励机制和充分的保障与支撑体系，如思想、经费、立法、人力资源、环境等，使办学行为持续，使学习者能够连续不断地获得学习机会。其主要策略有：

一、健全终身教育政策法规

终身教育法规可以规范三个层面：一是国家的终身教育政策法规和与终身教育相关的政策法规，如终身教育法、终身学习法等；二是各级教育行政部门，根据国家制定的法规，结合本部门、本地区的实际制定有关终身教育的规章；三是各级各类学校或学习型组织制定的有关规章制度或措施。终身教育法规的完善不仅在以上三个方面制定适合国家、地方、学校和学习型组织的政策法规，而且要使这些法规相互关联和相互补充，为终身教育的全面推进创造既科学规范又灵活有效的法制环境。

在终身教育思想提出以后的近四十年的时间中，严格地说，世界上绝大多数国家对终身教育的理解主要是停留在思想和理论的层面上，"只限于一种理论思考和对学校教育的反思及批判，一直缺乏有效的推动措施"[①]。虽然许多国家非常注重对于传统教育体系框架中的各类教育如普通教育、高等教育、成人教育、职业教育等等的改革和发展进行规划和管理，只有很少国家的政府从终身教育的

---

① 驻日使馆教育处提供：《日本终身教育的发展以及对我们的启示》，《教育参考资料》，1998 年第
10 期第 3 页。

整体性出发对终身教育的发展进行综合的国家层面的制度规划。① 终身教育作为人类社会一种教育发展形态在很长一段时间里实际上处于一种民间推动和自发"生长"的状态。这种状况在 20 世纪末期有了很大的改变，世界许多主要国家开始把发展终身教育，建设学习社会作为教育改革和发展的核心目标，并开始尝试从国家教育政策和法律的层面上来规划和调整本国终身教育的发展，有的国家把终身教育写入了教育基本法乃至最终制定了终身教育法。凡是终身教育体系比较完善的国家，相应的法规建设也走在前面。

终身教育体系的建立，至少需要三个条件：即要有终身教育观念和一定学习能力的学习者，能提供终身教育的机构体系和有利于终身学习的政策和制度。② 而在终身教育理念在中国还远未普及的情况下，国家和政府只有通过政策和法律手段来规划和调整终身教育的发展和学习社会的建设，依靠法律的规范和强制，才能有效地保证我国终身教育的健康发展。健全的法规是实现我国教育跨越式发展的根本出路，是建设终身教育体系的根本保障。

(一)认真研究我国终身教育政策法规的现状与问题

中国是目前为数不多的把发展终身教育写入教育基本法的国家。从 20 世纪 70 年代末期开始，终身教育的思想和理念已经引入我国，但在 90 年代以前，我国的教育政策和法律文本中从来没有提到"终身教育"问题。

直到 1993 年中共中央、国务院印发的《中国教育改革与发展纲要》中，才第一次正式在国家的教育政策文本中使用"终身教育"的概念，指出"成人教育是传统学校教育向终身教育发展的一种新型教育制度，对不断提高全民族素质，促进经济和社会发展具有重要作用。"全国人大 1995 年 3 月制定并通过的《中华人民共和国教育法》第 11 条规定："国家适应社会主义市场经济发展和社会进步的需要，推进教育改革，促进各级各类教育协调发展，建立和完善终身教育体系。"第 19 条规定："国家鼓励发展多种形式的成人教育，使公民接受适当形式的政治、经济、文化、科学、技术、业务教育和终身教育"。这里，我国第一次在国家教育法律文本中确立了终身教育的地位，在法律上提出了建立终身教育体系的目标。但 1995 年教育法中对于"终身教育"同一概念的内涵还存在两种理解，一种是包含了各级各类教育的终身教育，一种是成人教育意义上的终身教育。这说明 1995 年《教育法》并没有在法律意义上明确界定终身教育的涵义。1996 年在国家

---

① 沈蕙帼、陆养涛主编：《终身教育理论与实践》，中国纺织大学出版社，2000 年版第 266 页。

② 国家教育发展研究中心编：《"开放学习机会：终身教育的政策趋势"中英专题研讨会综述》，《研究动态》，1999 年第 18 期。

教委制定的《全国教育事业"九五"规划和 2010 年发展规划》中指出：要"进一步发展各种类型的职前、职后培训和继续教育，基本形成学历教育和非学历教育并重，不同层次教育相衔接，职业教育和普通教育相沟通的职业教育制度和体现终身教育特点的现代社会教育体系"。这里则是更多地从职业教育的意义上阐述终身教育。

1999 年，在《面向 21 世纪教育振兴行动计划》中，第一次提出了我国终身教育发展的目标和时间表，提出 2010 年在我国要"基本建立起终身学习体系"。《中共中央、国务院关于深化教育改革全面推进素质教育的决定》则第一次较为全面地阐述了终身教育的内涵，但这里主要从教育体制的意义上来阐述终身教育的内涵，描述了终身学习体系在教育制度上的一些特征。

可见，我国现有的教育政策与法律已经在许多方面涉及终身教育问题，并从不同侧面对终身教育进行了阐述。但比较零散的、不系统，还没有从教育政策与法律的意义上完整全面地阐述终身教育的内涵。我国还没有出台关于对终身教育进行规划和设计的专门性的教育政策或教育法律；虽然我们已经提出了一个大概的政策目标和时间表，但还没有形成关于我国终身教育发展的整体性、系统性的政策目标系统和长期的规划系统。与许多积极推进终身教育发展的先进国家相比，"我国在推进终身教育政策方面，还缺乏明确的制度框架和具体的可操作性的措施。"[1]更令人担忧的是，在我国，终身教育的理念远远没有实现普及化，在社会上乃至学术界和教育系统内部，许多人往往把终身教育理解为成人教育或继续教育的一个新的代名词。[2] 我国关于终身教育的研究目前主要还是局限于成人教育领域，许多关于发展终身教育的重要的理论问题如终身教育的基本理念与涵义、终身教育与现代教育体系的关系、终身学习的微观领域的若干问题等等都还缺乏深入细致的研究。

总之，中国现行的有关终身教育(继续教育、成人教育、职业教育、妇女教育、老年人教育等)法律法规存在严重问题，不管是法律体系的建构，还是法律主体及其责任的确定都存在明显不足。在目前我国终身教育的思想研究、管理研究和立法研究还比较薄弱，与世界先进水平有一定差距的情况下，系统研究终身教育发展和管理过程中的政策与立法问题，是国家和政府有效规划和管理我国终

---

[1] 国家教育发展研究中心：《对韩国和日本教育政策的考察报告》，《教育参考资料》，2001 年第 7 期。

[2] 国家教育发展研究中心编著：《2001 年中国教育绿皮书——中国教育政策年度分析报告》，教育科学出版社，2001 年版第 181 页。

身教育发展和学习社会建设的前提条件。

(二)积极借鉴国外"终身教育法"的经验

从国外现有的关于终身教育的立法情况来看，法国的终身教育立法是西方发达国家中较为典型的代表，而日本和韩国的终身教育立法则是亚洲国家的代表。这些关于终身教育的法律具有不同的特点，对于我国终身教育的发展和管理也具有不同的借鉴意义。

虽然目前国外建立系统终身教育法律体系的国家并不多，但他们的一些做法仍然可以为我们提供十分有益的启发。一是"终身教育法"一定要建立具体的可操作性的实施制度，像法国的"1⅛事业"制度、"带薪教育休假"制度、欧美国家的弹性学习制度等都是我国制定"终身教育法"可以借鉴的方面。这是一部"终身教育法"真正发挥调整和指导作用而不是成为简单摆设的前提条件。二是"终身教育法"应建立与终身学习及其相关制度相适应的学习成果评价体系，像韩国设立的"终身教育士"资格评价系统、韩国的"学分银行"评价方式等。恰当、科学、合理的评价体系既可以充分调动社会成员参与终身学习的积极性，又可以保证终身教育的质量。三是"终身教育法"一定要规定明确的法律责任和罚则。像韩国《终身教育法》和法国《终身职业教育法》都规定了比较具体的法律责任和相应的行政与经济处罚。这是"终身教育法"发挥法律效力的根本保障。四是"终身教育法"的法律规定要尽可能明确、具体，以防止像日本的终身教育政策和法律那样，因为法律规定过于抽象化而导致模棱两可，容易产生歧义，而降低了法律对终身教育实践的具体指导意义。

(三)推进我国终身教育的立法建议

目前，在我国终身教育学术研究领域和教育政策活动中都普遍呼吁制定我国的终身教育法，特别是国家教育部 2001 年 7 月公布的《全国教育事业第十个五年计划》中指出，在"十五"期间要进一步健全、完善教育法律体系，并提出要"调研、起草《终身教育法》"，说明制定我国终身教育法的工作已经提上了我国教育政策与法制建设的议事日程上。根据我国社会与教育发展的实际和国外终身教育立法的启示，本文对我国终身教育的立法工作提出以下建议：

1. 确立"终身教育法"的法律地位

根据前面我们对于终身教育法法律地位的理论分析，从法律部门的层面上说，终身教育法主要属于行政法的范畴，它是行政法部门中的教育法分支的组成部分。在教育法律体系中，终身教育法一般可以看做是国家专门调整和管理终身教育活动的教育基本法或者教育单行法。确定我国终身教育法的法律地位应依据以上结论作具体分析。

目前我国的教育法律体系共包括六个层级的法律法规，① 第一是宪法中关于教育的条款和规定；第二是我国的教育基本法《中华人民共和国教育法》；第三是各类教育单行法，如《义务教育法》、《高等教育法》、《教师法》、《职业教育法》和《中华人民共和国学位条例》；以上三个级别的教育法律都是由全国人民代表大会制定的；第四是国务院制定的教育行政法规；第五是各省市自治区人民代表大会制定的地方性教育法规；第六是国家教育部及国务院各部委制定的部门教育规章和各省级人民政府制定的政府教育规章。

从终身教育的基本理念和理想来看，终身教育涵盖了一个国家全部的教育系统、教育组织和教育活动，社会教育、家庭教育、学校教育都是终身教育的有机组成部分。因此，从理论上说，在建立了完善的终身教育体系的国家，整个国家和社会的教育都是按照终身教育的理念、原则、制度运行的，终身教育法就是其规范一切教育和学习活动的教育基本法，而不应是教育单行法。但是，在由学校教育形态向终身教育形态过渡的现代社会中，终身教育的体系还远远没有建立，人们更多地把终身教育活动理解为学校教育以外的社会教育、家庭教育、成人教育、职业教育或闲暇教育等的综合，例如，韩国的《终身教育法》就把终身教育理解为"除学校教育以外，有组织的教育活动"。并且在韩国《终身教育法》的附则中明确规定，在《终身教育法》颁布以前的"社会教育设施"更名为"终身教育设施"，已获得"社会教育资格"的人员可享受终身教育待遇。说明韩国基本上是把终身教育理解为学校教育以外的社会教育活动。再如，目前我国台湾地区并没有专门的《终身教育法》或类似的教育法律，其终身教育和学习活动是由《社会教育法》来规范的，如台湾1980年公布实施的《社会教育法》第一条就规定"社会教育……以实施全民教育及终身教育为宗旨"。而台湾的《社会教育法》是与《师范教育法》等相并列的教育单行法。因此说，在比较完整的终身教育体系还没有建立起来的社会背景中，把终身教育法在国家教育法律体系中的地位理解为教育基本法统摄之下的教育单行法是合适的。

所以，对于我国未来终身教育法的法律地位，本文建议确定为：终身教育法是教育基本法之下的教育单行法。并且，我们应该采取发展的、动态的眼光来看待这个问题，把终身教育法看做教育单行法是现阶段的一种选择。在我国建立了比较成熟的终身教育体系和学习社会以后，终身教育法应该而且必然成为调整整个社会中所有教育活动和整个教育体系的一部教育基本法。

---

① 黄崴、胡劲松主编：《教育法学概论》，广东高等教育出版社，1999年版第43页。

2. 制定立法应采取的步骤

根据我国社会与教育的发展现状，终身教育体系的发展和学习社会的建设在我国还主要处于理论学习和研究的阶段，处于刚刚开始萌芽的阶段。虽然我国已经把"建立和完善终身教育体系"写入了我国的《教育法》,① 但这种规定更多地具有宣示性、象征性的意义。

根据前文对教育政策与法律关系的分析，教育法律往往是成熟教育政策的定型化和具体化，比较成熟的教育政策往往通过政策的合法化进程上升为教育法律。我国目前还没有建立起实质性的终身教育的政策体系。在这种情况下，我们很难获得成熟的、成功的实质性政策体系并加以法律化。在这种条件下如果草率制定"终身教育法"，可能会削弱"终身教育法"调整、指导终身教育活动的针对性和有效性。因此，根据中国目前的实际情况和立法机关的立法进度，在处理终身教育管理活动中政策调整与法律调整的关系时，宜稳妥采取三步走的策略。

首先，在终身教育体系和学习社会建设的开端和初期，立足于制定和建立比较完整的国家终身教育的政策体系和尝试建立地方性终身教育法规，并在实践中不断检验、修改和完善。同时，应加强终身教育立法的理论研究，为指导未来的终身教育立法活动作好充分的理论准备。

其次，对现有的教育政策、法律法规进行修订和补充。明确突出终身教育的内容，也可以把它们当中与终身教育关系比较密切的部分增补修订为以终身教育为主要内容的法律法规。例如美国的《终身学习法案》就是在美国《高等教育法案》的增修过程中补充而形成的。

第三，经过一定时间的理论、政策和实践准备之后，在具备基本的终身教育立法条件的情况下，在充分的政策"尝试"和法律法规"修订"的基础上，选择恰当的时机，制定和颁布我国的"终身教育法"。

3. 确立我国"终身教育法"的立法原则

我国未来关于终身教育的立法，除了严格按照一般立法活动所应遵循的超前立法原则、民主立法原则和科学立法原则以及上述建设终身教育体系所应遵循的一般政策原则以外，需要特别强调的是，关于终身教育的立法还要遵循以下三个反映终身教育基本理念和特征的原则，作为一切法律规范所不能超越的界限。

(1)尊重普遍"终身学习权"的原则

"学习权"是联合国教科文组织 1985 年第四次世界成人教育大会的"学习权宣言"中提出来的，主要是指"人们读书写字的权利，是思考和提出问题的权利，是

---

① 《中华人民共和国教育法》(1995 年 3 月 18 日第八届全国人大第三次会议通过)第 11 条。

基本人权的一部分，也是人类生存不可缺少的手段"。终身学习或接受终身教育是每个人的天赋人权，它既是个人的一项基本权利，又意味着国家和社会对个人学习权利的保障。终身教育立法必须首先尊重人们普遍的"终身学习权"，在这个原则的基础上处理终身教育活动中国家社会发展需要与个人学习权利的关系，处理教育平等与效率的关系。

(2)教育资源共享的原则

教育资源共享既是终身教育理念的基本要求，又是终身教育体系得以确立的前提条件。离开了教育资源的共享，终身教育就会失去物质、知识、信息和技术等的支持。终身教育立法必须反映教育资源共享的原则，使一切终身教育的活动都有利于全社会教育资源的共享。在这个原则的基础上处理终身教育公益性与市场化运作的关系，处理关于终身教育设施和服务的免费与收费的关系。

(3)以个人的学习需要和愿望为基础的原则

终身教育和终身学习是以个人自觉、自愿的学习需要和学习愿望为基础的。这是终身教育体系得以建立的内在的、微观的动力系统。终身教育立法的有关规范必须以尊重个人自觉、自愿的学习需要为前提，更多地立足于满足人们多样化、多层次的学习需要，有效地引导和激励人们的学习兴趣，严格地规范政府和终身教育机构提供教育服务的行为方式等方面。在这个原则的基础上处理终身教育活动中国家政府的主导作用与民间、个人学习需要的关系。

4. 明确我国"终身教育法"的调整对象

从一般意义上说，我国"终身教育法"的调整对象是我国的终身教育实践活动及其中发生的一系列法律关系。其调整的具体教育活动范围取决于"终身教育法"对于"终身教育"所作出的法律意义上的理解和界定。如或者把终身教育界定为包括所有教育活动系统(家庭、学校、社会教育等等)在内的完整的、开放的、系统的教育体系，或者像韩国那样把终身教育界定为学校教育以外的教育学习活动，或者仅仅把终身教育理解为成人教育、职业教育或继续教育，"终身教育法"的调整对象就会有很大差异。

具体来说，我国"终身教育法"所要调整的具体内容是：在终身教育思想和理念的指导下，对我国全体公民的受教育权、学习权利、社会教育与学习资源进行重新分配以及分配活动的制度和保障体制。"终身教育法"要按照终身教育的理念、思想和教育体系的特征——如民主平等的观念、新的教育时空观、"无体系教育形态"、家庭是教育的第一场所、社区是最基本的教育社会单位、文化与教育信息资源共享、个人自觉自愿自由选择的学习等来确定公民之间教育、学习权利的分配原则，确定社会教育、学习资源在学习者之间进行分配的原则，并通过法律规定建立一定的制度和保障机制，保证按照法律规定的基本原则来分配社会的受教育权、学习权与机会，分配社会的教育与学习资源，不断推进教育的民主化与平等化。

5. 认真探索我国"终身教育法"主要的内容结构

我国未来的"终身教育法"应包括以下一些主要内容：

一是立法目的。要阐明终身教育的立法目的。这个方面日本的《终身学习振兴法》作了比较细致的说明，韩国《终身教育法》则比较笼统。我国的"终身教育法"应力求作出比较细致的说明，以利于推动终身教育法的普及和执行。

二是终身教育的法律涵义与法律地位。应明确说明终身教育及其相关术语的法律意义，即法律是从什么意义上来理解终身教育这个概念，这个方面直接关系到确定终身教育法调整对象的边界等问题。并说明终身教育在国家和社会教育体系中的地位。

三是终身教育的原则。说明国家、社会、企业组织和个人从事终身教育和终身学习活动所必须遵循的基本原则，如教育与学习权利、资源的分配原则、个人在终身教育中的地位等等。

四是终身教育的基本制度。说明国家、社会与企业组织和实施终身教育的各级各类教育组织机构、行政管理机构的设置、权利与义务及其相互关系。

五是终身教育的设施。对终身教育设施的申报、管理与使用作出规定。

六是终身教育的评价体系及其标准。即建立比较完善的、多样化的、有弹性的终身学习评价标准体系和对参与终身学习的社会成员的资格认定制度。

七是终身教育的保障机制。规定实施终身教育所需要的社会保障条件，尤其是经费或财政保障条件。

八是终身教育法的法律责任。对于违反终身教育法有关法律规定的教育机构、管理机构、企业组织和个人做出明确的行政处罚和经济处罚的规定。

九是其他方面的规定。如终身教育法的时效及与其他法律的关系等等。

6. 大力加强终身教育的立法研究

终身教育的立法依赖于对终身教育理论的全面研究。如终身教育的基本思想和特征的研究，终身教育的基本价值取向研究，终身教育的发展或"生长"规律的研究，终身教育的领域或体系的研究，终身教育市场化运作研究、个人的"终身学习权"的研究，终身学习的微观领域的研究，终身教育背景中学校作用的研究，终身教育的指标体系研究，终身教育与社会教育、家庭教育、学校教育的关系研究，终身教育领域政府与民间团体的关系研究，终身教育领域教育公平与效率的研究，终身教育中国家权力、社会参与、个人愿望和选择之间的关系研究等等。

对于这些理论问题如果不能做出理论上科学的回答，终身教育立法就缺乏科学理论的支撑。

终身教育的立法也依赖对于终身教育立法活动本身的研究，如立法目的、调整对象与立法原则、终身教育法的法律地位、终身教育实施的原则等，都要做出专门的学术讨论和研究。这方面的研究可以为终身教育立法活动提供科学的技术支持。

二、科学有效地宣传

终身教育要由理想变为现实，首先是要改变人们的认识，树立终身学习的观念。因为只有具有明确、正确的意识，才可能转化为合理的行动。在我国，传统教育的观念还根深蒂固，终身教育的肤浅甚至错误理解还大有市场，加上中国人口众多且文化程度不高，科学的终身教育观念的推广和普及任重道远。

如何进行科学有效的宣传，台湾的一些做法给我们一些有益的启示。他们的做法是：规划利用电视、广播、图书、杂志、文宣品、座谈、网络等多元方式推展终身学习理念；设置专门的课程或将终身教育思想渗透于各级学校课程中，培养学生的终身学习态度与习惯；办理终身学习年活动；研究试办发行终身学习卡（护照）；规划提供民众终身学习信息。根据各国和地区发展终身教育的经验，可以采取以下基本的做法：

（一）确立科学的终身学习观

要进行终身教育（学习）思想的普及，就要进行终身教育思想的研究，帮助人们克服学习观念障碍，树立科学的终身学习观。终身学习观包括个人的终身学习观和组织的终身学习观。个人的终身学习观包括学习权利观、学习需要观、学习价值观、终身学习时间观、终身学习空间观、自主学习观。即回答为什么要学习、在什么时间和什么地方进行学习和怎样学习的问题。所谓学习权利观是指国家或组织赋予并保障的一项基本的人权和发展权，每个人应努力争取这种权利并珍惜这种权利。所谓学习需要观是指学习是人的一种精神需要和发展需要，人不学习就会丧失人的本质，就不能获得生存和发展的主动权。学习价值观是指学习有满足人们需要的属性，具体来说，学习具有提高人的认识的价值、促进人的创新能力发展的价值、提高人的生活质量的价值、提升人的精神境界的价值等。终身学习时间观是指人在任何清醒的时刻，都是学习的时机。终身学习空间观是指处处皆是学习之处，在正规的教室里是学习，工作、劳动场所可以学习，自己在家看书、读报、看电影电视是学习，与朋友集会交流、休闲也是学习。自主学习观，是指学习是个体的积极、主动的行为，只有不懈地努力，才能学有所获、学有所成。

组织学习观包括组织的学习需要观、组织的学习价值观、团队学习观、合作学习观、学习性组织观等。组织的学习需要观是指学习是现代组织生存和发展的基本需要，学习是组织适应环境、提高自身的竞争力的保证。组织学习价值观是指组织学习具有促进组织发展和组织成员的成长与生活质量的提高的价值。团队学习观是指组织学习主要是通过团队来学习的，团队是组织的基本单位，也是组织的学习机构和场所。合作学习观是指组织的学习是建立在合作的基础上的对话、交流、相互观摩、相互启发、相互提高、共同进步。学习性组织观是指将组织作为学习的机构，从领导到普通员工都是学习者，组织的活动都是学习活动和学习性活动。

终身学习观的核心是学习需要观、自主学习观，因为学习只有建立在自觉自愿、积极主动的基础上，学习才能发展人的本质，变为"真正的财富"。

（二）将终身教育思想渗透于各级学校的教学内容中，并将终身学习的态度和习惯作为重要的教育目标加以考察和评价

（三）利用宣传机构和多种媒体进行宣传、推广工作

报纸、电台、电视台、网络等宣传媒体要开辟专栏，经常宣传终身教育、学习型组织有关理念，介绍创建学习型企业的好经验。另外，还将通过举办讲座、研讨会等形式，增强人们感性认识，进一步激发他们的学习兴趣。建立各种激励人们努力学习的制度，像台湾等地区一样推行的"终身学习卡"制度；像韩国一样颁发"终身教育士"学位等。

（四）利用各种社会和个人休闲的时间、空间、活动，渗透终身教育（学习）思想

如社会的文化和体育设施智能化，新的信息通讯手段的开发及其低成本投放社会，建设性的休闲方式等。

三、创建学习型组织

建立终身教育体系是一项庞大的社会系统工程，要解决学习者学有其所、扩大教育机会、保障学习权利等问题，必须有相应的专门机构行使统一规划和管理

协调的职责，更需要相应的组织来落实终身教育的理念。有人认为，建立和完善终身教育体系的主体是国家，应成立国家终身教育体系委员会，省、市（地）、县、乡（镇）各级政府亦建立相应机构，自上而下形成一个管理系统。如此，这项工作由专门机构负责，由专人抓，各级政府在制定当地事业发展规划时把发展终身教育作为政府工作的目标之一，才有可能迅捷地将终身教育实施的工作落到实处。①

本文认为，使所有组织成为终身教育的组织，是学习化社会的最终目标。在组织建设中，除了对现有的教育组织的改造和建立新的教育组织外，更重要的工作是对非教育组织进行改造，使之成为学习型组织，具有教育的职能。学习型组织的设计与开发包括原有的学校组织的学习功能的加强，现有的团体和组织发展成为学习型组织，发展一些适应终身教育需要的新的学习型组织。其中重点是将现有的团体和组织发展成为学习型组织。大力倡导建立学习型家庭、学习型社团、学习型企业、学习型政府、学习型村镇，从而形成学习型社区、学习型农村、学习型城市、学习型国家。

（一）建立学习型政府

学习型政府是一个全新的理念，意味着对传统政府管理模式和管理方法的重新审视和调整，其中，首当其冲的就是要完成由传统行政向公共管理的转变。其主要目的是提高公务人员的素质，增进政府的服务职能，提高政府的服务水平。

主要措施有：（1）确立共同愿景：转变职能、改进作风、搞好服务、提高效率，建设政治坚定、务实高效、勤政廉洁、人民满意的党政机关；（2）组织机关学习型团队；（3）领导干部必须率先垂范、带头学习；（4）转换政府的管理职能，提高管理效率，如推行电子管理，提高会议效率，重视非政府组织与非营利性组织的作用等；（5）提供个人更多的学习机会，鼓励休假进修，提供经费和时间支持；（6）奖励学习成就；（7）推进工作的标准化。

（二）建立学习型企业

"学习型"企业，是以共同愿景为基础、以团队学习为特征、对顾客负责的扁平化的横向网络系统，它强调学习和群体智力的价值，以增强企业的学习为核心，提高群体智商，使员工活出生命意义，自我超越，不断创新，达到企业财富速增、服务超值的目标。

学习型企业的基本特征是：一是人员精简；二是结构扁平化，中间相隔层次

---

① 徐明祥、李兴洲：《构建我国终身教育体系的难点及对策》，《教育研究》，2001年第3期。

极少，能够形成一个互相学习、整体互相思考、协调合作的群体；三是富有弹性。企业对瞬息万变的市场动态具有极强的适应能力；四是能不断地自我创造未来；五是善于不断地学习，重视全员学习（即决策层、管理层、操作层都要全身心投入学习）、全程学习（任何企业的运行都包括准备、计划、推行三个阶段，把学习与工作、生活紧密结合在一起）、团队学习（不仅重视个人学习和个人智力的开发，更要重视团队学习和群体智力的开发）。

基本措施有：（1）调查员工的学习需求，提供各种学习机会。企业提供的学习机会可以分为三类：一是企业与学校合作，委托学校开设课程，提供员工的学习机会；二是企业鼓励员工自行参加各种课程的学习，准许其休假进修或给予经费资助；三是企业自己开办学习机构，开发企业课程来提供学习机会，企业负担员工的学习责任，鼓励工作场所学习，使其变为学习型企业；（2）建立学习进修制度：企业做好学习规划和学习经费的预算；政府强化用人单位在人才教育培训中的主体地位；企业应把人才的教育培训纳入单位发展规划，建立带薪学习制度和经费保障制度；（3）建立健全教育培训的激励约束机制，推行公开选拔、竞争上岗和职务聘任制度，增强人才的职业竞争意识和风险意识，激发终身学习需求；（4）建立员工的学习档案；（5）提供各种学习咨询；（6）举行学习研讨会和观摩会交流学习经验，提高员工学习意识，营造学习工作化、工作学习化的浓厚氛围，倡导互动式教育和学习；（7）制定科学、规范的教育培训质量评估和监督办法；（8）进行学习成就评比、学习成果展览。

从20世纪80年代开始，在企业界和管理思想界，出现了推广和研究学习型组织的热潮，并逐渐风靡全球。美国的杜邦、因特儿、苹果电脑、联邦快递等世界一流企业，纷纷建立学习型组织。初步统计，美国排名前25名的企业，已有20家按照学习型组织的模式改造自己。已经成为时代标志的著名的微软公司，其成功的秘诀就是倾心建立学习型组织。

在我国，联想集团就是范例。联想具有以下几个组织学习方式：从合作中学习（与惠普、英特尔、微软、东芝等保持良好的合作关系）、向他人学习（前车之鉴、后事之师，它山之石、可以攻玉，以及向顾客学习等）、从自己过去的经验中学习。联想的学习机制：会议、教育和培训、领导议事机制、委员会和工作小组。联想的组织学习保证和促进机制："鸵鸟理论"（只有比别人有非常明显的优势时，才具有竞争优势）、建立共同愿望（把联想建设成为长久的、有规模的高技术企业）、企业文化认同、领导以身作则、及时调整组织结构、人员合理流动、建立健全管理制度、合理的知识收集、传播和利用。①

(三)建立学习型家庭

学习型组织的微观的、基本的单位。学习型家庭可以促进家庭和睦，弘扬家庭美德，促进家庭成员的共同成长，提高家庭生活质量。"学习型家庭"的基本内涵是：家人相互承诺、相互关心、相互沟通、共同学习、共同分享。

主要措施有：形成家庭学习风气；购买、订阅家庭教育和与各自兴趣相关等报刊和图书资料；全家参加社区的文艺、读书、演讲、服务等活动；订立家庭学习计划；参加各种休闲或旅游活动；购置家庭个人电脑，进行网络学习；全国性家庭服务组织或社区提供家庭服务(如图书、家政指导等)，养成家庭成员的良好的学习习惯；评定学习型家庭，成立家庭教育服务中心，进行家长教育讲座；成立家长学校或家长委员会，提供家庭休闲娱乐学习场所；提供家庭图书证等。

(四)建立学习型社区

社会生活渗透到教育领域的各个方面，改变着教育形态与结构功能，教育社会化和社会学习化使教育方式和教学组织形式发生根本性的变化，除了传统的学校教育、行业或企业教育以外，社区教育日益成为教育体系的重要组成部分。因为社区是居民的生命共同体，推动社区的学习风气可以增进社区的认同感和团体意识，提高居民的生活质量。

主要措施有：组成各种各样的学习团队(如社区乐队、社区读书会、社区舞蹈协会、社区文化补习班、社区创造发明协会等)，提供多种学习机会，并有效地整合各种学习团体；整合社区学习资源，提供学习信息(如建立社区网络教育信息中心)；建立社区人才档案；建立义务学习指导人员制度；建立社区学习中心，形成学习型社区网络；实行各种奖评制度，表扬与奖励学习优秀的个人、团体和家庭；经常交流学习经验，形成良好的学习风气。

(五)建立矫正型或补救型学习组织

对社会弱势群体的教育是终身教育的底线，也是衡量终身教育效果的标志之一。对社会的弱势群体进行适当的补救，消除对他们的社会偏见，提高他们的公民素质和生活技能。建立这种组织并与社区教育、家庭教育相结合，有助于社会的稳定和社会的公平。这类教育组织有：监狱或劳教所内的学习型组织、入城农民的临时的学习型组织、下岗职工的学习型组织等。

---

① 张巨睿：《共同愿景拨动企业学习欲 鸵鸟理论引领组织向前行》，http：//www. chinapostnews. com. cn/477/tb01. htm。

措施有：组织学习团队；安排合适课程；免费提供必要的学习资源（如学习材料、学习用品）；提供必要的学习咨询与辅导；与家庭、社区紧密相结合；订立奖励与表扬的措施；记录学习成就。

另外，为了使学习型组织得到有效发展，还应建立研究学习的组织和管理学习的组织，发展民间的学习型组织，如读书会、辩论会、演讲会等。

四、营造学习型学校

学校是终身教育体系中的基本组织，因为终身教育的任务主要是通过各级各类学校教育来完成的，而且学校教育与其他类型的教育相比具有明显的优越性，如有明确的目的、有专职的教育工作者、有比较系统的内容、有科学的方法，有良好的环境。学校教育为终身教育和终身学习社会提供基础。

然而，传统的学校教育组织主要是以任务为中心的、封闭的科层组织，具有其自身不可克服的弊端。在我国学校改革中，存在组织结构的模式化、管理行政化的倾向，完全用行政命令的方式推进教育改革（如素质教育、创新教育、课程改革等），学校管理人员的行政职务制，教育财政管理的一元化体制等也无不体现科层组织的思想。因此，必须用终身教育思想加以改造，使之成为终身教育体系的有机组成部分。对学校组织的重塑就是对学校组织的改革，打破传统学校教育的封闭体系，促进学校教育的社会化、个性化、民主化。优化学校内部的各种因素，理顺要素之间的各种关系，优化组织成长的环境，发展组织文化，形成良好的组织学习氛围。

如何对学校组织进行改革，英国教育学者苏茨沃茨（Southworth）于1994年发表一篇名为"学习型学校"（The Learning School）的论文，他指出"学习型学校"应具备下列各项相互关联的特征：重视学生的学习活动；每个教师应是不断的学习者；鼓励教师和其他同仁共同合作或相互学习；学校为一学习系统的组织；学校领导者应为学习的领导者。[①]

美国学者罗伯特·钦（Robert Chin）提出了推进学校改革的三种策略：（1）经验——合理策略。这种策略旨在迅速普及新思想和新做法而采取的有计划、有管理，代替传统上那些无计划地向学校传播新思想的过程。主要方法是通过调查研究，将研究成果和教学实践紧密结合起来。如通过研究、开发、普及、采用等一

---

① Southworth, G. (1994) The Learning School, in Ribbin, P. & Burridge, E. (Eds.) Improving Education: Promoting quality in schools. London : Cassell.

系列过程，转变思想，解决问题，或者通过"解除无用人员"、改变资格标准和雇用新人的标准，达到改革的目的。(2)权利——强制策略。即采用政治上、经济上、道德上的制裁手段达到改革的目的。(3)组织自我更新(规范——再教育)策略。这种策略主要是通过转变学校文化中的价值规范、激发组织成员(学生、教师、校长)的创造性、促进组织成员的成长、促进问题的解决来实现的。自我更新学校有三个特点：第一，一个支持对变革具有适应性和敏感的文化。这种文化支持自由公开的交往，特别是由下至上的交往，把问题的解决放在首位。第二，有一套清晰、明确、众所周知的程序。参与者通过这个程序，就能有程序、有组织、有协作地解决问题。第三，这样的学校不是只凭内部能力、见解和资源来解决问题的狭窄机构，而是知道何时及如何为解决问题而去寻求恰当的见解和资源的学校。① 实践表明，前两种策略没有取得预期的成功，学校自我更新的策略越来越受到欢迎。

本文认为，学校组织的重塑，是学校文化的创造，它并不是完全革除传统学校中的一切因素，相反，而是要在吸收传统学校组织的优点的基础上有目的、有计划地进行自我更新。学校变革的主体不仅是学校的管理者和广大教师，而且包括家长、教育行政管理部门、社区组织、企业组织等。其主要措施有：

(一)重新定位学校组织功能与角色

1. 学校要培养学生终身学习的能力和可持续发展的能力

在终身学习体制下，学校教育的首要任务不是使学生掌握更多的知识，而是增强学习者的"学习潜力"，使学生具有不断获取知识和创造知识的能力。因此，学校教育要从以教授知识为主的传统模式向以培养能力为主的现代模式转变。学校教育要加强对学生基本素质、基础知识与基本能力的培养。"21 世纪最成功的劳动者将是最全面发展的人"。② 实施素质教育与终身学习要求是一致的，均重视能力的培养，要使学生学会学习，学会观察、倾听、表达自己的观点、提问和思考，学会交往，学会自我控制。"每一个学生应该成为自己的教师"。③ 要实现这个目标，教师的角色转换至关重要。在终身学习体系中，教师不再是知识的传

---

① ［美］罗伯特・欧文斯著，窦卫霖等译：《教育组织行为学》，华东师范大学出版社，2001 年版第 261～263 页。

② 国家教育发展研究中心、中国教科文组织全委会秘书处编：《未来教育面临的困惑与挑战》，人民教育出版社，1991 年版第 45 页。

③ Dave, R. H, Lifelong education and school curriculum : interim findings of an exploratory study on school curriculum structures and teacher education in the perspective of lifelong education . Hamburg, UNSCO Institute for Education，1973，p. 90.

授者，而是鼓动者和引导者。基础教育最重要的意义在于它是终身学习的基础。

2. 学校组织应成为终身学习的基地和社区学习中心

学校因为它所拥有的得天独厚的文化资源以及优化的文化环境而成为社区的终身学习基地和社区学习中心。开放学校的文化设施、学习资源已成为世界上终身教育发达国家的共同的实践取向。目前，我国成立的以学校为核心的家长委员会、家长学校体现了这一趋势。但我国学校的社会功能发挥还远远不够，挖掘学校的社会教育潜力还大有作为。

（二）开放学校

迄今为止，学校组织仍然是稳定性较高的组织。这与学校相对封闭，学校组织内部的成员缺乏主动的变革心向有关。然而，随着教育体制改革，学校组织及其运作，学校组织成员都呈现多元化的现象，"像现代这样文化高度化、并变化激烈、必然需要终身教育的社会，学校就再不可能是自我满足的闭塞了，迫切地要求学校在现代的变动社会中积极地与地方社会联系起来，把它的开放活动作为终身教育不可分割的一环。"①学校组织的开放成为发展的重要趋势。当然，传统学校也不是完全封闭的，但它的开放是"业余的"，"最多也不过是以民众教育、通俗教育的形式进行恩惠的、启蒙的教育"。② 终身教育条件下的学校开放是把学校拥有的设施、设备、教职员及教育机能等对社会的广泛开放。学校的开放具有重要的意义：（1）从终身教育的观点出发，学校必须主动接近社会；（2）因为学校具备了高度完善的设施、人员，把它们向社会及其他的公共活动开放，对于实现教育机会的均等或者从有效地利用国民的共有财产来说，是必要的；（3）随着城市的进展，学校开放是解决不足的社会教育设施和儿童的游戏场所等的重要对策。③ 学校开放具体表现在：

1. 建立开放制度

学校教育应当向全民开放，而且分阶段进行，累积完成。学校以外的学习与工作经验，与学校同等重要，应得到学校的平等重视和适当的承认。开放制度包括：（1）各级学校扩充教育机会给非传统学生（即那些曾经失学和离开学校一段时间，现在想回到学校继续学习的学生）。（2）各级各类学校应改变招生考试制度，适当增加成人学生的比例；实行弹性的学习制度，放宽招生和入学的年龄限制，允许分阶段完成学业。（3）建立学分累积与转移制度，进一步健全在职攻读申请

---

① ［日］持田荣一等著，龚同等译：《终身教育大全》，中国妇女出版社，1987年版第260页。

② ［日］持田荣一等著，龚同等译：《终身教育大全》，中国妇女出版社，1987年版第260页。

③ ［日］持田荣一等著，龚同等译：《终身教育大全》，中国妇女出版社，1987年版第260～261页。

学位的制度，探索正规高等学校认可自学考试学分、插班学习的制度。职业技术学院和社区学院的毕业生经过一定选拔程序或补偿教育也可进入普通高等院校继续学习。(4)建立学习成就的多元肯定制度。

2. 开放空间和资源

现在虽然有许多包括学校及其他的教育机构在内的教育资源，但是许多的教育机构还是不开放的，是互相分割，互相封闭的，造成教育资源还在浪费，教育的投资效益是不高的，不符合教育社会化的要求。充分利用社区的各种教育资源如图书馆、博物馆、科技馆、美术馆、文化中心等终身学习机构，密切学校与社区的联系，加强学校为社区服务。

3. 开放活动与内容

学生要走出校园，适当参加社会实践活动；学校要开设校本课程，教学紧密结合社区实际；培养学生的动手操作能力和社会服务能力。

开放学校不仅表现在学校向社会开放，还表现在社会向学校开放，真正实现学校社会化，社会教育化。社区向学校开放主要是指学校以外的组织、个人为学校的发展提供必要的支持。与学校关系特别密切的是家长、教育行政组织。他们认识、支持、评价对学校成为终身教育组织具有举足轻重的作用。因此，要鼓励家长在参与学校事务中学习，建立家长参与学校行政及协助教学的制度，使家长参与学校教学事务的同时，也能促进家长与学校相关人员间的相互学习。鼓励具有不同专业背景的社区人士，以及在社区中许多经营不同产业的人士，提供师生学习时的必要协助与支持。教育行政机关应制订奖励制度，激励学校教育人员的学习动机，并提高其学习效果；加强授权及推行"校本管理"，以增进学校组织成员实际经验与学习成长的机会；人事与会计等相关法令的适度松绑，赋予学校执行预算时之必要弹性，以有效协助学校顺利安排各项在职进修与学习活动；给予学校必要的经费支持，并主动协助学校解决困难。

(三)优化学校组织要素与结构

1. 学校所有成员的学习常规化、制度化

教师、学生、学校领导都应成为终身学习者。特别是学校领导者的行为对于教师和其他职工的成长，是一种示范的学习模式。学校领导者必须扮演"高级学习主管"(chief learning officer, CLO)的角色，有效整合学校组织的人力与资源，促进共同愿景的形成，以优质领导和可行措施，实现学校教育革新的整体目标。

2. 课程结构综合化

开设综合型课程，加强学科之间联系、教育与生活联系、学习方法的指导和学习能力的培养。

3. 教学方法现代化

教师要应用网络和多媒体教学，利用数字化教学手段改变落后的教学方式，提倡团体学习和交往学习、培养独立思考能力。教师除了在网上发布课程主要内容外，还补充信息、布置作业和公布答案。提倡教师和学生在网上进行交流，学生相互之间进行讨论。学校在网上颁布管理信息，学生在校园网上完成注册和选课、查成绩等，学生按照学校学分制的要求，自己制订学习计划和人生规划。

4. 师生关系民主化

提倡尊师爱生、民主平等、教学相长的师生关系，鼓励学生向教师提问，教师向学生学习。

5. 教师发展专业化

转变教师的角色，教师应成为学生学习的顾问、学生人际关系的协调者、学习的榜样、研究型教师；树立终身学习观和组织学习观；培养教师的交往能力、管理能力、学习能力、研究能力、自我发展与调控能力。

五、重塑终身教育的公共治理结构

"治理"的英文是"Governance"，是指政府对社会经济活动的控制、干预、监管。自1994年提出建立现代企业制度，完善公司法人治理结构以来，在我国经济界普遍使用。近年来，"治理"的使用，已经远远超出了企业和政府活动的范围，成为经济学、政治学、社会学以及管理学等文献中出现频率逐步增加的一个非常有用的概念。以威廉姆森为领袖的交易费用经济学早在1985年就提出了"治理结构"的概念，他们认为哪怕是最简单的交易活动都少不了治理结构或治理机制，它们的功能是保护交易主体免遭各种交易风险的侵害。治理是政治国家和公民社会的合作、政府与非政府的合作、公共机构与私人机构的合作、强制与自愿的合作。好的教育公共治理结构应当是不同力量和主体之间建立一种参与、协调、谈判的良好合作机制，保证政府、市场与学校，以及举办者、办学者和管理者之间的协调，有效地向社会提供教育产品，满足社会不同利益群体的需求，其基本目的是构成一个"政府调控、市场介入、社会参与、学校自主"良性互动的治理机构。政府职能转变是重构公共教育权力体制的核心问题。在公共事务的管理中，现代政府应该是"掌舵而不划桨"。保证社会公平和提供市场不能提供的公共产品，是政府的基本责任，表现在教育方面，就是保证教育的公益性和向社会提供公共教育服务。包括提供教育政策和做出合理的制度安排；对教育服务的提供进行政府监督；保证市场的公平竞争；为所有社会成员提供市场不能提供的义务教育；保护社会弱势群体的受教育权利。政府在公共教育方面的职能转变并不意味政府责任的减少，相反，将使政府承担更重、更复杂的责任，如全局性、战略性重大决策、中长期发展规划、重大发展项目、区域分类指导、公共信息服务、财政转移支付、支持西部发展、推进均衡发展等。

目前，我国教育公共治理结构主要问题：现有的教育规范体系还不完善；教育的公共管理体系尚未确立；"分级管理"体制尚未理顺；学校法人治理结构尚不完善；学校与社会之间的联系存在制度壁垒。政府包揽办学的现象还没有完全改变，教育行政部门机械庞大、分工太细、职能微观，公办教育缺乏成本机制，有限财政经费向少数重点学校倾斜，对民办学校采取歧视性政策，中介性商业存在和专业服务不能满足教育的需求。因此，构建教育公共治理结构是非常必要的。

（一）创新教育体制

西方许多学者认为，制度是对人类重复交往所作的法律的、行政的和习惯性的安排。教育制度是指影响教育组织及其中的人的发展和教育功能发挥的各种法律的、行政的、契约性的规范的总和。教育体制创新包括教育制度创新、教育结构创新、教育机制的优质高效和充满活力。人的活动和组织的活动都是在制度的框架内进行的，不同的制度安排有着它们各自的激励结构，而这些激励对人类行为有着特殊的和可预见的影响。"制度的发展不足使技术进步的成果和潜在的巨大市场不起作用。"[①] "终身教育及终身学习，是作为现行教育制度的再构成，或者是对教育制度范围以外的所有教育的可能性予以开发，这是以实现双方面的目标而建立起来的综合体系。"[②] 长期以来，我国的教育创新仅仅停留在思想层面或具体的方法层面，缺乏制度的系统创新。教育制度之所以往往被忽视，主要原因有两条：第一是政治原因。在教育决策过程中，处于优势政治地位的大都是在现行制度体系中的受益的团体，他们不会提出颠覆现有体制，建立起一个全新制度的要求。第二个原因是教育改革的理念主要是由社会科学研究者提供的，而这些研究者自身往往忽视了对制度痼疾的剖析。[③]

新制度经济学的代表人物科斯（Ronald . H. Coase）认为：一个有效的制度的

---

① ［德］柯武纲、史漫飞著：《制度经济学——社会秩序与公共政策》，商务印书馆，2002 年版第 22 页。

② 吴遵民：《推动终身教育理论发展的若干重要国际会议（上）》，《成人高等教育研究》，1998 年第 3 期。

③ ［美］约翰·E·丘伯、泰力·M·默著，蒋衡译：《政治、市场和学校》，教育科学出版社，2003 年版第 14～16 页。

最根本特征在于它能够提供一组有关权利、责任和义务的规则，能为一切创造性和生产性活动提供最广大的空间，每个人都不是去想方设法通过占有别人的便宜来增进自己的利益，而是想方设法通过增加生产，并由此实现自己利益的最大化。一个好的终身教育制度应该有利于扩大教育机会、保障教育机会均等、保障教育的投入、规范办学行为、激励学习行为。

当前，构建与社会主义市场经济体制和教育内在规律相适应、不同类型教育相互衔接的终身教育体制，主要应从六个方面着手：一是最大幅度地实行宽进严出的招生制度，降低门槛，放宽招生和入学的年龄限制，允许分阶段完成学业，普遍推广学分制和弹性学习制度，学校与学校之间，可以达成共识，只要学校办学在同一水平上，就可实行学分互认。二是积极构筑人才立交桥。建立各类教育之间相互衔接的制度，实现职前、职后教育沟通，实行多种证书教育制度。三是全力加速实施现代远程教育工程，形成开放式教育网络，消除教育的差别，尤其是东西部信息的不对称，实现跨时空的教育资源共享，扩大社会成员的受教育机会。四是要关注弱势群体，建立保障个人基本学习权的制度。五是建立全面的学习成就认证制度。六是扩大地方和学校的办学自主权，如加大地方审批设置高等教育机构的权限，建立和健全各级政府的财政转移支付制度和教育经费拨款制度等。

(二)转换教育行政管理的职能和机制

教育行政是政府的职能，是国家行政的重要组成部分，是国家通过政府的教育行政部门对教育事业进行的组织、领导和管理。教育行政体制是国家管理教育事业的组织体系和相关制度的总称。它主要包括国家管理教育事业的各级教育行政机构的组织形式，国家教育行政权力结构及有关教育行政制度。教育行政体制的核心是国家教育行政权力结构；各级各类教育行政机构是国家教育行政体制的组织形态；教育行政制度是维系教育行政机构正常运转、发挥职能的基本保证；教育行政体制的形成是国家经济体制、政治体制、文化传统和教育体制等综合作用的结果。

传统的教育管理是一种行政管理模式。在我们这样一个人口多、教育基础差的大国，用行政管理的模式推进终身教育，具有一定的合理性。但是，正因为我国人口多，教育的需要多种多样，政府的教育供给是非常有限的，往往出现政府失灵的现象，科层管理体制也越来越暴露出自己的弊端。而随着市场经济的发育成熟，多种经济成份和多种分配形式的出现，社会参与管理教育的热情不断高涨，各种中介组织也参与教育的评估和多种服务。根据我国的国情，参照国外的经验，我国终身教育的发展只有充分发挥政府、市场和社会的多方面积极性，建立以国家和政府为主导的，市场调节、办学组织自主管理和广大公民个人广泛参与的教育管理机制，才能使终身教育系统高效运行和充满活力。

（1）在国家、地方、学校和社会的关系上，建立中央统一领导，地方分级管理，学校自主办学，社会参与管理的运行机制。目前，就是适当运用法律手段，明确规定学校、政府和市场的权利配置，改变中央权力过度集中的体制，促进教育地方化和社区化、学校办学自主化。区别学校举办者的举办职能、学校办学者的办学职能和政府的管理职能，政府在加强决策、立法和监督等宏观调控的基础上，合理运用市场机制，充分调动全社会各方面的力量和资源来举办学校，发展教育。为此，应该实现"政校分开"，让政府成为秩序提供者和行为监管者；通过建立学校法人制度和政府公共治理结构，剥离学校与政府之间的直接隶属关系，使政府能够向所有教育机构、教师和学生提供良好、公开、公平、公正和有效的公共服务。积极培育和建立与政府公共管理的政策框架相配套、与学校自主发展的服务需求相适应的教育服务中介体系。发展具有行业自律性质和社会服务功能的中介性行业协会，加快公营事业单位的机构改革进程，鼓励教育服务性质的商业存在，由中介组织承担认证、评估、审计仲裁、听证等社会职能。

（2）在教育行政权力的配置上，坚持适当分散的原则，一方面是从政府公共教育权力的体制内下放，在政府各级行政组织机构之间、在中央和地方之间建立以命令、指导、监督为特征的权力关系；另一方面是政府的公共权力向市场和社会领域的转移，在政府与市场、社会、学校之间建立以参与、协商、谈判、监管为特征的权力关系。健全教育行政的咨询、决策、执行、监督等组织体系。

（3）在教育行政职能上，逐步简政放权，由重直接管理转变为重间接调控，重微观管理转变为重宏观协调。从直接管理、微观管理领域全面退出，实行宏观管理、间接管理，切实履行好规划、政策法规、财政、信息、监督等职责，提高教育行政效率，降低教育行政成本。强调政府的教育秩序供给者、多元供给倡导者、主体关系协调者、公共行政服务者等角色和责任意识。

（4）在教育行政手段上，根据教育行政职能的转变，由主要采用教育行政指令、行政监督的方式，转变为主要通过教育立法、教育督导、教育评估、教育规划、教育拨款等手段行使教育行政职能。如建立政府公共政策的"决策咨询论证制度"、"社会公示听证制度"和"公共政策问责制度"。

（5）在教育行政的组织机构和人员配备上，根据精简和高效的原则，科学地设计教育行政机构的职能部门，合理设置职位和职数。

入世最大的挑战是对政府职能、行政体制和管理方式的挑战。政府对教育的管理应将它纳入公共管理的范畴，用公共管理的基本理念治理教育，从管理型为主向服务型为主转变。

六、加强教育信息化建设

未来的信息时代是网络时代，同时也是一个社会教育化的时代。当以计算机技术和通信技术为核心的计算机网络引入教育领域后，教育的面貌发生了根本性的改变。因为网络随时随地传递信息给人的过程，实际上就是一个教育过程，人们接受网络信息的过程就是一个学习过程。网上教育将成为各国一种传播速度更快、覆盖范围更广泛的新型教育形式，它与课堂教育、广播教育、电视教育一同构成全球 21 世纪多元化教育手段。远程网络教育是 20 世纪 80 年代以来国际教育发展的共同趋势，以网络大学、电子大学和虚拟大学为代表的新一代开放远程网络教育在世界各地竞相兴起，其发展迅猛异常，美、英、德、日、法等国尤为明显，在教育政策及其推行方法中各显神通。到目前为止，世界上已有 100 多个国家开展了远程网络教育。网络教育的作用是传统教育所不可替代的。世界经合组织的研究表明，从 1995 年至 2004 年，全世界网络教育的市场规模每年以 45% 的速度增长。

正是因为它具有投资少、覆盖面广、效率高等明显优势，我国应加强教育信息化建设，以信息化带动教育现代化。

第一，配合国家信息通信基本建设策略，尽快建立网络教育机构。加快以中国教育科研网和卫星视频系统为基础的现代远程教育网络建设。建成一批网络学校。完善高等学校的计算机网络建设，加快数字图书馆等公共服务体系建设，进一步改善高等教育的信息环境。提高初、中等学校的计算机配备水平，提升各级学校计算机软件设备品质及建置网络化校园环境。2005 年，全部高等学校、高中阶段学校和部分初中、小学均能联接国际互联网。普及九年义务教育的地区，每所中小学都应设立计算机教室，全国农村绝大多数中小学能够收看教育电视节目。推动各级各类学校普及计算机及网络知识教育。

第二，大力开发网络教育资源。国家重点投资，开发、共享教育信息资源；加强信息技术课程与教材建设；创造条件，建立社区网络信息中心；重点开发推广科学技术和倡导文明生活的软件，并最大限度地为满足不同社会成员的教育需求和提高教育质量服务；建设国家终身教育信息网络系统，整合社会教育及文化活动等学习信息，使全民共享社教资源，塑造终身学习环境。

第三，加强教师信息素养，培育信息网络与多媒体教学师资。加强各层次计算机软件人才的培养和培训；加强对师范教育专业学生的信息技术教育，加强对中小学专任教师的计算机基本技能培训。

第四，普及网络知识和技术，推进各级各类学校充分利用现代信息技术。全国中小学要开设信息技术教育必修课，一方面使广大青少年普遍掌握必要的信息知识和操作技术，另一方面帮助学生不断提高和增强理解、判断、筛选和创造性运用信息的能力。成人学校也要创造条件，开设信息技术教育课程，要把计算机和网络的技能培训作为现代成人教育的重要内容，扫除进入信息社会的知识和技能障碍。

第五，加强网络教育的管理。积极借鉴国外在推进教育信息化方面的有益经验，特别是先进的技术与管理制度；建设一支适应教育信息化需要管理队伍；加强网络信息伦理通识教育，如网络发言的责任感与安全教育等。

以上几个方面分别是从思想认识、组织、制度、管理和信息化角度来阐述的。提高对终身教育的思想认识是前提，设置足够的终身教育组织是基础，建立有效的制度与科学的管理是保障，教育信息化建设是终身教育的生长点和突破口。除此之外，还有强化成人教育意识与作用，使之成为推动终身教育的先导；终身劳动能力的连续开发，促进职业教育向终身教育的方向发展；积极推行"教育假"和"带薪教育假"制度，使回归教育真正落到实处。

七、优化终身教育环境

终身教育系统与物质生产系统、精神生产系统有着千丝万缕的联系，但他们之间也有自己的边界，它们作为一种教育的环境资源，不断地突破边界，对终身教育系统进行渗透，或多或少地对现有的教育体系发生作用。教育的环境包括文化环境、物质环境、制度环境等，但更多地体现为一种制度环境。所有的学校"都是在适应其所处的制度环境中发展了自己的组织形式，这些组织形式有反映了它所处的制度环境。不同的制度环境，尤其是不同的制度管理体系（systems of institutional control），总是先天地支持一定形式的组织结构而抑止其他组织形式的发展。结果是，不同的体系形成了不同的教育组织，也就是具有不同特色的学校。在一种制度环境下形成的学校组织形式与另一种制度环境下的学校组织形式完全不同。"①

---

① ［美］约翰·E. 丘伯、泰力·M. 默著，蒋衡译：《政治、市场和学校》，教育科学出版社，2003 年版第 23 页。

终身教育的发展必然受制于社会的政治、经济、科技、文化等体制，特别是劳动就业和干部人事制度，所以，首先应加快劳动就业和干部人事制度的配套改革。建立和完善以能力为本的就业培训制度，包括劳动预备制度、职业资格证书制度、失业转岗人员培训制度、农村转移人口培训制度、从业人员带薪学习制度，全面提升市民（含进城务工人员）的学习能力、就业能力、工作转换能力和创业能力。

其次，建立有效的终身教育投入保障机制。各级财政在确保教育经费三个增长（即各级政府教育财政拨款的增长要高于同级财政经常性收入的增长，在校学生人均教育经费逐步增长，教师工资和学生人均公用经费逐步增长）的基础上，增设适当比例的全民终身教育专项投入。还可以适当开征终身教育税，对政府授予公共资源或在国家政策保护下获得垄断利益的行业或特许经营服务的企业，征收用于教育事业发展的税费；成立全国终身教育发展基金会；吸收民间资金，接受社会组织和个人以及海外友好人士的捐赠；在省、自治区、直辖市筹建终身教育银行，充分发挥其融资功能；扩大终身教育特别是非义务教育阶段的服务功能和范围，增加教育产业的收入，建立自身的"造血"机制；倡导和鼓励个人和家庭投资教育，在非义务教育阶段，完善教育成本的个人合理分担机制，研究生教育也要收取一定比例的学费；发行教育彩票和教育债券，鼓励组建教育资产管理公司或教育发展公司，发行教育股票，提高教育的市场融资能力，加速非财政性教育融资机制的发展。

再次，鼓励民间团体、组织发挥教育功能。民间教育组织是推进终身教育必要的中继站和不可缺少的辐射源，在终身教育体系的构建过程中具有不可替代的巨大作用。尤其是在我国政府机关进行机构改革、精简人员、简政放权的历史变革后，民间组织的作用将会得到进一步强化和彰显，必将参与越来越多的社会行动和代替政府行使某些职能。因此，建立自上而下、纵横相连的民间终身教育组织网络，对推动和促进我国终身教育的发展与终身教育体系的构建将起到非常重要的作用。

最后，确立终身教育体系的监督机制。监督机制是法治社会必不可少的关键组成部分。依法律法规建立起来的终身教育体系，只有依靠强有力的监督，才能不断完善和发展。借鉴国外行之有效的监督机制，结合我国构建终身教育体系的具体特点，我国终身教育体系的监督机制可采取以下措施：

第一，依法制定科学而又切实的评估指标体系，作为实施监督的客观依据。终身教育体系的评估不同于一般的学校教育评估。它不仅要体现对教育内容、教育方式、教育设施、教育手段、教育组织形式等的规定，而且要体现对教育者、受教育者尤其是成年人、社会流动人员及弱势群体等的关注；不仅要规定社会群体终身接受教育和学习的具体指标，而且要规定个体成员接受终身教育和学习的指标；不仅要体现历史、地域、文化传统等方面的差异，而且要体现社会经济、文明程度等方面的差异；不仅要有总体指标，而且要有分阶段实施的指标；等等。总之，构建这样一个指标体系，要有全面性、全局性、可行性。为此，可分为几个不同的下位指标体系来操作，如可先建立个人指标、团体指标，然后再综括出更大范围的社会指标；也可先分为硬指标、软指标分别构建，然后再综合成总体指标等。

第二，发挥执法机关和行政机构的监督作用，做到以法治教。执法机关和行政机构不仅是国家法令、政策的执行者，而且是国家法令、政策的有力监督者。它们对终身教育体系的监督与督促因为带有国家的意志而更具效力。同时，执法机关和行政机构可以直接对一些违规、违章事件或当事人进行惩处，更能显示出国家的政策、法规在构建终身教育体系中的威力和作用，同时也更能规范和约束社会团体和个人的终身教育行为。

第三，积极倡导社会公众的监督意识，充分调动社会公众参与监督的积极性。在构建终身教育体系过程中，建立举报措施和保护、奖励举报人制度，是吸引公众积极投身监督的有效措施。公众对终身教育体系的监督可涉及各方面的问题，如政府构建终身教育体系的工作进度、工作力度、工作质量，终身教育经费的使用，终身教育设施的建设与使用等。

第四，加强新闻舆论监督，发挥新闻舆论强大的监督功能。利用新闻舆论对终身教育体系中存在的问题和缺点进行曝光和批评，对其中的积极行为进行倡导和颂扬，能使人们了解工作中的失误和不足，从而采取有力措施进行矫治和改进，以确保终身教育体系的构建沿着预定目标前进。

结束语

　　终身教育理论与实践作为一种知识，其主要范畴必然涉及"什么是终身教育"、"为什么要推行终身教育"、"谁来推行终身教育"、"怎样推行终身教育"等几个方面。本文梳理了对这四个问题认识的基本观点，并进行了比较系统深入的分析评价，在此基础上，提出了自己的一些认识，论述了自己的一些观点。

　　什么是终身教育？本文认为：终身教育是教育、社会与人协调发展的共同体，它既是教育的理想，也是社会的理想和个人的理想，更是人们创造性的生活方式和发展方式。

　　为什么要推行终身教育？本文认为：诚然，终身教育是围绕教育要适应社会各方面的迅速变化来展开，但适应性的终身教育不是终身教育的本义，在哲学、理想和信念的层次上，终身教育以人的发展为中心，通过教育和学习，提升人的价值，使人活出生命的完整意义。

　　谁来推行终身教育？本文认为：终身教育是全社会的共同事业，有赖于国家与政府，城市与乡村，学校、家庭、社区、企业以及社会团体和个人的力量整合，国家与政府在其中起着主导的作用。

　　怎样推行终身教育？本文认为：终身教育的实施和推进，是在突破传统的学校教育体系的局限的过程中渐进的，进步的成果就是"终身教育体系"的建立与完善，它需要进行终身教育的组织建设和政策法规建设来加以保证，而这正是目前我国发展终身教育的重点(或突破口)。

　　这些问题的提出与回答，比较真实地反映了人们对终身教育的认识轨迹，也暴露出人们认识的无奈和思维的黑洞。例如，将终身教育主要归结为社会发展的需要，忽视教育的生活价值和创新价值，表现出功利主义的价值取向。又如，主要从传统的教育行政角度推进终身教育，忽视终身教育行政是教育和全社会力量的整合，忽视终身教育包括自我教育的成份，忽视民间组织、非正规组织和公民个人在终身教育中的地位和作用，表现出管理主义的行为倾向。再如，将终身教育作为一个简单的事物，没有认识到终身教育是一个复杂的系统，应该运用非线形思维、整体思维、关系思维和过程思维等复杂系统的探究方式，没有将个体、群体、社会、教育、生活视为一体化过程中的各个侧面，表现出简单的线形思维方式。本文试图突破这些认识与思维上的偏向，但是否实现了初衷，因功力所限，笔者并不十分自信。

本文的努力还体现在以下几个方面：

1."我国终身教育体系及其推进策略研究"，关注实践，突出实践，以实践为核心展开论述。本文在终身教育的实践和操作层面使用"终身教育体系"这一概念，终身教育体系属于实践的范畴，健全的、完善的终身教育体系就是终身教育实践的理想形态，当然，这一形态因地区而异，因国情而异。本文的视点聚焦在通过组织建设和政策法规建设来推进我国的终身教育体系，故谓之"策略研究"。我国学界对于终身教育的研究并不繁荣，而理论与实践紧密结合又以实践为导向的比较系统深入的研究，更不多见。本文或许做了点添砖加瓦的工作。

2. 文章从社会发展需要、人的发展需要和教育自身发展的需要出发又回应这些需要来构建终身教育体系，"需要"是终身教育发展的动力。三个维度、三项目标、四大系统把教育过程中人的本质、教育本质、社会本质联系在一起，成为终身教育体系理论建构的基础。"三个维度"是终身教育体系建立的逻辑起点，通过终身教育体系的四大工作系统的活动，实现人的发展、社会发展和教育自身发展的三项目标价值追求。终身教育体系的这一分析框架或许可以说是本文的独到之处，它跳出了就教育论教育的思维路线。

3. 文章以本体论、价值论、实践论来展开对终身教育的理性认识，并试图完成我国终身教育体系的理论建构。主张从终身教育与其他教育形态的区别来领会其外延，从教育自身发展的逻辑来理解其内涵，从教育与社会发展和人的发展的联系来把握其实质。强调终身教育的实践理念"以人为本"，"以学习者为中心"，促进人的全面发展，提升生活的质量和生命的意义。本文的研究力图体现历史与逻辑的统一、理论与实践的结合、"教育—社会—人"的一体化。

4. 文章对终身教育的组织形式，特别是学习型组织的特点、发展过程进行了深入探讨，对学校组织的改造提出了自己的观点。在研究国外的终身教育管理特点的基础上，对我国终身教育的政策制定模式和政策内容进行了分析，并对我国终身教育的法制建设提出了若干建议，希望能起到一些参考的作用。

由于笔者知识面、理论思维水平以及研究时间等方面的限制，本文的缺陷与不足是显然的。一是资料收集不够全面，特别是对国外终身教育文献资料的掌握非常有限，整理也不够细致，可能没有完全反映国外终身教育的特点。二是对终身教育体系的理论建构，虽然作了一些有意义的工作，但理论论证还有待深入。

三是对学习型组织的建构问题做了一些理论探讨，但由于终身教育组织的多样性，是否真正反映了终身教育的组织特性还有待检验。四是确立终身教育的评价标准是一个不可回避的问题，本应该多着笔墨，但自知思考不成熟，文章中只是轻描淡写，研究力度显然不够。五是文章主要从体系、组织、政策法规这几个方面展开论述，对终身教育的技术基础和全面的社会条件等方面几乎没有涉及，对终身教育的资源开发、财政保障、社会扶助、学习咨询与指导等具体制度还缺乏讨论。这些缺陷与不足都是今后继续研究的课题。

二○○三年十月

参考文献

一、中文著作

1. ［法］保尔·朗格朗著，周南照、陈述清译．终身教育引论［M］．中国对外翻译出版公司，1985

2. ［瑞士］查尔斯·赫梅尔著，王静译．今日的教育为了明日的世界［M］．中国对外翻译出版公司，1983

3. 联合国教科文组织．学会生存——教育世界的今天和明天［M］．教育科学出版社，1996

4. 联合国教科文组织．教育——财富蕴藏其中［M］．教育科学出版社，1996

5. 联合国教科文组织．世界教育报告 2000——教育的权力：走向全民终身教育［M］．中国对外翻译出版公司，2000

6. ［日］持田荣一等著，龚同等译．终身教育大全［M］．中国妇女出版社，1987

7. 赵中建编．教育的使命——面向二十一世纪的教育宣言和行动纲领［M］．教育科学出版社，1996

8. 赵中建编．全球教育发展的研究热点——90 年代来自联合国教科文组织的报告［M］．教育科学出版社，1999

9. 任钟印主编．世界教育名著通览［M］．湖北教育出版社，1994

10. 单中惠．西方教育思想史［M］．山西人民出版社，1996

11. 顾明远，孟繁华主编．国际教育新理念［M］．海南出版社，2001

12. 杜威．民主主义与教育［M］．人民教育出版社，1990

13. 叶忠海．成人教育学通论［M］．上海科技教育出版社，1997

14. 张维主编．世界成人教育概论［M］．北京出版社，1990

15. 芮明杰，杜锦根．人本管理［M］．浙江人民出版社，1997

16. 沈蕙帼，陆养涛主编．终身教育理论与实践［M］．中国纺织大学出版社，2000

17. 叶海平，李冬妮．社会政策与法规［M］．华东理工大学出版社，2000

18. 李成智．公共政策［M］．团结出版社，2000

19. 刘文修．教育管理学［M］．陕西人民教育出版社，1986

20. 陈孝彬主编．教育管理学［M］．北京师范大学出版社，1999

21. 劳凯声，郑新蓉．规矩方圆——教育管理与法律［M］．中国铁道出版社，1997

22. 劳凯声．教育法论［M］．江苏教育出版社，1993

23. 周旺生．立法论［M］．北京大学出版社，1994

24. 张根大，方德明等．立法学总论［M］．法律出版社，1991

25. 吴遵民．现代国际终身教育论［M］．上海教育出版社，1999

26. 周蕴石．终身教育［M］．黑龙江教育出版社，1989

27. 乔冰，张德祥．终身教育论［M］．辽宁教育出版社，1992

28. 中央教育科学研究所比较教育研究室．世界成人教育概论［M］．贵州人民出版社，1989

29. 陈乃林．终身教育纵横谈［M］．江苏教育出版社，2001

30. 陆有铨．躁动的百年——20世纪的教育历程［M］．山东教育出版社，1997

31. 国家教育发展研究中心．2001年中国教育绿皮书——中国教育政策年度分析报告［M］．教育科学出版社，2001

32. 袁振国主编．中国教育政策评论2001［M］．教育科学出版社，2001

33. 梁晓华．当今法国教育概览［M］．河南教育出版社，1994

34. 卞奎，常立学主编．成人教育与社会发展——中英成人教育国际会议论文集［M］．山东教育出版社，1995

35. 袁方．中国社会结构转型［M］．中国社会出版社，1998

36. 黄崴，胡劲松主编．教育法学概论［M］．广东高等教育出版社，1999

37. 毕淑芝，王义高主编．当今世界的教育思潮［M］．人民教育出版社，1999

38. 畦依凡，钟志贤．大教育：21世纪教育新走向［M］．江西教育出版社，1995

39. 李玢．世界教育改革走向［M］．中国社会科学出版社，1997

40. 胡晓松，马超，贺宏志．当代社区教育比较研究［M］．中央民族大学出版社，2001

41. 杨应菘．各国社区教育概论［M］．上海大学出版社，2000

42. 季苹．西方现代教育流派史论［M］．北京师范大学出版社，1995

43. 郝克明，谈松华主编．走向 21 世纪的中国教育［M］．贵州教育出版社，1997

44. 谢国东，赖立．构建学习社会［M］．四川教育出版社，1997

45. 单中惠，杨汉麟主编．西方教育学名著提要［M］．江西人民出版社，2000

46. 齐振海．管理哲学［M］．中国社会科学出版社，1990

47. 杨东龙主编．最新组织战略精要词典［M］．中国经济出版社，2002

48. 冯奎．学习型组织：未来成功企业的模式［M］．广东经济出版社，2000

49. 张声雄．学习型组织的创建［M］．上海科学普及出版社，2000

50. 张声雄．21 世纪管理模式［M］．上海科学技术文献出版社，2000

51. 徐韵发，张声雄主编．学习型组织与现代管理［M］．百家出版社，1998

52. 杨冠琼．政府治理体系创新［M］．经济管理出版社，2000

53. 陈振明主编．公共管理学——转轨时期我国政府管理的理论与实践［M］．中国人民大学出版社，1999

54. 徐勇，王福军．知识鼓励——如何构建中国的知识型企业［M］．广东经济出版社，1999

55. 陈忠林．现代企业组织行为规则［M］．华文出版社，1999

56. 王东华．知识管理论［M］．山西经济出版社，1999

57. 吴德刚．中国全民教育问题研究——兼论教育机会平等问题［M］．教育科学出版社，1998

58. 郑燕祥．学校效能与校本管理：一种发展的机制［M］．上海教育出版社，2002

59. 中国教育与人力资源问题报告课题组．从人口大国迈向人力资源强国［M］．高等教育出版社，2003

60. ［英］泰特缪斯．培格曼国际终身教育百科全书［M］．职工教育出版社，1990

61. ［美］罗伯特·欧文斯著，窦卫霖等译．教育组织行为学［M］．华东师范大学出版社，2001

62. ［美］杜拉克著，苏伟伦编译．管理思想全书［M］．九州出版社，2001

63.[法]罗贝尔·萨蒙著，王铁军译．管理的未来——走向以人为本[M]．上海译文出版社，1998

64.[英]迪·坎普著，戴晓峥，刘天伟译．21世纪的管理者[M]．广西师范大学出版社，2001

65.[美]彼得·F.德鲁克著，杨开峰译．知识管理[M]．中国人民大学出版社，1999

66.[英]托尼·布什著，强海燕主译．当代西方教育管理模式[M]．南京师范大学出版社，1998

67.[美]珍妮特·沃斯，[新西兰]戈登·德莱顿著，顾瑞荣等译．学习的革命[M]．上海三联书店，1998

68.[美]彼得·圣吉著，郭进隆译．第五项修炼——学习型组织的艺术与实务[M]．上海三联书店，1994

69.[美]彼得·圣吉等．第五项修炼·实践篇——创建学习型组织的战略与方法[M]．东方出版社，2002

70.[美]彼得·圣吉等．革之舞——学习型组织持续发展面临的挑战[M]．东方出版社，2001

71.[德]恩斯特·卡西尔著，甘阳译．人论[M]．西苑出版社，2003

72.[美]史蒂芬·P.罗宾斯著，郑晓明译．组织行为学精要[M]．机械工业出版社，2000

73.[德]柯武刚，史漫飞著，韩朝华译．制度经济学[M]．商务印书馆，2002

74.[美]彼得·布劳，马歇尔·梅耶著，马戎等译．现代社会中的科层制[M]．学林出版社，2001

75.[美]约翰·E.丘伯，泰力·M.黙著，蒋衡译．政治、市场和学校[M]．教育科学出版社，2003

76.[美]奥斯特罗姆，帕克斯和惠特克著，宋全喜，任睿译．公共服务的制度建构[M]．上海三联书店，2000

77.[美]埃莉诺·奥斯特罗姆，拉里·施罗德和苏珊·温著，陈幽泓等译．制度激励与可持续发展[M]．上海三联书店，2000

78.[美]欧文·拉兹洛，克里斯托弗·拉兹洛著，文昭、黄丽华译．管理新思维——第三代管理思想[M]．社会科学文献出版社，2001

79.[美]约翰·钱斐著，杜晋丰译．决定一生的八种能力（八项修炼）[M]．九州出版社，1999

80.[美]多萝西·伦纳德·巴顿著，孟庆国译．知识与创新[M]．新华出版

社，2000

81.［美］P. 德鲁克等著，李小刚等译 . 未来的管理［M］. 四川人民出版社，2000

82.［美］F. 赫塞尔本等著，胡苏云、储开方译 . 未来的组织［M］. 四川人民出版社，2000

83.［美］保罗·S. 麦耶斯主编，蒋惠工等译 . 知识管理与组织设计［M］. 珠海出版社，1998

84.［德］迈诺尔夫·迪尔克斯等著 . 组织学习与知识创新［M］. 上海人民出版社，2000

85.［美］沃特金斯，马席克著，沈德汉，张声雄译 . 21 世纪学习型组织——企业领导的管理艺术［M］. 世界图书出版公司，2000

86.［英］卡尔·波普尔著，郑一明等译 . 开放社会及其敌人［M］. 中国社会科学出版社，1999

87. 连玉明主编 . 学习型组织［M］. 中国时代经济出版社，2003

88. 连玉明主编 . 学习型企业［M］. 中国时代经济出版社，2003

89. 连玉明主编 . 学习型社区［M］. 中国时代经济出版社，2003

90. 连玉明主编 . 学习型政府［M］. 中国时代经济出版社，2003

91. 连玉明主编 . 学习型城市［M］. 中国时代经济出版社，2003

92.［加拿大］迈克·富兰著 . 变革的力量——透视教育改革［M］. 教育科学出版社，2004

93.［法］P. 布尔迪约，J.－C. 帕斯隆著，邢克超译 . 再生产——一种教育系统理论的要点［M］. 商务印书馆，2002

94.［美］B. 盖伊·彼得斯著，吴爱明等译 . 政府未来的治理模式［M］. 中国人民大学出版社，2001

95.［美］史蒂文·科恩，威廉·埃米克著，王巧玲等译 . 新有效公共管理者：在变革的政府中追求成功［M］. 中国人民大学出版社，2001

96.［澳大利亚］欧文·E. 休斯著，彭和平等译 . 公共管理导论［M］. 中国人民大学出版社，2001

97. 世界银行、联合国教科文组织高等教育与社会特别工作组 . 发展中国家的高等教育：危机与出路［M］. 教育科学出版社，2001

二、中文论文

98. 陈乃林，经贵宝 . 终身教育略论［J］. 教育研究，1997(1)

99.[日]末本诚著，吴遵民译．试论终身教育的国际动向——从亚洲的观点出发[J]．成人高等教育研究，1998(2)

100．吴遵民．终身教育背景下基础教育改革的国际动向——兼论对我国基础教育改革的几点启示[J]．教育发展研究，2002(4)

101．顾明远．终身教育——20世纪最重要的教育思潮[J]．职业技术教育，2002(3)

102．顾明远．全民终身教育与小康社会[J]．北京师范大学学报(社会科学版)，2003(2)

103．吴福生．关于建立我国终身教育体系的几点思考[J]．教育研究，1995(8)

104．吴咏诗．终身学习——教育面向21世纪的重大发展[J]．教育研究，1995(12)

105．徐明祥，李兴洲．构建我国终身教育体系的难点及对策[J]．教育研究，2001(3)

106．高志敏．关于终身教育、终身学习与学习化社会理念的思考[J]．教育研究，2003(1)

107．张洪，张联．终身教育——出版界迎接知识经济挑战的对策[J]．东北大学学报(社会科学版)，2002(3)

108．姬忠林．对终身教育几个理论问题的认识[J]．中国成人教育，2002(10)

109．杨永欣．论终身教育与人的发展[J]．中国成人教育，1998(11)

110．冯雪红．终身教育与学习化社会[J]．宁夏大学学报(人文社会科学版)，2002(1)

111．贺宏志，林红．当代世界终身教育的政策及管理与立法[J]．北方工业大学学报，2002(2)

112．宋晓云．从终身教育的角度看教育与生活的关系[J]．江西社会科学，2002(9)

113．郭红云．浅析"终身教育"、"学习化社会"和"终身学习"[J]．河南社会科学，2002(5)

114．马敬峰．构建终身教育体系面临的若干困难和对策[J]．湖北大学成人教育学院学报，2002(4)

115．王青．终身教育与教育理念的转变[J]．教学与管理，2002(12)

116．高体健．论高等教育在构建终身教育体系中的地位和作用[J]．中国成

人教育，2002(2)

117. 张慧霄. 对构建终身教育体系、形成"学习型社会"的思考[J]. 黑龙江社会科学，2003(1)

118. 田玲. 简论知识经济条件下的终身教育[J]. 中国成人教育，2003(2)

119. 管西亮. 创建 21 世纪终身教育体系的战略构想[J]. 当代教育科学，2003(3)

120. 章文清. 浅谈构建我国终身教育体系[J]. 江西社会科学，2003(1)

121. 方方. 个人社会化与终身教育体系[J]. 成人教育，2001(7)

122. 李醒东. 简析终身教育思想的理论性格[J]. 成人教育，2001(11)

123. 刘生全. "终身教育"的几种理解及其启示[J]. 江西教育科研，1997(5)

124. 方正淑. 终身教育理论与基础教育改革实践[J]. 北京教育，1997(5、9、10)

125. 袁自煌. 日本终身教育的现状与近期发展前景[J]. 江苏高教，1998(3)

126. 马良生. 终身教育体系的构建和实施[J]. 江苏高教，1998(3)

127. 杨峰. 终身教育对传统教育改革和发展的影响[J]. 中国成人教育，1998(8)

128. 李旭初. 终身教育——21 世纪的生存概念[J]. 华中师范大学学报（人文社会科学版），1998(6)

129. 邱昭良. 学习型组织：即将到来的组织革命[J]. 决策借鉴，1998(3)

130. 饶从满. 日本终身教育政策试析[J]. 外国教育研究，1994(4)

131. 朴福仙. 韩国终身教育的现状及其发展方向[J]. 成人高等教育研究，1997(5)

132. 方正淑. 韩国终身教育的现状与课题[J]. 外国教育研究，1997(4)

133. 翟同初. 推行终身教育——日本迎接 21 世纪挑战的基本战略[J]. 中国行政管理，1996(4)

134. 驻日使馆教育处. 日本终身教育的发展以及对我们的启示[J]. 教育参考资料，1998(10)

135. 吴遵民. 推动终身教育理论发展的若干重要国际会议（上）[J]. 成人高等教育研究，1998(3)

136. 吴遵民. 推动终身教育理论发展的若干重要国际会议（下）[J]. 成人高等教育研究，1998(4)

137. 童山东. 台湾学习社会的建设与发展[J]. 深圳教育学院学报，2001(1)

138. 沈文. 国际社会推进构建终身教育体系的积极举措（一）[J]. 成人高等

教育研究，2000(1)

139．沈文．国际社会推进构建终身教育体系的积极举措（二）[J]．成人高等教育研究，2000(2)

140．国家教育发展研究中心．对韩国和日本教育政策的考察报告[J]．教育参考资料，2001(7)

141．李响译，张立校．完善振兴终身学习政策执行体制的法律[J]．教育参考资料，1991(7－8)

142．陈桂生．终身教育的精义何在[J]．上海教育科研，2000(4)

143．王恩发．终身教育对当代教育和人的发展的影响[J]．成人高等教育研究，1997(2)

144．王恩发．终身教育和未来教育的展望[J]．国际观察，1994(4)

145．王恩发．终身教育与教育哲学的发展[J]．国际观察，1995(1)

146．张晓昭．韩国的终身教育[J]．教育科学，1994(3)

147．朱乃识．论我国实现终身教育制度的途径[J]．南京师大学报(社科版)，1996(1)

148．陈佩珍，张品芳．论跨世纪的终身教育思潮[J]．上海大学学报(社科版)，1993(6)

149．王凤岭，叶中瑜．浅谈建立国家宏观终身教育体系及其教育分类问题[J]．成人高等教育改革与发展，1997(6)

150．杨国德．终身教育网络的基础建设与发展策略（上）[J]．成人高等教育研究，1997(5)

151．杨国德．终身教育网络的基础建设与发展策略（下）[J]．成人高等教育研究，1997(6)

152．高伟江．影响终身教育的制约因素探析[J]．江苏高教，1998(4)

153．熊雷．论终身教育与学习化社会[J]．扬州大学学报：高教研究版，1998(2)

154．张卫红．终身教育与终身学习[J]．成人高教学刊，2000(4)

155．陈乃林；《构建江苏终身教育体系的思考与探索[J]．江苏高教，2000(4)

156．徐文龙，楼一峰．终身教育是知识经济的成功之本：上海建立"学习型城市"总体思路[J]．开放教育研究，2000(3)

157．杜世强．建立和完善我国终身教育体系[J]．松辽学刊(哲社版)，2000(4)

158. 吴金昌，韩宗礼. 论终身教育体系的构建[J]. 中国高教研究，2000(7)

159. 韩骅. 西欧终身教育理论研究概述[J]. 成人高等教育研究，1992(2)

160. [美]亨奇克. 从全球经济的观点看终身教育：谈美国教育政策的发展[J]. 世界教育信息，1995(1)

161. [英]托马斯等著，王孔敬译. 日本的"新终身教育法"评述（摘译）[J]. 中国成人教育，1995(6)

162. 胡蓉，李雅春. 终身教育思想在日本的推进及对我国的启示[J]. 北京成人教育，2001(6)

163. 阿布杜尔·卡恩. 发展中国家实现终身学习的障碍与策略[J]. 开放教育研究，2003(4)

164. 李敏. 现阶段实施全民教育的必然性及其面临的困境[J]. 上海教育，2001(9)

165. 胡梦鲸. 学习化社会的意涵与发展条件[J]. 成人高等教育研究，1997(4)

166. 厉以贤. 终身教育、终身学习是社会进步和教育发展的共同要求[J]. 教育研究，1999(7)

167. 谈松华. 变革与创新：中国未来教育的走向[J]. 教育发展研究，1999(11)

168. 钱振明. 论现代西方政府公共管理职能的变化：轨迹与特征[J]. 中国行政管理，1998(12)

169. 陈庆云. 关于公共管理研究的综合评述[J]. 中国行政管理，2000(7)

170. 严翅君. 现代化进程中公共管理者的角色转换[J]. 南京社会科学，2002(9)

171. 黄灵荣，申佳陶. 法治：政府治理的理性[J]. 理论与改革，2001(2)

三、英文部分

172. Hutchins, R. M. *The Learning Society*. New York：Basic Books，1968.

173. Senge, P. etal. *Schools that learn：A fifth discipline fieldbook for parents, educators, and everyone who care about education*. NY：Doubleday/Currency，2000.

174. B. Suchodolski. *Lifelong Education at the Crossroads*. Lifelong Education：Stocktaking，1979.

175. Peter M. Senge. *The Fifth Discipline：the art and practice of the*

learning organization. Currency Doubleday (a division of bantam Doubleday Dell Publishing Group, Inc.), 1990.

176. Barbra J. Braham. *Creating a learning organization.* Crisp publication, inc., 1995.

177. B. Yeaxilee. *Lifelong Education.* London: Cassel, 1992.

178. P. Ragatt, R. Edwards, N. Small. *The learning Society.* London: Routledge, 1996.

179. P. Jarvis. *Adult and Continual Education: Theory and Practice.* London: Routledge, 1995.

180. R. Boshier. *Toward a Learning Society.* Vancouver: Learning Press, 1980.

181. Kenneth Wain. *Lifelong Education and Philosophy of Education.* International Journal of Education, Vol. 4, No. 2, 1985.

182. K. Wain. *Philosophy of Lifelong Education.* London: Croom Helm, 1987.

183. A. J. Cropley (ed.), *Towards a System of Lifelong Education: Some Practical Considerations.* Oxford and Pergamon Press, 1980.

184. OECD, *Education Policy Analysis* 1998. Center for Educational Research and Innovation.

185. Southworth, G. *The Learning School,* in Ribbin, P. & Burridge, E. (Eds.) *Improving Education: Promoting quality in schools.* London: Cassell, 1994.

186. Dave, R. H. *Lifelong education and school curriculum: interim findings of an exploratory study on school curriculum structures and teacher education in the perspective of lifelong education.* Hamburg, UNSCO Institute for Education, 1973.

187. Mohr, Nancy, Dichter, Alan. *Building a learning organization.* Phi Delta Kappan v. 82 no. 10 (June 2001).

188. Barbra J. Braham. *Creating a learning organization.* Crisp publication, Inc., 1995.

189. Ash, R. C. & Persall, J. M. (2000). *The principal as chief learning officer: Developing teacher leaders.* in NASSP Bulletin, 84(616): 15—22.

190. Barth, R. S. (1986). *On sheep and goats and school reform.* Phi Delta

Kappan 68(4): 293—296.

191. Boisot, M. (1995). *Preparing for turbulence: The changing relationship between strategy and management development in the learning organization*, in B. Garratt (ed.) *Developing strategic Thought: Rediscovering the art of direction-giving*. London: McGraw-Hill.

192. Caldwell, B. and Spinks, J. (1998) . *The self-managing school*. Basingstoke: Falmer Press.

193. Dimmock, C. (1995a). *Reconceptualizing restructuring for school effectiveness and school improvement*. International Journal of Educational Reform 4(3): 285—300.

194. Dimmock, C. (1995b). *Restructuring for school effectiveness: Leading, organizing and teaching for effective learning*. Educational Management and Administration 23(1): 5—18.

195. D. Easton. *The Political System*. New York: Kropf, 1953. 129.

196. O'Neil, J. (1995). *On school as learning Organization: A conversation with Peter Senge*. Educational Leadership: 20—23.

197. Southworth, G. (1990) *Leadership, headship and effective primary schools*. School Organization, 10(1): 3—16.

198. Garvin, D. A. (1993). *Building a learning organization*. Harvard Business Review, 71(4), 78—91.

199. Isaacson, N. & Bamburg, J. (1992). *Can schools become learning organization?* Educational Leadership, 50(3): 42—44.

200. Otala, M. (1995). *The learning organization: Theory into practice*. Industry & Higher Education, 9(3), Jun 157—164.

201. Osborne, D. & Gaebler, T. *Reinventing Government: How the Entrepreneurial Spirit is Transforming the Public Sector*. Reading, Mass: Addison-Wesley, 1992.

202. Perry, J. L. & Kraemer, K. L. *Public Management: Public and Private Perspectives*. California: Mayfield Publishing Company, 1983.

203. Barry, Bozeman & Jeffrey, D. Strecesman. *Public Management Strategies*. Snafroancisco: Jossey Bass Publishers, 1990.